JN075369

社会福祉
学習双書
2024

第 3 巻

高齢者福祉

『社会福祉学習双書』編集委員会　編

社会福祉
法　　人 全国社会福祉協議会

社会福祉士養成課程カリキュラムと

『社会福祉学習双書』目次の対比表

第3巻　高齢者福祉

養成カリキュラム「教育に含むべき事項」	社会福祉学習双書「目次」
①高齢者の定義と特性	・第1章「高齢者の生活と社会」
②高齢者の生活実態とこれを取り巻く社会環境	
③高齢者福祉の歴史	・第2章「高齢者福祉の理念と発展過程」
④高齢者に対する法制度	
	・第3章「介護保険制度の概要」
⑤高齢者と家族等の支援における関係機関と専門職の役割	・第4章「地域共生社会と地域包括ケアの推進」
⑥高齢者と家族等に対する支援の実際	・第5章「高齢者と家族等への支援の実際」

刊行にあたって

　現代社会にあって、地域住民が直面する多様な課題や個々人・家族が抱える生活のしづらさを解決するためには、従来の縦割り施策や専門領域に閉じこもった支援では効果的な結果を得にくい。このことは、社会福祉領域だけではなく、関連領域でも共有されてきたところである。平成29（2017）年の社会福祉法改正では、「地域共生社会」の実現を現実的な施策として展開するシステムの礎を構築することとなった。社会福祉に携わる者は支援すべき人びとが直面する課題を「他人事」にせず、また「分野ごと」に分断せず、「複合課題丸ごと」「世帯丸ごと」の課題として把握し、解決していくことが求められている。また、支援利用を躊躇、拒否する人びとへのアプローチも試みていく必要がある。

　第二次世界大戦後、社会福祉分野での支援は混合から分化、そして統合へと展開してきた。年齢や生活課題によって対応を「専門分化」させる時期が長く続くなかで、出現し固着化した縦割り施策では、共通の課題が見逃される傾向が強く、制度の谷間に潜在する課題を生み出すことになった。この流れのなかで、包括的な対応の必要性が認識されるに至っている。令和5（2023）年度からは、こども家庭庁が創設され、子ども・子育て支援を一体的に担うこととなった。加えて、分断隔離から、地域を基盤とした支援の構築も実現されてきている。地域から隔絶された場所に隔離・収容する対応は、在宅福祉の重要性を訴える当事者や関係者の活動のなかで大幅な方向転換を行うことになった。

　措置制度から利用制度への転換は、主体的な選択を可能とする一方で、利用者支援や権利擁護も重要な課題とした。社会資源と地域住民との結び付け、継続的利用に関する支援や苦情解決などが具体的内容である。地域や家族、個人が当事者として参加することを担保しながら、ともに考える関係となるような支援が求められている。利用者を支援に合わせるのではなく、支援を利用者のニーズに適合させることが求められている。

　「働き方改革」は働く者全体の課題である。仲間や他分野で働く人々との協働があってこそ実現できる。共通の「言語」を有し、相互理解を前提とした協

働こそ、利用者やその家族、地域社会への貢献を可能とする。ソーシャルワーカーやその関連職種は、法令遵守（コンプライアンス）の徹底と、提供した支援や選択されなかった支援について、専門職としてどのような判断のもとに当該支援を実施したのか、しなかったのかを説明すること（アカウンタビリティ）も同時に求められるようになってきている。

　本双書は、このような社会的要請と期待に応えるための知識やデータを網羅していると自負している。

　いまだに終息をみせたとはいえない、新型コロナウイルス（COVID-19）禍は引き続き我われの生活に大きな影響を与えている。また、世界各地で自然災害や紛争・戦争が頻発している。これらは個人・家族間の分断を進行させるとともに、新たな支援ニーズも顕在化させてきている。このような時代であるからこそ、代弁者（アドボケーター）として、地域住民や生活課題に直面している人々の「声なき声」を聴き、社会福祉領域のみならず、さまざまな関連領域の施策を俯瞰し、地域住民の絆を強め、特定の家族や個人が地域のなかで課題解決に取り組める体制づくりが必要である。人と諸制度をつなぎ、地域社会をすべての人々にとって暮らしやすい場とすることが社会福祉領域の社会的役割である。関係機関・団体、施設と連携して支援するコーディネーターとなることができる社会福祉士、社会福祉主事をはじめとする社会福祉専門職への期待はさらに大きくなっている。社会福祉領域で働く者も、エッセンシャルワーカーであるという自覚と矜持をもつべきである。

　本双書は各巻とも、令和元（2019）年度改正の社会福祉士養成カリキュラムにも対応し、大幅な改訂を行った。また、学習する人が制度や政策を理解するとともに、多職種との連携・協働を可能とする幅広い知識を獲得し、対人援助や地域支援の実践方法を学ぶことができる内容となっている。特に、学習する人の立場に立って、章ごとに学習のねらいを明らかにするとともに、多くの工夫を行った。

社会福祉制度は、かつてないスピードで変革を遂げてきている。その潮流が利用者視点から点検され、新たな改革がなされていくことは重要である。その基本的視点や、基盤となる情報を本双書は提供できていると考える。本双書を通じて学ばれる方々が、この改革の担い手として、将来的にはリーダーとして、多様な現場で活躍されることを願っている。担い手があってこその制度・政策であり、改革も現場が起点となる。利用者自身やその家族からの信頼を得ることは、社会福祉職が地域社会から信頼されることに直結している。社会福祉人材の育成にかかわる方々にも本双書をお薦めしたい。

　最後に、各巻の担当編集委員や執筆者には、改訂にあたって新しいデータ収集とそれに基づく最新情報について執筆をいただくなど、一方ならぬご尽力をいただいたこともあらためて読者の方々にご紹介し、総括編集委員長としてお礼を申し述べたい。

令和5年12月

『社会福祉学習双書』総括編集委員長
松　原　康　雄

目　次

第5章　高齢者と家族等への支援の実際

＊本双書においては、テキストとしての性格上、歴史的事実等の表現については当時のまま、また医学的表現等についてはあくまで学術用語として使用しております。
＊本文中では、重要語句を太字にしています。

表紙デザイン：株式会社ビー・ツー・ベアーズ

第1章
高齢者の生活と社会

学習のねらい

　高齢者福祉は社会福祉の中で重要な分野の一つである。その高齢者福祉の制度は多岐にわたり、これを理解するには、高齢者や高齢化について知ることが重要である。

　本章では、まず高齢者福祉を学ぶための基礎知識として、①高齢者とは何歳以上の人をさすのか、②高齢化とは何か、高齢化はなぜ進むのかについて学ぶ。その後に、高齢化の状況を概観する。次に、高齢者の生活実態として、家族形態、経済力（所得や資産）、社会参加、社会環境について学ぶ。特に高齢者の多様性に着目する。そして、現在「人生100年時代」といわれるなか、長寿社会における高齢者のイメージ、彼らの生き方の基本となる考え方について取り上げる。

　この章を通じて、高齢者の多様性、彼らの生き方を支える考え方を理解することで、ほかの章の学習の理解を深める助けとなることをめざす。

第1節 高齢者・高齢化とは何か

1 高齢者とは何歳以上の人をさすのか

（1）一般的な定義

　わが国では「高齢化」の進行に伴って、高齢者のための福祉、つまり高齢者福祉がますます重要になっている。高齢者福祉とは、高齢者のためのさまざまな福祉サービス全体をさす言葉である。その中には、介護が必要な高齢者のための制度から、比較的元気な高齢者のための制度までさまざまなものがある。こうした高齢者福祉の制度の内容や意義をよりよく理解するには、「高齢者」とはどのような人かを理解することが必要である。

　高齢者とは、年齢を重ねた人というのが、多くの人が考える答えであろう。そのため、高齢者を決める基準として、一般的なものが「年齢」である。ある年齢以上の者を高齢者として、その人数、人口に占める割合のデータが高齢化の問題を議論するときの基礎となる。そのデータは国勢調査などの政府統計[*1]をもとにすることが多い。政府統計では65歳以上の者を高齢者として多くの統計が作成されている。また、人口学での分類である、**前期高齢者**（65歳～74歳）と**後期高齢者**（75歳以上）に分けて統計が作成されたり、65歳～69歳といった年齢5歳階級別に統計が作成されたりすることも多い[*2]。

　高齢化や高齢者福祉全般に関する議論をするには、ある年齢を基準にして高齢者を定義するほうが便利である。そのため政府統計などで用いられる、65歳以上の者を高齢者として議論することが多い。

（2）社会福祉制度で見る高齢者の定義

　ところが、高齢者福祉をはじめとする社会保障制度では、高齢者を定義する年齢が政府統計の基準と異なる場合がある。その例をいくつか見てみよう。

　まず、主に高齢者の介護制度として介護保険がある。この制度に加入する対象者として、2種類の被保険者がある。そのうちの第1号被保険者は65歳以上の者である。この人たちが介護保険サービスを利用する中心となる。次に高齢期の生活を支える公的年金制度では、老齢年金の支給開始年齢は65歳となっている。そして、高齢者の医療保険制度として

[*1] 国や地方自治体などの行政機関が作成する統計であり、公的統計ともいう。政府統計には、基幹統計（政府統計のうち総務大臣が指定する特に重要な統計）と、一般統計（基幹統計以外の政府統計）がある。

[*2] 国や国際機関によっては60歳以上とする場合がある。わが国でも60歳以上を高齢者として統計を作成していた時期があった。

平成20（2008）年から実施されている後期高齢者医療制度の対象者は、75歳以上（寝たきり等の場合は65歳以上）の者である。なお、社会福祉制度ではないが、企業の定年制では65歳を定年とする企業は22.2%（21人以上の企業）である。[*3]

このように、高齢者に関係する社会福祉制度では、高齢者の基準となる年齢は制度によって異なる。しかしここでは、高齢者・高齢化に関する一般的な内容を取り上げるので、65歳以上の者を「高齢者」として話を進める[*4]。もっとも、どの年齢で「高齢者」を定義しても、わが国の高齢者像が大きく変化していることに変わりはない。旧来的な高齢者像は、「身体的・経済的に衰えた人」であったと考えられるが、現在では、「健康でアクティブな人がいる一方で、そうでない人もいる」に変化している。この詳細については、本章の第2節と第3節で取り上げる。

2 高齢化社会とは

「高齢化」や「高齢化社会」（または「高齢社会」）という言葉は、私たちの間でよく使われる言葉である。これらの言葉の意味をあらためて理解することは、高齢者福祉を理解するために欠かせないことである。

「高齢化」を大まかにいえば、社会の中で高齢者が増えていくことである。その程度を客観的に理解することが、高齢者福祉の重要性を理解する上で不可欠である。その指標として「高齢化率」があり、高齢者（65歳以上の者）の人口が総人口に占める割合をいう。これが上昇すれば、高齢化が進んでいるといえる。それでは、高齢化率がどのくらいの水準に達したら「高齢化社会」「高齢社会」というのであろうか。

まず、高齢化社会とは高齢化率が7%以上になった社会のことをいい、高齢社会はこれが14%以上に達した社会をいう。前者は、1956年の国連の報告書で示されたものであるが、当時、高齢化が最も進んでいた欧米諸国の高齢化率の水準をもとに高齢化社会を定義したものである。なお、近年は「超高齢化社会」「超高齢社会」という言葉もよく使われるようになっている。[*5]

高齢化社会（または高齢社会）の定義は、高齢化率の水準をもとにしており、高齢化の程度を示す指標としては非常にわかりやすい。一方で、高齢者福祉の充実をどの程度迅速に進めるべきかを考える上で、その速度を知ることも重要である。その指標として **倍加年数** があり、高齢化率が7%から14%になるまでにかかった年数で示される。これが短け

*3
厚生労働省「令和4年『高年齢者雇用状況等報告』集計結果」による数値。

*4
高齢者の年齢を基準にした定義として、日本老年学会は、平成29（2017）年1月に「75〜89歳の者」を高齢者、「90歳以上の者」を超高齢者、「65〜74歳の者」を准高齢者とする提言を発表している。

*5
超高齢化社会を定義する人口統計での明確な基準はいまのところ決まっておらず、高齢化が著しく進んだ社会という意味合いを含んだ言葉として定着している。ただし、高齢化率でいうと20%や21%を基準とすることも多い。

れば短いほど高齢化が急速に進んでいることを意味する。この年数はわが国では24年である。これは、欧米諸国より短く、アジア諸国・地域より長い（詳しくは3の（3）で取り上げる）。

3 高齢化の推移と見通し・特徴

（1）高齢化のこれまでの推移と見通し

それでは、わが国の高齢化は現在までにどのように進み、そして今後、どのように進むのであろうか。**図1－1**はわが国の高齢者人口、高齢化率の動きを、過去から現在、そして将来についてまとめたものである。この図によると、わが国が高齢化社会に入ったのは、昭和45（1970）年であり、高齢化率は7.1%であった。その後も高齢者人口の増加、高齢化率の上昇が進んだ。

図にはないが、平成6（1994）年には高齢化率が14%を超える高齢社会に入った。令和4（2022）年の高齢者人口は、総務省統計局の推計に

〈図1－1〉　わが国における高齢化の推移と将来推計（1965～2070年）

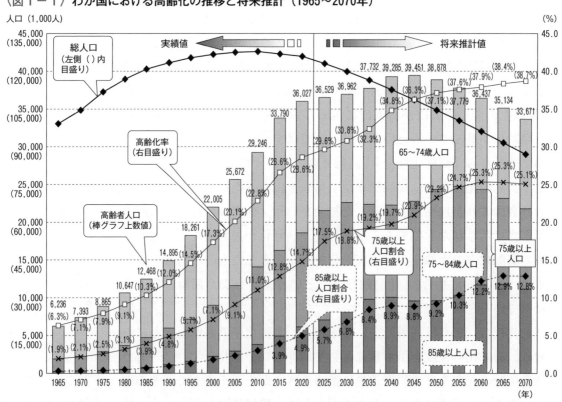

（出典）2020年までは総務省統計局「国勢調査」（2015年、2020年は年齢等の不詳補完値による）、2025年以降は国立社会保障・人口問題研究所「日本の将来推計人口（令和5年推計）」をもとに筆者作成

よると約3,624万人となり、高齢化率も29.0%となっている。このように、わが国ではこの50年近くの間で大きく高齢化が進んでいる。

　高齢化は今後も進む見通しである。まず、高齢者人口は令和2（2020）年までは大幅に増加するが、これは、「第一次ベビーブーム世代」とよばれる人口の多い世代が高齢期に入ったためである。その後の高齢者人口は、2045年までは3,600〜3,900万人の間で推移する見通しである。ところが2050年以降は、その数は減少に転じる見通しである。1980年代生まれの出生数が少ない世代が高齢期に入るためである。一方で総人口は減少し続ける見通しである。その結果、高齢化率は令和2（2020）年の28.6%から2045年の36.3%へと上昇する見通しである。高齢者人口が減少する2050年以降も、総人口の減少が大きいため、高齢化率は上昇を続ける。これにより、2070年の高齢化率は38.7%と、総人口の5人に2人が高齢者になる見通しである。

（2）わが国の高齢化の特徴

　わが国の高齢化の特徴を**図1−1**から見てみよう。まず平成27（2015）年までは、①高齢者人口が増加する一方で、総人口は高齢者の数ほど増加してこなかった（または減少し始めた）こと、②65歳〜74歳の前期高齢者が多いことが主な特徴である。ところが、令和2（2020）年以降の高齢化の主な特徴として、①2045年までは高齢者人口の増加と人口減少、②2050年以降は高齢者人口も減少するが、総人口の減少はさらに大きい、という特徴がある。さらに令和2（2020）年以降に共通する特徴として、高齢者のうち前期高齢者よりも75歳以上の後期高齢者のほうが多くなることである。図では、令和2（2020）年にはすでに後期高齢者が前期高齢者よりも多くなり、2070年には総人口の4分の1程度が後期高齢者となる見通しである。そして後期高齢者のうち、より高齢の85歳以上の割合も、令和2（2020）年では総人口の4.9%であったが、2070年には総人口の約13%を占める見通しである。

　近年、「人生100年時代」といわれている。後で取り上げるように、平均寿命が80歳を超え、多くの人が85歳、90歳まで生存する可能性が高くなったなかで、今後は100歳まで人生を送る人が増えることを視野に入れた言葉である。実際に100歳以上の人の数を見ると、厚生労働省まとめによれば、令和5（2023）年（9月1日）では9万2,139人である。この人数そのものは中小都市の人口に相当し、かなりの人数である。しかし、100歳以上の人口は今後大きく増加し、**図1−1**の将来推計人口

*6
「人口推計」（令和4年10月1日）。

*7
わが国において昭和22（1947）年から昭和24（1949）年にかけて生まれた世代をいう。「団塊の世代」とよばれることもある。

*8
「百歳の高齢者へのお祝い状及び記念品の贈呈について」老人の日の記念行事として内閣総理大臣からお祝い状と記念品を贈呈した。百歳高齢者表彰の対象者は47,107人であった。詳細は、厚生労働省ホームページ参照。

によると、2045年には約33万人、2070年には約62万人にまで増加する見通しである。

　こうした長生きの人について、100歳以上の人のことを「センテナリアン」（百寿者）、110歳以上の人のことを「スーパーセンテナリアン」（超百寿者）とよんでいる[9]。そして近年、彼らの健康状態などに関する研究が盛んになりつつある[10]。

（3）国際比較から見た特徴

　高齢化率と倍加年数を用いた国際比較でも、わが国の高齢化の特徴がわかる。まず、**表1-1**からわが国の高齢化率を主な欧米諸国と比較すると、1975年は各国とも10%台であるなか、わが国は7.9%とどの国よりも低い。それが2020年になると、各国の高齢化率も上昇しているが、わが国の高齢化率は28.6%と最も高くなっている。特に、わが国に次いで高齢化率が高いドイツを6ポイント（%Pt：パーセントポイント）以上上回っている。2070年もわが国の高齢化率は38.7%と最も高く、スペイン、ドイツがこれに次ぐ。つまり、わが国の高齢化は欧米諸国と比べ急速に進んでおり、今後も高齢化が最も進んだ国となる見通しである。

　ところが、東アジアとの比較で見ると、わが国よりも急速に高齢化が進む国や地域がある。**表1-1**を見ると、韓国では2020年の高齢化率は15.8%とわが国の半分を少し上回る水準であるが、2070年になるとこれが46.5%となり、わが国を上回る高齢化率になる見通しである。台湾も同様の傾向にある。そして中国も、現在の高齢化率の水準そのものは低

〈表1-1〉**高齢化率の国際比較**

	高齢化率（65歳以上）		
	1975年	2020年	2070年
日本	7.9%	28.6%	38.7%
スペイン	10.3%	19.7%	37.5%
ドイツ	14.9%	22.0%	32.2%
フランス	13.5%	21.0%	31.0%
イギリス	14.0%	18.7%	29.5%
スウェーデン	15.1%	20.0%	28.6%
アメリカ合衆国	10.4%	16.2%	27.5%
中国	4.0%	12.6%	36.9%
韓国	3.7%	15.8%	46.5%
台湾	3.5%	16.1%	43.6%

（出典）総務省統計局「国勢調査」「人口推計」、国立社会保障・人口問題研究所「日本の将来推計人口（令和5年推計）」、U.N. "World Population Prospects 2022"、（台湾）国家発展委員会「中華民国人口推計（2022至2070年）」（2022年）をもとに筆者作成

*9
年を重ねるごとの年祝いの言葉が、わが国には多く存在する。具体的には、還暦（60歳）、古希（70歳）、喜寿（77歳）、傘寿（80歳）、米寿（88歳）、卒寿（90歳）、白寿（99歳）、百寿、百賀など（100歳）、茶寿（108歳）、皇寿（111歳）、大還暦（120歳）などである。いずれも長生きしたことを祝する意味合いがある。

*10
詳細は、長寿科学振興財団ホームページより「スーパーセンテナリアン」参照。

いが、高齢化率の急速な上昇が見通されている。

　さらに、倍加年数で見ると、わが国や東アジアの高齢化が急速であることがわかる。わが国の倍加年数は24年（1970年～1994年）であり、フランス（115年）、スウェーデン（85年）、アメリカ（72年）はもとより、イギリス（46年）、ドイツ（40年）と比べても非常に短い。[11] 一方でアジアに目を向けると、シンガポール、韓国、中国の倍加年数はそれぞれ15年、18年、22年であり、わが国と同じかそれ以上の速度で高齢化が進む。

　さらに世界に目を向けると、高齢化は世界的に進む。世界の65歳以上の人口は、2020年で約7.4億人であるが、このうちアジアは約4.3億人（東アジアは約2.3億人）、ヨーロッパが約1.4億人でこれに次いでいる。これが2070年になると、全世界で約20.7億人（約2.8倍に増加）に達し、アジアが約12.7億人（東アジアは約4.7億人）と2020年の約3.0倍に増加し、世界の地域別では最も多くを占める。アジアに次いで高齢者が多くなるのはアフリカであり、その数は約2.7億人と2020年の約5.6倍に増加し、ヨーロッパの約2.0億人を上回る。[12] つまり、高齢化は欧米諸国や東アジアだけでなく、世界的に進む。

　このような世界的な高齢化である「**グローバルエイジング**」は、医療、年金、介護などの高齢化への対応が全世界的な課題であることを意味する。しかも、発展途上国では若年層の人口も多いので、若年層と高齢層両方の社会問題に同時に取り組まなければならない。例えば保健医療の問題として、若い人に多い急性疾患と高齢者に多い慢性疾患の両方の増加に対応する保健医療システムの構築を進めなければならない。

　そのようななか、国連は2020年12月に『健康な高齢化の10年（United Nations Decade of Healthy Ageing 2021-2030）』を採択した。これは、世界的な人口高齢化のなか、人々と家族、そして地域社会が健康的に歳を重ねるために、10年の間に、政府、国際機関、民間セクター等に協調した行動を促すものである。特に、①年齢と高齢化に対する考え方や行動の変化、②高齢者が地域に関わり、貢献する能力を培う社会の構築、③個人のニーズに対応した保健医療、介護サービスなどの提供、などをめざしている。

（4）高齢化の国内の地域差

　わが国の高齢化には地域差があるという特徴もある。例えば、都道府県別の高齢化率を総務省統計局「人口推計」（令和4〔2022〕年10月1日現在）で見ると、最も高齢化率が高いのは秋田県の38.6％であり、以

*11
内閣府「令和5年版高齢社会白書」、国立社会保障・人口問題研究所「人口統計資料集（2023年改訂版）」による。

*12
U.N. "World Population Prospects 2022 revision"による。

下、高知県（36.1％）、山口県（35.2％）、徳島県（35.0％）が続いており、東京や大阪などの大都市圏から離れた地域で高齢化率が高い。一方で高齢化率が最も低いのは、東京都の22.8％であり、最も高齢化率が高い秋田県よりおよそ16ポイント低い。以下、沖縄県（23.5％）、愛知県（25.6％）、神奈川県（25.8％）が続いており、沖縄県を除くと大都市圏の地域で高齢化率が低い。

　このような高齢化率の都道府県間の地域差は今後も維持される見通しである。国立社会保障・人口問題研究所「地域別将来推計人口（平成30年3月推計）」によると、2045年の都道府県別の高齢化率が最も高いのは、秋田県の50.1％である。以下、青森県（46.8％）、福島県（44.2％）、岩手県（43.2％）が続く。一方で最も高齢化率が低いのは、東京都の30.7％であり、以下、沖縄県（31.4％）、愛知県（33.1％）、滋賀県（34.3％）が続く。全国的に高齢化率が上昇するなか、大都市圏から離れた地域で高齢化率が高く、沖縄県と大都市圏の地域で高齢化率が低いという地域差の特徴が維持される。

　ところが、高齢化率について令和4（2022）年から2045年推計への変化を見ると、最も変化が大きいのは青森県（12.0ポイント〔％Pt〕）であり、以下、秋田県、福島県、山梨県（いずれも11.5ポイント）、宮城県（11.4ポイント）が続き、東北地方での高齢化率の上昇が目立つ（**表1－2**）。

　一方で、高齢者人口の変化について見ると異なる様相を呈する。令和4（2022）年から2045年の高齢者人口の変化が最も大きいのは東京都であり、令和4（2022）年の約320.2万人から2045年の417.6万人へと増加する見通しとなっている。これを前者を100とした指数で見ると、後者は130.4となる。以下、この指数が高い順に見ると、沖縄県（130.3）、神奈川県（122.7）、愛知県（119.0）、埼玉県（116.3）、滋賀県（114.6）が続いている。この指数が最も低いのは秋田県（84.0）であり、高齢者人口が84％の水準になることを意味する。以下、この指数の低い順に高知県（87.3）、山口県（89.0）、和歌山県（89.3）、徳島県（90.3）が続いている。このように、高齢者人口は主に大都市圏で今後急速に増加すると見通されている。

〈表1−2〉都道府県別高齢化率（2022年、2045年）

	高齢化率		変化			高齢化率		変化
	2022年	2045年	2022年→ 2045年			2022年	2045年	2022年→ 2045年
全国	29.0%	36.8%	7.8%Pt	三重県		30.5%	38.3%	7.8%Pt
北海道	32.8%	42.8%	10.0%Pt	滋賀県		26.8%	34.3%	7.5%Pt
青森県	34.8%	46.8%	12.0%Pt	京都府		29.6%	37.8%	8.2%Pt
岩手県	34.6%	43.2%	8.6%Pt	大阪府		27.7%	36.2%	8.5%Pt
宮城県	28.9%	40.3%	11.4%Pt	兵庫県		29.8%	38.9%	9.1%Pt
秋田県	38.6%	50.1%	11.5%Pt	奈良県		32.4%	41.1%	8.7%Pt
山形県	34.8%	43.0%	8.2%Pt	和歌山県		34.0%	39.8%	5.8%Pt
福島県	32.7%	44.2%	11.5%Pt	鳥取県		33.1%	38.7%	5.6%Pt
茨城県	30.4%	40.0%	9.6%Pt	島根県		34.7%	39.5%	4.8%Pt
栃木県	29.9%	37.3%	7.4%Pt	岡山県		30.8%	36.0%	5.2%Pt
群馬県	30.8%	39.4%	8.6%Pt	広島県		29.9%	35.2%	5.3%Pt
埼玉県	27.4%	35.8%	8.4%Pt	山口県		35.2%	39.7%	4.5%Pt
千葉県	28.0%	36.4%	8.4%Pt	徳島県		35.0%	41.5%	6.5%Pt
東京都	22.8%	30.7%	7.9%Pt	香川県		32.4%	38.3%	5.9%Pt
神奈川県	25.8%	35.2%	9.4%Pt	愛媛県		33.9%	41.5%	7.6%Pt
新潟県	33.5%	40.9%	7.4%Pt	高知県		36.1%	42.7%	6.6%Pt
富山県	33.0%	40.3%	7.3%Pt	福岡県		28.3%	35.2%	6.9%Pt
石川県	30.3%	37.2%	6.9%Pt	佐賀県		31.4%	37.0%	5.6%Pt
福井県	31.2%	38.5%	7.3%Pt	長崎県		33.9%	40.6%	6.7%Pt
山梨県	31.5%	43.0%	11.5%Pt	熊本県		32.1%	37.1%	5.0%Pt
長野県	32.5%	41.7%	9.2%Pt	大分県		33.9%	39.3%	5.4%Pt
岐阜県	31.0%	38.7%	7.7%Pt	宮崎県		33.4%	40.0%	6.6%Pt
静岡県	30.7%	38.9%	8.2%Pt	鹿児島県		33.5%	40.8%	7.3%Pt
愛知県	25.6%	33.1%	7.5%Pt	沖縄県		23.5%	31.4%	7.9%Pt

（出典）総務省統計局「人口推計」（令和4年10月1日現在）、国立社会保障・人口問題研究所「日本の地域別将来推計人口（平成30年3月推計）」をもとに筆者作成

4 高齢化はなぜ進むのか

（1）高齢化が進む要因

　「高齢化がなぜ進むか」という質問に対して、さまざまな答え方ができる。ここでは、人口を増減させる要因（出生、死亡、人々の移動）から見てみよう。図1−2は高齢化率の計算式を高齢者人口と総人口を用いて示し、その下に両者が変化する要因をまとめたものである。これによると、高齢化率の上昇は、計算式の分子の①高齢者の数が増えることと、分母の②総人口が高齢者ほど増えない（減少する）ことでもたらされる。

〈図1−2〉高齢化の要因（単純化した図）

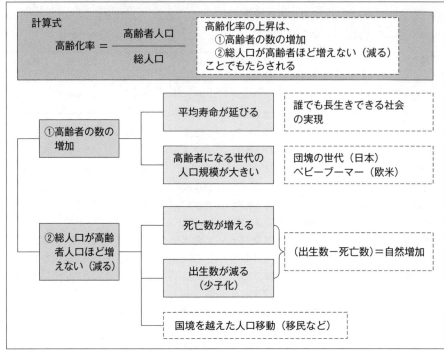

(筆者作成)

*13
厳密には、「0歳における平均余命」という。平均余命とは、「生命表」または「簡易生命表」において、ある年齢の者がその後生存する年数の平均をいう。「0歳における平均余命」を特に平均寿命としている。

*14
ある期間における年齢別の死亡率が今後変化しないと考えて、各年齢の人が1年以内に亡くなる可能性や平均してあと何年生きられるかという年数を表したもの。生命表の上での「ある年齢まで生存する割合」は、生命表の計算の上で亡くなった人の数を出生数（計算上10万人と仮定）から除いた結果、ある年齢まで生存している人の割合である。

（2）高齢者の増加−長寿化と高齢者になる世代の規模−

　まず、高齢者人口が増える原因は、「平均寿命が延びる」ことである。[13]つまり、以前よりも一人ひとりが長生きになると、高齢者になる人が増え、その結果として高齢化が進む。実際に、わが国の平均寿命を厚生労働省「生命表」「簡易生命表」[14]で見ると（**表1−3**）、終戦直後の昭和22（1947）年には男女とも50年程度であったが、令和4（2022）年には女性が87.09年、男性が81.05年と大幅に延びており、「人生80年」を超え、さらに長寿をめざす状況になっている。

　表1−3から生命表の上で90歳まで生存する人の割合を見ると、昭和22（1947）年では男性が0.9％、女性が2.0％であったが、令和4（2022）年では男性が25.5％、女性が49.8％となっている。さらに表にはないが、この年の100歳まで生存する割合は、男性で約1.3％、女性で約6.1％となっている。

　寿命が延びた背景としては、公衆衛生水準の向上、栄養改善、医療技術の進歩、公的医療保険制度や医療供給体制の整備などがある。誰もが長生きできる社会が実現したことが、高齢化が進んだ理由の一つである。また、高齢者になる世代の人口規模が大きいことも高齢化を推し進める。

〈表1-3〉平均寿命、人口の自然増加および合計特殊出生率の動き

	平均寿命（年）		ある年齢まで生存する者の割合（%）				人口の自然増加（万人）	合計特殊出生率
	男	女	男		女			
			65歳	90歳	65歳	90歳		
1947年	50.06	53.96	39.8	0.9	49.1	2.0	154.1	4.54
1960年	65.32	70.19	64.8	2.3	75.2	6.0	89.9	2.00
1970年	69.31	74.66	72.1	3.5	82.6	8.6	122.1	2.13
1980年	73.35	78.76	79.4	7.1	88.5	16.0	85.4	1.75
1990年	75.92	81.90	82.6	11.6	91.3	26.3	40.1	1.54
2000年	77.72	84.60	84.7	17.3	92.6	38.8	22.9	1.36
2010年	79.55	86.30	87.0	21.5	93.6	46.2	−12.6	1.39
2022年	81.05	87.09	89.6	25.5	94.4	49.8	−79.8	1.26

（注）人口の自然増加は（出生数−死亡数）で求められる。
（出典）厚生労働省「生命表」、「簡易生命表」、「人口動態統計」をもとに筆者作成

これは、先に述べたように、ある短い時期に「ベビーブーム」とよばれるほどに出生数が多い世代があると、彼らが高齢期を迎えるときに、高齢者人口が短期間に大きく増加するためである。

（3）人口減少（少子化）

　次に、総人口が高齢者人口ほど増加しない、または減少することも高齢化の要因である。**図1-2**で示したように、総人口の変化は、出生数と死亡数の差である自然増加と、国境を超えた人口移動の大きさで決まる。後者はわが国ではまだ小さいので、前者が総人口の変化のほとんどを決める。

　わが国の場合、高齢化に伴って死亡数が増える一方で、出生数が減少すること（少子化）により、自然増加は小さくなり、現在ではこれがマイナスになっている。このような、自然増加の縮小（マイナス化）が、総人口の伸びを抑える（または減少させる）ことで、高齢化を進行させている。

　実際に、人口の自然増加は、平成2（1990）年には約40万人であったが、令和4（2022）年には約79.8万人のマイナスとなっている。また、出生力の指標である合計特殊出生率[*15]を見ると、昭和45（1970）年には2.13であったが、その後の年は2を下回っており、令和4（2022）年には1.26（出生数では約77万人）となっている（**表1-3**）。このように、少子化の進行もわが国の高齢化の要因となっている。

（4）高齢化が進む要因のまとめと地域差

　以上はわが国全体で見た高齢化が進む理由である。都道府県、市区町

*15
合計特殊出生率とは、その年の15〜49歳までの女性の年齢別出生率を合計したものである。一人の女性が仮にその年の年齢別出生率で一生の間に生むとしたときに、一生の間に生む子どもの数に相当する。

村などの国内の地域単位で見ても同じような理由で高齢化が進む。しかし、出生率や死亡率には地域差があることに加え、国内では人口の地域間移動（転入や転出）がかなりの規模で存在する。もしある地域で、高齢者が地域に残り、若年層の多くが転出したとすると、高齢化率が大幅に上昇するだけでなく、人口も減少する（例：高齢化率50％以上の「限界集落」の出現）。こうした地域を今後どう存続、活性化させるかなどの問題にも直面している。

第2節　高齢者の生活実態

1 高齢者は誰と暮らしているのか

（1）高齢者の家族構成

　高齢者の生活実態にはさまざまな側面がある。まず思い浮かべるのは、高齢者は誰と暮らしているのかであろう。子ども夫婦や孫と暮らしている、ひとり暮らし、特別養護老人ホームに入所している、いろいろなイメージがあるだろう。

　まず特別養護老人ホームに入所したり、病院に長期入院したりしている、施設で生活する高齢者の割合を見てみよう。総務省統計局「国勢調査」（令和2〔2020〕年）によると、こうした施設をさす「施設等の世帯」[*16]に住む高齢者の割合は、男性では4.1％、女性では8.0％である。75歳以上では男性で6.4％、女性で13.3％と割合は高くなるが、高齢者の大多数を占めるほどではない。つまり、多くの高齢者は在宅、国勢調査の用語でいえば「一般世帯」で生活している。

　次に、在宅の高齢者がどのような家族構成で暮らしているかについて見てみよう（**図1－3①**）。厚生労働省「国民生活基礎調査」によると、「子どもと同居」する高齢者の割合は、昭和55（1980）年で69.0％であり、高齢者の間で最も多い家族形態であった。しかし、令和4（2022）年には33.7％にまで低下している。「子どもと同居」の内訳を見ると、「子ども夫婦と同居」が多くを占めていたが、「配偶者のいない子どもと同居」が増え、平成22（2010）年以降は後者のほうが多くなっている。

　こうした変化に加えて、「夫婦のみ（夫婦のみ又は一方が65歳以上。以下省略）」「ひとり暮らし」の高齢者の割合も増加している。前者は昭和55（1980）年の19.6％から令和4（2022）年には40.7％へと上昇し、後者も8.5％から21.7％へと上昇している。両者を合わせると令和4（2022）年には62.4％となる。

　高齢者の家族構成は、男女や年齢により異なる（**図1－3②**）。男性は、「夫婦のみ」で暮らす者が最も多い（令和4〔2022〕年で47.7％）。女性は、「子どもと同居」が最も多い（同36.2％）が、「ひとり暮らし」は25.3％と男性より8ポイント程度高い。また年齢別で見ると、女性の後期高齢者（75歳以上）は前期高齢者に比べ、「夫婦のみ」の割合が低くなり、「ひとり暮らし」や「子どもと同居」の割合が高くなる。なお、

＊16
「施設等の世帯」とは、学校の寮・寄宿舎の学生・生徒、病院・療養所などの入院者、社会・施設の入所者、自衛隊の営舎内・艦船内の居住者、矯正施設の入所者などから成る世帯をさす。これに対して、「一般世帯」とは、①住居と生計を共にしている人の集まり、または一戸を構えて住んでいる単身者、②会社などの独身寮などに居住している単身者などをさす。

〈図１－３〉家族形態別に見た（在宅の）高齢者の割合（1980〜2022年）

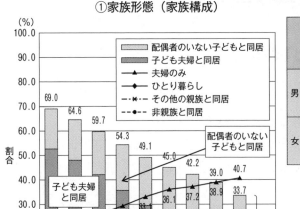

①家族形態（家族構成）

②高齢者の性・年齢別家族形態（2022年）

2022年		主な家族形態				
		ひとり暮らし	夫婦のみ	子どもと同居	子ども夫婦と同居	配偶者のいない子どもと同居
男	65歳以上	17.2%	47.7%	30.5%	5.2%	25.3%
	65〜74歳	17.6%	46.0%	29.6%	2.9%	26.7%
	75歳以上	16.8%	49.7%	31.6%	7.8%	23.7%
女	65歳以上	25.3%	34.8%	36.2%	9.4%	26.8%
	65〜74歳	18.5%	44.2%	32.1%	4.5%	27.6%
	75歳以上	31.5%	26.2%	40.0%	14.0%	26.1%

（参考）「施設等の世帯」に住む高齢者の割合（2020年）

2020年		割合
男	65歳以上	4.1%
	65〜74歳	2.0%
	75歳以上	6.4%
女	65歳以上	8.0%
	65〜74歳	1.4%
	75歳以上	13.3%

（注）1995年は兵庫県を除いたものである。「施設等の世帯」に住む高齢者の割合は「国勢調査」の結果による。
（出典）1985年以前は厚生省大臣官房統計情報部「厚生行政基礎調査」、1986年以降は厚生省大臣官房統計情報部「国民生活基礎調査」、総務省統計局「国勢調査」（2020年）をもとに筆者作成

*17
都市に住む高齢者の例として、首都圏（千葉県、埼玉県、東京都、神奈川県）に住む高齢者の割合を見ると、昭和30（1955）年の13.8%から令和4（2022）年の25.8%へと上昇している（総務省統計局「国勢調査」、「推計人口」（10月1日現在）による）。

*18
孤立死と類似の用語に孤独死がある。両者に明確な定義はないものの、例えば札幌市では以下のように定義している。孤立死は、「周囲との交流がなく、地域から孤立した状況の中で、自宅等で誰にも看取られず一人で亡くなり、死後、長期間放置されていた場合」である。孤独死は、「家族や

「子どもと同居」の場合でも、「子ども夫婦と同居」は男性で5.2%、女性で9.4%にとどまる。

　このように、高齢者は在宅で生活する者が大多数を占め、その中でも「ひとり暮らし」または「夫婦のみ」で暮らす者が過半数を占めている。その背景には、親子同居に関する意識が変化したことなどをあげることができる。そして、近年は都市に住む高齢者が増える傾向にある[17]。こうした変化は、高齢者が地域の中で孤立したり、場合によっては孤立死や[18]無縁死したりする問題となって現れることがある。

（2）高齢者の家族構成にも地域差がある

　第1節で見たように、高齢化の程度には都道府県ごとの地域差がある。それと同じように、在宅の高齢者の家族構成にも地域差が見られる。例えば、三世代同居が多い山形県、核家族世帯（夫婦のみ、夫婦と未婚の子どもだけで暮らす家族）が多い鹿児島県がよく指摘される。実際の数値を厚生労働省「国民生活基礎調査」（令和4〔2022〕年）から見てみよう（表1－4）。

　まず、「単独世帯」または「夫婦のみ世帯」で生活している高齢者の

〈表1−4〉 都道府県別高齢者の家族形態（令和4〔2022〕年）

| | 単独または夫婦のみ世帯 | | | 子どもと同居 | | | 単独または夫婦のみ世帯 | | | 子どもと同居 | |
		単独世帯	夫婦のみ世帯		子ども夫婦と同居			単独世帯	夫婦のみ世帯		子ども夫婦と同居
全国	62.3%	21.7%	40.7%	33.7%	7.5%	三重県	64.0%	20.0%	44.0%	32.3%	9.5%
北海道	72.3%	24.5%	47.8%	24.0%	3.5%	滋賀県	61.9%	16.9%	44.9%	33.9%	10.6%
青森県	51.3%	18.2%	33.1%	43.4%	13.8%	京都府	66.5%	24.9%	41.6%	30.6%	3.8%
岩手県	52.1%	21.0%	31.2%	42.0%	14.7%	大阪府	69.5%	26.8%	42.6%	27.6%	2.6%
宮城県	51.4%	15.0%	36.4%	43.7%	13.8%	兵庫県	65.7%	21.0%	44.7%	31.6%	6.1%
秋田県	49.2%	17.1%	32.1%	44.4%	16.6%	奈良県	63.1%	17.8%	45.3%	32.7%	6.8%
山形県	41.8%	13.5%	28.3%	52.2%	22.3%	和歌山県	63.2%	23.9%	39.3%	33.1%	7.1%
福島県	50.2%	18.6%	31.7%	44.0%	17.1%	鳥取県	51.6%	18.6%	33.0%	43.1%	16.5%
茨城県	55.0%	17.2%	37.8%	40.8%	13.0%	島根県	52.8%	18.3%	34.5%	39.6%	17.9%
栃木県	52.2%	18.3%	33.9%	43.1%	12.4%	岡山県	60.3%	21.5%	38.8%	34.7%	9.2%
群馬県	61.2%	22.0%	39.3%	34.2%	7.8%	広島県	67.6%	24.1%	43.4%	29.4%	6.0%
埼玉県	60.3%	19.8%	40.5%	36.7%	5.7%	山口県	67.7%	24.2%	43.5%	27.3%	5.2%
千葉県	63.8%	21.0%	42.8%	32.6%	5.9%	徳島県	59.9%	20.2%	39.7%	34.6%	9.3%
東京都	69.2%	28.5%	40.7%	28.5%	2.1%	香川県	62.5%	20.2%	42.3%	33.0%	7.1%
神奈川県	66.5%	21.9%	44.6%	29.8%	3.7%	愛媛県	66.7%	23.3%	43.4%	28.3%	5.2%
新潟県	46.9%	15.2%	31.6%	48.0%	18.1%	高知県	62.6%	26.6%	36.0%	31.7%	5.4%
富山県	48.6%	16.1%	32.5%	45.7%	17.8%	福岡県	66.0%	24.7%	41.3%	30.1%	5.3%
石川県	56.9%	16.7%	40.2%	38.0%	11.3%	佐賀県	53.7%	18.9%	34.7%	40.0%	12.6%
福井県	45.9%	13.8%	32.1%	47.6%	22.4%	長崎県	62.0%	21.4%	40.6%	33.3%	8.9%
山梨県	58.2%	18.8%	39.5%	37.5%	9.6%	熊本県	60.5%	20.4%	40.1%	33.9%	9.6%
長野県	54.3%	16.6%	37.7%	40.8%	13.2%	大分県	63.9%	23.1%	40.7%	30.8%	8.3%
岐阜県	55.6%	15.8%	39.8%	39.8%	15.1%	宮崎県	69.7%	23.0%	46.7%	26.9%	4.7%
静岡県	52.2%	16.6%	35.6%	43.1%	13.6%	鹿児島県	73.7%	26.7%	47.1%	22.9%	2.5%
愛知県	59.9%	19.0%	40.9%	35.4%	8.2%	沖縄県	60.9%	24.8%	36.1%	33.8%	4.5%

（出典）厚生労働省「2022年国民生活基礎調査」をもとに筆者作成

割合が最も高いのは、鹿児島県の73.7％である。以下、北海道（72.3％）、宮崎県（69.7％）、大阪府（69.5％）、東京都（69.2％）が続いている。

　一方で、「子どもと同居」する高齢者の割合を見ると、山形県が52.2％で最も高い。以下、新潟県（48.0％）、福井県（47.6％）、富山県（45.7％）、秋田県（44.4％）が続いている。

　このように、高齢者がひとり暮らし、夫婦だけで生活している者は西日本の地域によくみられ、子どもと同居する高齢者は東日本の地域によくみられることがわかる。

地域住民、知人等との交流がある中でも自宅等で疾病等により一人で亡くなった場合」である。この場合は、周囲との交流の有無が大きな違いとなっている。

② 高齢者の暮らし向き

（1）高齢者の所得は低いのか

　高齢者の生活のうち経済的な側面として、「収入が少なく経済的な不安が大きい」というイメージがある一方、「高齢者には豊かな人もいる」というイメージもある。そこで、高齢者の所得の状況を厚生労働省「国民生活基礎調査」（令和 4〔2022〕年調査）から見てみよう。[19]

　まず、1世帯当たりの平均所得は、高齢者世帯（65歳以上の者のみで構成するか、またはこれに18歳未満の未婚の者が加わった世帯）では318.3万円、三世代同居の世帯を含む65歳以上の者のいる世帯では454.8万円である。若い人の世帯も含めた全世帯平均（545.7万円）と比較すると、高齢者世帯の所得は非常に低い。しかし、世帯員1人当たりの平均所得でみると、高齢者世帯が206.1万円、65歳以上の者のいる世帯が207.9万円に対し、全世帯は235.0万円である。これらに大きな差はみられず、高齢者世帯の所得が著しく低いとはいい難い。

　ところが、所得を平均値でなく分布で見ると（**図1−4**）、その姿は大きく異なる。高齢者世帯の所得分布を同じ年の調査データで見ると、全世帯と比べて400万円未満の階層により多く分布している。ただし、

*19
高齢者の経済状況、就労状況等については、本書第5章第1節参照。

〈図1−4〉高齢世帯の所得分布（2022年調査）

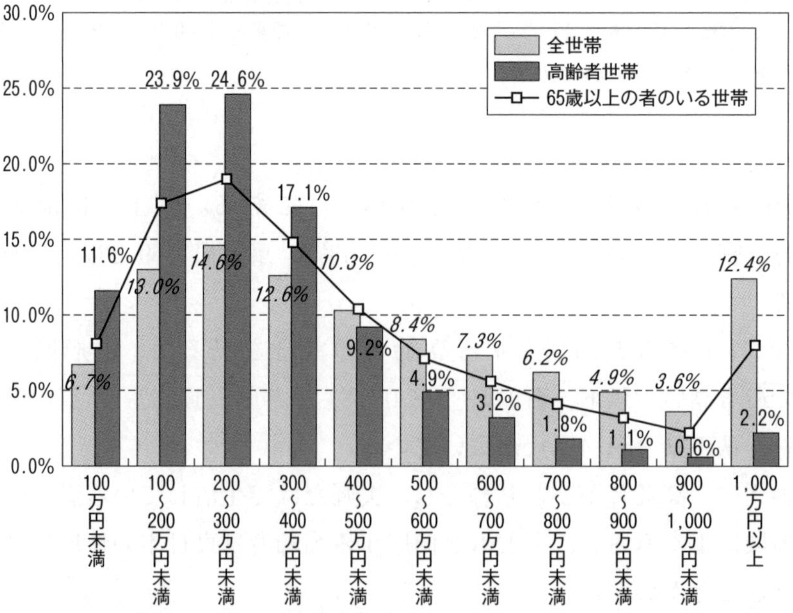

（注）調査年の前年の所得に基づく世帯分布。「高齢者世帯」とは、65歳以上の者のみで構成するか、又はこれに18歳未満の未婚の者が加わった世帯をいう。

（出典）厚生労働省「国民生活基礎調査」（2022年）をもとに筆者作成

65歳以上の者のいる世帯では、全世帯で見た分布とあまり変わらない。

　このように、高齢者だけの世帯では低所得層がかなり存在する。ただし、子どもと同居している世帯を含めると、高所得層もある程度存在する分布となる。つまり、わが国では所得格差が拡大してきたが、高齢者の世帯の間にも所得格差が存在することがわかる。高齢者の所得格差の存在は、高齢者にも貧困問題があることを意味する。**図1－4**の高齢世帯の世帯分布で見ると、世帯所得が全世帯平均を下回る世帯の割合は、高齢者世帯で89.0%、65歳以上の者のいる世帯で73.4%と全世帯（61.6%）を上回る。また、OECD基準で見た高齢者の貧困率は20.0%とOECD加盟国平均（13.1%）を大きく上回る。しかもその男女差は大きく、男性の16.4%に対して、女性は22.8%と、約6ポイントの差がある[21]。

　前記の調査から高齢者世帯の所得の構成を見ると、公的年金・恩給が199万9,000円と最も多い。就労による所得である稼働所得（80万3,000円）などがこれに続いているが、公的年金・恩給が所得の柱となっている。特に、高齢者世帯の中で、公的年金・恩給が所得の80%以上である世帯は58.3%を占める。さらに、高齢者世帯の年間所得別に見ると、年間所得が100万円未満、100万円〜200万円未満の世帯では、この割合はそれぞれ82.2%、74.9%である。700万円以上の世帯では0.5%にすぎない。これにより、公的年金・恩給は低所得高齢者世帯の所得の柱となっていることがわかる。

（2）高齢者の資産（預貯金・住宅）はどのような状態なのか

　高齢者の中には、所得はないが預貯金や不動産の資産はあるという人もいる。そのため、高齢者の暮らし向きは、所得だけでなく、預貯金などの資産に着目することも必要である。

　例えば、高齢者の世帯の貯蓄の状況を総務省統計局「全国家計構造調査」（令和元〔2019〕年）で見ると、世帯主年齢65歳以上の世帯（単身世帯を含む総世帯ベース）の貯蓄の平均額は1,731万円であり、若年層の世帯を含めた全世帯平均の1,280万円を上回っている。しかし、貯蓄額別の世帯分布を見ると、貯蓄額が150万円未満の世帯が合計で2割を占める一方、3,000万円以上の世帯も合計で2割近くを占める。このように、高齢者の世帯には貯蓄額の格差も見られる（**図1－5**）。

　また、住宅などの不動産の保有の状況を総務省統計局「平成30年住宅・土地統計調査」で見ると、高齢者（65歳以上の者）のいる世帯の

第1章

[20]
厚生労働省「所得再分配調査」によると、所得格差を示す指標であるジニ係数（値は0から1の間をとり、値が小さいほど所得などの分布は平等であり、値が大きいほど所得などの分布は不平等になるという指標）は、可処分所得で平成5（1993）年の0.3693から令和3（2021）年の0.3890へと上昇している。

[21]
貧困率とは、等価尺度（世帯員の平方根）でみた世帯の一人あたり可処分所得が中央値の半分を下回る者の割合である。詳細はOECD "Pension at a Glance 2021"または内閣府『令和5年版男女共同参画白書』を参照。

〈図1-5〉資産（貯蓄）金額階級別世帯主年齢65歳以上の世帯の分布（2019年、総世帯ベース）

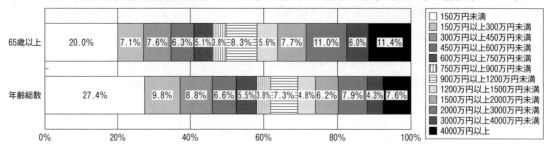

（注）貯蓄額不詳を除く。
（出典）総務省統計局「全国家計構造調査」（2019年）をもとに筆者作成

82.1％が持ち家に住んでおり、一般の世帯の61.2％を上回っている。これに対して、低所得の高齢者のいる世帯では、持ち家に住む世帯の割合は下がるが、年間所得が100万円未満の世帯でも62.6％である。このデータから、高齢者の世帯は住宅所有の面では豊かなように見える。しかし、住宅や土地の価値は、居住している地域、住宅の広さ、築年数、住環境（駅から近いか、買い物に便利かなど）などにより大きく変化する。そのため、住宅の資産としての価値にも格差があると考えられる。また、高齢化などを背景に空き家も増加しており、同じ調査によると、平成30（2018）年の空き家の戸数は約849万戸であり、住宅の13.6％を占めている。

3 高齢者の社会での活動

　高齢者は就労など社会の第一線から身を引いた人というイメージがある。しかし、元気でさまざまな活動に意欲をもって取り組んでいる高齢者が多いのも現実である。ここでは、高齢者の社会での活動として、就労とそれ以外の活動の2つに分けて考えてみよう。

（1）高齢者の就労
　まず、わが国の高齢者は就労意欲が高いといわれる。総務省統計局「労働力調査」によると、わが国の高齢者の労働力率（実際に働いている者及び仕事を探している者の割合）は令和4（2022）年で男性が34.9％、女性が18.4％であり、一見すると低く見える。しかし、年齢別に見ると前期高齢者で高い。また、欧米諸国と比べると高い水準にある（表1-5①）。

〈表1-5〉高齢者の就労状態

①労働力率

労働力率		男	女
日本 (2022年)	65歳以上	34.9%	18.4%
	65〜74歳	51.8%	33.1%
	75歳以上	16.9%	7.3%
国際比較 (2022年)	韓国	48.0%	29.0%
	アメリカ	23.7%	15.5%
	台湾	14.1%	5.9%
	イギリス	13.9%	8.7%
	ドイツ	11.3%	6.2%
	イタリア	7.8%	2.9%
	フランス	5.2%	3.0%

②就業形態

就業形態 (65歳以上・2022年)	男	女
自営業主	28.7%	12.6%
家族従業者	1.6%	10.8%
役員	15.5%	8.8%
正規の職員・従業員	14.4%	11.6%
パート・アルバイト等	39.0%	55.3%

(注) 労働力率＝労働力人口÷人口で算出。就業形態割合は総数に就業形態不詳を含んだ場合の割合。

(出典) 総務省統計局「労働力調査」(2022年)、「就業構造基本調査」(2022年)、OECD資料(OECD Statistics)、(台湾) 行政院主計総処「人力資源調査」(2022年) をもとに筆者作成

　また、総務省統計局「就業構造基本調査」(令和4〔2022〕年) によると、就労している高齢者のうち、男性は自営業主とパート・アルバイト、女性はパート・アルバイトが際立って多い。その一方で、正規の雇用者も男女とも1割程度存在する。このように、高齢者の働き方は多様である (**表1-5②**)。

　高齢者の就労について、内閣府「第9回高齢者の生活と意識に関する国際比較調査」(令和2〔2020〕年)[*22] で見ると、「収入の伴う仕事をしたい (続けたい)」60歳以上の者の割合は40.2%である。その理由として、「収入がほしいから」が51.0%と最も多く、そのほかの理由として、「働くのは体によいから、老化を防ぐから」が23.1%、「仕事そのものが面白いから、自分の活力になるから」が15.8%となっている。このように、高齢者が働く理由はさまざまである。

(2) 高齢者のボランティア活動

　次に、就労以外の分野における高齢者の社会参加について、前記の内閣府による調査で見ると、ボランティア活動などへの参加経験の「全くない」60歳以上の者は35.0%存在するが、各種の活動に現在参加している者は、「近隣の公園や通りなどの清掃等の美化活動」が17.3%、「地域行事、まちづくり活動」が15.9%、「自分の趣味や技能などを生かした支援活動」が5.9%などとなっている。一方で、こうした活動に参加しない理由 (複数回答) として、「健康上の理由・体力に自信がない」が34.6%、「時間的・精神的なゆとりがない」が25.4%などとなっている。そして、「関心がない」も14.9%となっている。

*22
本調査では、日本、アメリカ、ドイツ、スウェーデンの60歳以上の者を調査対象としている。

（3）高齢者の社会参加の傾向

　このように、わが国の高齢者は諸外国と比べて就労意欲が高く、就労以外の面での活動の状況も多様である。つまり、社会参加に積極的な高齢者がいる一方で、そうでない高齢者も存在する。そのため、高齢期の社会参加を促す上では、現役時代からの個人レベルでの準備に加え、社会的な支援も重要である。

4 高齢者を取り巻く社会環境

　高齢者の暮らし向きは、彼らを取り巻く社会環境によっても左右される。まず、高齢者が地域での生活を続けていくには、質の高い住まいの確保が不可欠であり、そのための施策が重要である。[*23]

*23
本書第5章第2節参照。

　次に、高齢者が安心して外出できる「まちづくり」も不可欠である。これにより、高齢者だけでなく、すべての人が安全に、安心して暮らすことにつながる。例えば、WHOが2007年に提唱した「エイジフレンドリーシティ」は、高齢者にやさしいまちがあらゆる世代にやさしいまちになるという趣旨である。2010年に国際的なネットワークが設立され、これに参加する自治体では、屋外スペース、建物、交通機関、住居、社会参加など8つのトピックから、課題の検証、行動計画の策定、計画の実施、進捗状況の評価を行う。わが国からは、秋田県秋田市、兵庫県宝塚市などの24の自治体が参加している。

　その8つのトピックのひとつである交通機関について、わが国ではバリアフリー化を進めている。国土交通省「第2次交通政策基本計画」（令和3年度～令和7年度）の数値目標から例をあげると、ノンステップバスの普及率は、令和元（2019）年度の61.2％から令和7（2025）年度には約80％にすることをめざしている。また、旅客施設の段差解消率も、令和元（2019）年度の91.9％から令和7（2025）年度の原則100％をめざしている。

　そして、わが国は地震などの自然災害が多く、避難を余儀なくされる、災害からの復興に苦労することが多い。災害弱者である高齢者などの避難を円滑に行うこと（例：支援が必要な人への個別避難計画の策定）、高齢者や障害者などに配慮した避難施設である「指定福祉避難所」の確保や運用ガイドラインの策定が進められている。災害からの復興にあたっては、同じ地域の住民同士が同じ仮設住宅に入居できるようにするなどの、災害前の住民同士のつながりを確保できるようにする配慮も、高

齢者にとって不可欠である。

5 高齢者の生活をめぐる新しい課題

　高齢者の生活実態が多様になる一方で、新しい課題も生じている。例えば、ひとり暮らしや夫婦のみで暮らす高齢者が多くなっていることがあげられる。子どもが遠くに住むなどの理由でお互いの行き来や連絡がない場合、孤立、孤独の問題につながる。その結果、詐欺などの事件や事故に巻き込まれる、孤立死、災害時の援護、ゴミ屋敷問題などの課題が近年認識されている。

　一方で、子どもと同居していても、子どもが単身者である場合、ひとりで親の介護と自分の仕事との両立をさせなければならない。高齢の親への支援に加え、子どもへの支援（介護離職防止など）が不可欠となる。それとは逆に、ひきこもりや病気などで同居の子どものほうに支援が必要なケースもある（いわゆる８０５０問題）。高齢の親が日常的・経済的な面倒を見ていることが多いが、親が亡くなったり、介護が必要になったりした時点で、その親子の生活は崩壊する。親子が共倒れしないよう、親と子両方への支援も課題として認識されている。

*24はちまるごーまる

*24
8050問題は、80代の親が50代の子と暮らし、介護、ひきこもり、経済的問題などの生活課題を抱えている世帯の問題をさす。ひきこもり状態の子の問題が焦点となることが多い。70代と40代で「7040問題」、90代と60代で「9060問題」といわれることもある。

第3節 長寿社会における高齢者の生き方

1 社会と個人にとっての高齢化

　第１節と第２節では、わが国の統計を用いて高齢化と高齢者の状況について見てきた。社会全体でのエイジングが進んだ結果、高齢者には家族構成、経済、社会活動などでの多様性があることがわかった。そのような状態になると、高齢者を「一律に」身体的・経済的弱者と見なすことはできない。高齢者は多様であり、彼らの多様性に合わせた社会を構築するという意識をもつ必要がある。高齢者福祉に即していえば、介護が必要な高齢者には介護サービスを、元気な高齢者には就労や社会活動などで活躍する機会を提供する必要がある。

　高齢化の原因の一つとして寿命が延びたことをあげた。これを一人ひとりに当てはめて考えると、誰もが長生きができることを意味する。**図1−6**は、人々のライフサイクルの変化の例（大正9〔1920〕年と令和4〔2022〕年）をまとめたものである。これを比較すると、若年期では結婚年齢の上昇や出産期間の短縮が見られる一方で、高齢期では定年や退職の年齢が上昇している。さらに平均寿命が大幅に延びているため、定年後の期間は6.1年から21.1年へ、引退後の期間も5.3年から23.5年へと延びている。特に、高齢期の女性（妻）から見た夫死亡後の期間（寡婦期間）が4.2年から7.4年へと延びている。

　この図で示した数値は平均的なものであり、未婚や離婚に伴う家族形態の違いにより、実際のライフサイクルはより多様である。しかし確実にいえることは、誰もが長生きでき、しかも「老後」の期間が延びているということである。この長い老後の過ごし方は、個々人の事情に左右される。元気でいる間は、就労、学習、趣味、社会活動などさまざまなことができる。しかし、病気等で身体機能が衰えている人は、治療や介護を受けながらの生活となる。そのようななかでも、自分がやりたいことをしながら生活する（例：自宅で趣味を楽しむ、可能な範囲で外出する、ICT機器を活用して多くの人と交流する）ことは可能である。長い老後の生き方は個人の境遇という条件はあるが、選択次第でもある。このようにエイジングは、社会、個人の生き方に多様性をもたらす。

＊25
ライフサイクルとは、人の誕生から死亡までの一生の過程をいう。図１−６ではライフサイクルで起きると考えられる主な出来事を示してみた。

〈図1－6〉ライフサイクルの変化の例

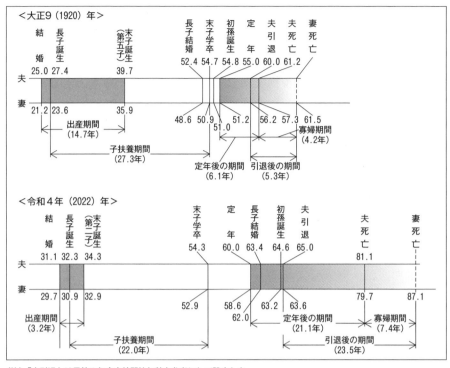

（注）「夫引退」は男性の年金支給開始年齢を参考にして設定した。
（出典）総務省統計局「国勢調査」、厚生労働省「人口動態統計」「生命表」「簡易生命表」、国立社会保障・人口問題研究所「出生動向基本調査」等をもとに筆者作成

2 高齢者像（イメージ）の変化

　高齢者の姿は多様であり、特に元気な人も多いことがわかると、人々の高齢者像も変化してくる。そうなると、高齢者を「年齢」で判断することが難しくなる。例えば、内閣府「令和3年度高齢者の日常生活・地域社会への参加に関する調査」（60歳以上を対象）によると、「自分自身を高齢者だと感じる」とする者の割合は、65歳以上では男性56.6％、女性62.3％である。この割合が最も高いのは80歳以上であり、男性で86.2％、女性で86.6％となる。一方で、年齢が下がるにつれてこの割合は低下し、65～69歳では男性で30.7％、女性で34.3％にとどまる。高齢者のうち、年齢がより低い人ほど、自分を高齢者とは認識していないという実像が見えてくる。

　高齢者といえば「身体的・経済的弱者」というイメージが長年強かった。第2節でも見たように、高齢者はひとり暮らしや夫婦だけでの自立した生活ができている人がいるほか、所得や貯蓄が多い人もいる。また、就労や社会活動でアクティブな人もいる。こうした姿を反映する形で、

＊26
大綱の本文は、内閣府
ホームページより「高
齢社会対策大綱」参照。
なお、詳細は本章第2
節からを参照。

政府の高齢社会対策の基本方針である「高齢社会対策大綱」（平成30
〔2018〕年2月策定）でも、「65歳以上を一律に『高齢者』と見る一般
的な傾向が現実的なものでなくなりつつある」「年齢や性別にかかわら
ず、個々人の意欲や能力に応じた対応を基本」というスタンスが示され
ている。つまり高齢者は多様であることを前提にした考え方となってい
る。

　このように高齢者像が変化しているなか、高齢期の生き方を支える考
え方も変化している。本節の最後では、これについて見ていく。

3 高齢期の生き方を支える考え方

（1）老化に対する考え方

　高齢期とは、個人差があるものの、年齢を重ねた結果として何らかの
衰えが出てくる時期である。この時期をどのようにとらえるか、いくつ
かの考え方がある。

　「離脱理論」は老化に対して否定的な考え方である。具体的には、「加
齢によって個人は社会から離脱する傾向がある一方で、社会も高齢者を
拒否してゆく傾向があり、その過程は不可避的なもの」というものであ
る。これに対して、老化した時期にも何らかの役割があるという考え方
がある。例えば「活動理論」によると、「高齢者の心理的欲求は中年期
と同じであり、可能な限り中年期の活動を継続的に維持することで満足
した高齢期を過ごすことができる」とされている。「継続性理論」は、
「高齢期への対処として、新しい役割を見つけるのではなく、これまで
果たしてきた役割に時間を割く」という考え方である。これらの考え方
には、高齢期をよりポジティブにとらえる側面がある。

＊27
離脱理論は、カミング
（Cumming, E.）、ヘン
リー（Henry, W. E.）
によって提唱され、活
動理論はハヴィガース
ト（Havighurst, R. J.）
らが提唱した。

　また、老化の時期の多様性が垣間見られる考え方として、「**プロダク
ティブ・エイジング**」がある。これは、高齢になっても生産的・創造的
な能力を維持している人々の能力を、生産的な活動（ボランティア活動
や家事労働などを含む）に活用することを提唱しているものである。高
齢期にもさまざまな活動ができる可能性を示しているが、その活動とし
て「経済活動を優先」し、「すべての活動ができる高齢者」を前提にし
ている。つまり、手助けや見守りが必要な高齢者への配慮が十分でない
という側面がある。

　こうした要介護などの高齢者の存在も考慮した概念として、「**アクティ
ブ・エイジング**」がある。この考え方は1990年代以降に現れ始めた概

念であり、世界保健機関（WHO）が2002年に公表した報告書で、これを大きく取り上げている。それによると、アクティブ・エイジングとは、「年をとっていく中で、生活の質（Quality of Life：QOL）[28]を高めていくために、『健康（Health）』、『参加（Participation）』、『安全（Security）』のための機会を最大化するプロセス」であり、その対象は、「要介護高齢者を含むすべての高齢者によるすべての意味のある活動」である。その前提として「予防」「世代間の連帯」「権利と義務をあわせもつ」「高齢者の参加とエンパワメント」「国家や文化の多様性」がある。つまり、高齢期になっても個人の境遇に合った形で充実した人生を送ることができるようにするべきという考え方だといえる。

（2）ライフコースの中での高齢期への生き方

高齢期の生き方をライフコース全体の中でとらえると、教育、仕事、引退（老後）の３つのステージが考えられる。それぞれが子ども時代、現役時代、高齢期に相当し、それぞれのステージを順番に迎えていくという認識が一般的であろう。このような単線的な生き方ではなく、さまざまステージを繰り返す生き方にライフコースは変化しつつある。つまり、教育の時期を終えた後でも、自分探しのための学び、起業、雇用されての就労などといったライフステージを行ったり来たりする生き方を行う。そこで人脈や経験が培われるとともに、収入や資産も蓄積される。その結果としてより豊かな老後につながる。

こうした「ライフシフト」ともいえる考え方は、前述の高齢社会対策大綱にも盛り込まれている。[29]豊かな高齢期のためには、若年層のときからさまざまな形での準備が必要である、という考え方であるといえよう。

（3）高齢期の生活でめざすもの

高齢期の生き方にはさまざまな考え方がある。現在は年齢を重ねた人には、健康でアクティブな人、病気や介護が必要なために支援を受けながら過ごす人、さまざまであろう。高齢期の過ごし方は多様で、その人の境遇や選択に応じた面はあっても、一人ひとりが満足を得られる日常を送ることができること、これが高齢期の生活の目標であろう。また、高齢者だけでなく、周囲の人も何らかの形で満足が得られることも大切である。このような生活の上での満足が得られることで、QOLまたはウェルビーイング（良好な状態）[30]は向上する。その結果として、何らかの形でよい人生を送り、天寿を全うするという意味での「サクセスフ[31]

---

*28
生活の質（QOL）とは、「生きがい」や「生活への満足」を意味する言葉であり、一人ひとりが自分らしく幸福で充実しているかを重視する考え方である。健康や暮らしといった個人の状態、社会の状態、これらに対する個人の評価のうち一つまたはいくつかの要素を含めたものである。

*29
具体的には、「寿命の延伸とともに、『教育・仕事・老後』という単線型の人生を送るのではなく、ライフスタイルの多様化が進む時代であることから、高齢社会へのかかわり及び自身の生涯設計について、若年期からの意識の向上が求められる」となっている。

*30
ウェルビーイングとは、身体的、精神的、社会的に良好な状態にあることを意味する概念である。「幸福」と翻訳されることも多い。

*31
サクセスフル・エイジングにはさまざまな説明がある。一つの説明として、これを構成するものに、長寿、生活の質、社会貢献などがある。これらが充足されることでサクセスフル・エイジングは達成されると考えられる。

ル・エイジング」（幸福な老い）につながるであろう。

　このような目標を達成できる社会を実現するには、個人の努力はもちろん、高齢者福祉などの社会全体で人々を支える仕組みづくりも必要である。

参考文献
- 日本人口学会　編『人口大事典』培風館、2002年
- 内閣府『高齢社会白書』各年版
- 前田信彦『アクティブ・エイジングの社会学－高齢者・仕事・ネットワーク』ミネルヴァ書房、2006年
- 佃　亜樹「『サクセスフル・エイジング』の再定式化への一考察－ジェロトランセンデンス理論の到達点と課題－」『立命館産業社会論集』第43巻4号（2008年3月）、立命館産業社会学会
- WHO 'Active Ageing A Policy Framework', 2002.
- Walker. A, 'A Strategy for Active Aging', *International Social Security Review*, Vol.55, Issue1, pp. 121-139, 2002.
- 大内尉義・秋山弘子 編集代表、折茂　肇 編集顧問『新老年学　第3版』東京大学出版会、2010年
- 杉澤秀博・長田久雄・渡辺修一郎・中谷陽明 編著『老年学を学ぶ—高齢社会の学際的研究（桜美林大学叢書　7）』論創社、2021年

第2章
高齢者福祉の理念と発展過程

学習のねらい

　わが国の高齢者福祉制度は、明治時代以降、人口の高齢化や経済的状況、家族形態や家族意識等の社会的変化に応じて、大きな変遷を経て現在に至っている。特に、昭和38（1963）年の老人福祉法の制定後の急速な高齢化によって、高齢者福祉は経済的支援から介護に対する支援に舵を切り、それはやがて、平成になってゴールドプランによる介護基盤の整備へとつながっていった。そして、平成12（2000）年には介護保険制度が施行され、それにより高齢者福祉制度は、根幹から変化したといえる。

　現在の高齢者福祉制度を理解し、さらに今後の制度のあり方を考える上で、歴史的歩みを理解することは重要な意味をもっている。本章では、高齢者福祉制度の発展過程について、時代背景や法制度・サービス等の変化を概観しながら学習する。

第1節 高齢者関係の法制度の概要と高齢者福祉の理念

1 高齢社会対策基本法

高齢者に関係する法制度は幅広い（**表2−1**）。ここでは高齢社会対策基本法と老人福祉法について概観する。

超高齢社会への対応は、保健医療福祉領域に留まらず、社会全体としての取り組みが必要になっており、平成7（1995）年に制定された高齢社会対策基本法に基づいて推進されている。

同法では、以下の3つの基本理念が示されている（第2条）。

一　国民が生涯にわたって就業その他の多様な社会的活動に参加する機会が確保される公正で活力ある社会

二　国民が生涯にわたって社会を構成する重要な一員として尊重され、地域社会が自立と連帯の精神に立脚して形成される社会

三　国民が生涯にわたって健やかで充実した生活を営むことができる豊かな社会

内閣府に、総理大臣を会長とする「高齢社会対策会議」が設置され、政府が推進すべき高齢社会対策の指針である「**高齢社会対策大綱**」の案の作成等を行う。現在は、平成30（2018）年2月16日閣議決定の高齢社会対策大綱が公表されている（**表2−2**）。大綱は、経済社会情勢の変化等をふまえておおむね5年をめどに必要があれば見直しが行われることとなっている。

2 高齢者福祉の理念

*1
本節3参照。

*1
老人福祉法は、生活保護法による経済的な高齢者支援に加え、高齢者が生きがいをもてる健全で安らかな生活を保障するという高次な生活像を理念として規定した。介護保険制度では、平成17（2005）年の法改正において、介護保険法の第1条に、介護サービスの目的として「尊厳を保持する」ことが追加され、介護が必要になっても尊厳を保ち、可能な限り自立して生活できるよう支援すること（自立支援）を理念とした。

〈表2-1〉 高齢者に関する法制度

法制度	内容
生活保護法 （昭和25〔1950〕年）	年代を限らず、生活の困窮に対して、必要な保護を行い、健康で文化的な最低限度の生活を保障するとともに、自立を助長することを目的としている。生活扶助、住宅扶助、教育扶助、医療扶助、介護扶助、出産扶助、生業扶助、葬祭扶助の8種類の扶助が定められている。
国民年金法 （昭和34〔1959〕年） 厚生年金保険法 （昭和29〔1954〕年）　　等	老齢年金・障害年金・遺族年金が設けられ、どの年金制度に加入していても、基礎年金は全国民に共通したものとなっている。
老人福祉法 （昭和38〔1963〕年）	高齢者の福祉に関する基盤について規定している。多くのサービスは介護保険制度による給付に移ったが、養護老人ホームなど本法に基づくサービスもある。
高年齢者等の雇用の安定等に関する法律 （高年齢者雇用安定法） （昭和46〔1971〕年）	昭和61（1986）年に現在の名称に改称された。高年齢者についての継続雇用の確保や再就職等による就業機会の確保策を定めている。現在では、定年年齢は60歳以上とし、65歳までの雇用確保義務に加え、令和3（2021）年からは70歳までの就業機会を確保するため、70歳までの定年引き上げ、定年制の廃止、70歳までの継続雇用制度等の高年齢者就業確保措置を講ずる努力義務が設けられた。
高齢社会対策基本法 （平成7〔1995〕年）	社会全体にわたる高齢者施策の基本方針を定めるため、国による高齢社会対策大綱の策定を規定している。
介護保険法 （平成9〔1997〕年）	要介護または要支援への介護サービスの給付を行うとともに、周辺施策としての地域支援事業を実施している。
高齢者の居住の安定確保に関する法律（高齢者住まい法） （平成13〔2001〕年）	高齢者の居住環境の確保のため、国による居住の安定確保に関する基本的な方針と都道府県による高齢者居住安定確保計画の策定を定めている。平成23（2011）年に全面改正され、さまざまな高齢者向け住宅の制度は、「サービス付き高齢者向け住宅」に一本化され、登録制度が実施されている。
高齢者虐待の防止、高齢者の養護者に対する支援等に関する法律（高齢者虐待防止法） （平成17〔2005〕年）	高齢者に対する、家庭等における虐待、養介護施設での職員による虐待を対象として、虐待の防止と対応、虐待に至った養護者への支援を行い、権利擁護を図る。
高齢者の医療の確保に関する法律（高齢者医療確保法） （平成18〔2006〕年）	高齢期における適切な医療の確保を図るため、医療費の適正化を推進するための計画の作成、保険者による健康調査等の実施に関する措置とともに、高齢者の医療について「後期高齢者医療制度」及び前期高齢者に係る保険者間の費用負担の調整を定めている。
高齢者、障害者等の移動等の円滑化の促進に関する法律（バリアフリー法） （平成18〔2006〕年）	高齢者や障害者の移動や施設利用の利便性と安全性の向上の促進を図っている。旅客施設（駅等）、特定建築物（学校、病院等）、建築物特定施設（出入口、廊下、階段等）についての基準が定められている。
地域における医療及び介護の総合的な確保の促進に関する法律（医療介護総合確保促進法） （平成26〔2014〕年）改正・改称	高齢者及び国民の健康保持と福祉の増進のために、地域における医療提供体制と地域包括ケアシステムの構築について示している。地域包括ケアシステムについて定義し、医療及び介護の確保のための基本的な方針（総合確保方針）を定めている。
共生社会の実現を推進するための認知症基本法（認知症基本法） （令和5〔2023〕年）	認知症の人の尊厳を保持し、希望をもって暮らすことができるよう認知症施策を総合的に推進し、共生社会の実現をめざすための基本方針を定めている。

注：（　）内は制定年
（筆者作成）

第2章

〈表２－２〉高齢社会対策大綱の概要（平成30年２月16日閣議決定）

＜基本的考え方＞	
（1）年齢による画一化を見直し、全ての年代の人々が希望に応じて意欲・能力をいかして活躍できるエイジレス社会を目指す。	
（2）地域における生活基盤を整備し、人生のどの段階でも高齢期の暮らしを具体的に描ける地域コミュニティを作る。	
（3）技術革新の成果が可能にする新しい高齢社会対策を志向する。	

＜分野別の基本的施策＞	
1　就業・所得	
（1）エイジレスに働ける社会の実現に向けた環境整備	（2）公的年金制度の安定的運営
（3）資産形成等の支援	
高年齢者等の雇用の安定等に関する法律（高齢者雇用安定法）、労働関係各法 育児・介護休業法、年金関連各法（国民年金法、厚生年金保険法等）	
2　健康・福祉	
（1）健康づくりの総合的推進	（2）持続可能な介護保険制度の運営
（3）介護サービスの充実（介護離職ゼロの実現）	（4）持続可能な高齢者医療制度の運営
（5）認知症高齢者支援施策の推進	（6）人生の最終段階における医療の在り方
（7）住民等を中心とした地域の支え合いの仕組み作りの促進	
健康増進法、介護保険法、老人福祉法、高齢者の医療の確保に関する法律 高齢者虐待の防止、高齢者の養護者に対する支援等に関する法律（高齢者虐待防止法） 社会福祉法等	
3　学習・社会参加	
（1）学習活動の促進	（2）社会参加活動の促進
生涯学習の振興のための施策の推進体制等の整備に関する法律 学校教育法、社会教育法等	
4　生活環境	
（1）豊かで安定した住生活の確保	（2）高齢社会に適したまちづくりの総合的推進
（3）交通安全の確保と犯罪、災害等からの保護	（4）成年後見制度の利用促進
高齢者、障害者等の移動等の円滑化の促進に関する法律（バリアフリー法） 高齢者の居住の安定確保に関する法律（高齢者住まい法） 成年後見制度の利用の促進に関する法律等	
5　研究開発・国際社会への貢献等	
（1）先進技術の活用及び高齢者向け市場の活性化	（2）研究開発等の推進と基盤整備
（3）諸外国との知見や課題の共有	
がん対策基本法 福祉用具の研究開発及び普及の促進に関する法律等	
6　全ての世代の活躍推進	
（1）全ての世代の活躍推進	
少子化社会対策基本法 女性の職業生活における活躍の推進に関する法律（女性活躍推進法）等	

（筆者作成）

〈表２−３〉 老人福祉法と介護保険法の目的と理念の規定

老人福祉法第２条	老人は、多年にわたり社会の進展に寄与してきた者として、かつ、豊富な知識と経験を有する者として敬愛されるとともに、生きがいを持てる健全で安らかな生活を保障されるものとする。
介護保険法第１条	この法律は、加齢に伴って生ずる心身の変化に起因する疾病等により要介護状態となり、入浴、排せつ、食事等の介護、機能訓練並びに看護及び療養上の管理その他の医療を要する者等について、これらの者が尊厳を保持し、その有する能力に応じ自立した日常生活を営むことができるよう、必要な保健医療サービス及び福祉サービスに係る給付を行うため、国民の共同連帯の理念に基づき介護保険制度を設け、その行う保険給付等に関して必要な事項を定め、もって国民の保健医療の向上及び福祉の増進を図ることを目的とする。

現在の高齢者への支援の基本方針は「尊厳の保持」であり、この意味を追求し達成する支援が模索されている。

制度改正の基本理念が示された高齢者介護研究会の報告書「2015年の高齢者介護」においては、尊厳の保持とは、高齢者がたとえ介護を必要とする状態になっても、その人らしい生活を自分の意思で送ることを可能にするという理念が提示された。具体的には私たちの生活では当たり前になっている起床時間、食事の選択、人間関係などの自己決定の積み重ねこそが「尊厳ある生活」の基本であるとしている。ここには、生活の継続性と自己決定が示されており、尊厳の保持について重要な概念となっている（**表２−３**）。

3 老人福祉法

老人福祉法は昭和38（1963）年に制定され、長く高齢者福祉の中核として役割を果たしてきた。平成12（2000）年の介護保険法の施行により、老人福祉法に基づく高齢者向けの介護サービスは措置によるサービス提供から、介護保険制度による契約による利用に転換したことで、現在は高齢者福祉の基盤を支える法的役割を果たしている。

（1）老人福祉施設

入居型の**養護老人ホーム**、**特別養護老人ホーム**、**軽費老人ホーム**のほかに**老人デイサービスセンター**、**老人短期入所施設**、**老人福祉センター**、**老人介護支援センター（在宅介護支援センター）**が老人福祉施設として規定されている。

（2）入居型の老人福祉施設

❶特別養護老人ホーム

　65歳以上の高齢者で、身体上または精神上著しい障害があるために常時の介護を必要とし、かつ、居宅においてこれを受けることが困難な者を入所させ、介護サービスを提供する施設。介護保険法上は、指定介護老人福祉施設として都道府県知事の指定を受ける必要がある。

❷養護老人ホーム

　環境上の理由及び経済的理由により、家庭での生活が困難な65歳以上の高齢者を入所させて、養護することを目的とする施設。入居の決定は市町村の措置による。

❸軽費老人ホーム

　無料または低額な料金で、高齢者を入所させ、食事の提供その他日常生活上必要な便宜を供与することを目的とする施設。食事サービスの提供があるA型と自炊のB型、介護に対応したケアハウス（C型）の3種があるが、現在はケアハウスのみ整備されている。

（3）老人居宅生活支援事業

　在宅介護サービスは、介護保険制度の居宅サービスや地域密着型サービスに移行したが、老人福祉法上は、老人居宅生活支援事業として規定されている。老人居宅介護等事業（訪問介護等）、老人デイサービス事業、老人短期入所事業、認知症対応型老人共同生活援助事業（認知症グループホーム）といった介護保険制度以前から制度化されていたサービスだけでなく、介護保険制度下で創設された小規模多機能型居宅介護事業、複合型サービス福祉事業（看護小規模多機能型居宅介護）も含まれている。事業開始・変更・休止・廃止にあたっては都道府県への届出が必要である。

（4）福祉の措置

　養護老人ホームと養護委託については、市町村長による利用決定（**措置**）が行われている。また、虐待等のやむを得ない理由で介護保険法による介護サービスを契約によって利用できない場合には、老人福祉法に基づき市町村長が福祉の措置を行い、サービス利用に結びつけた後、介護保険制度による契約利用に移行する。

*2
65歳以上の者で養護者がいないか、養護者がいても養護させることが不適当であると認められる者の養護を、養護受託者として登録している個人の家庭に委託する制度。

（5）有料老人ホーム

　有料老人ホームは、健康型、住宅型、介護付に分かれており、開設・変更・休止・廃止の際にはあらかじめ都道府県に規定の事項を届け出る必要がある。入居者の権利擁護が進められており、家賃、敷金及び介護等の日常生活上必要な便宜の供与の対価として受領する費用を除く他の権利金等を受領してはならない。また、家賃の前払金を一括して受領できるが、その前払金の算定の基礎を書面で明示し、返還債務を負うこととなる場合に備えて必要な保全措置を講じなければならない。

（6）老人福祉計画

　平成2（1990）年の法改正で、市町村及び都道府県は、老人福祉法に基づく介護サービス等についての整備計画である**老人福祉計画**を作成することが義務付けられた（老人保健法による老人保健計画と一体的に、老人保健福祉計画として作成されていた）。現在では、老人居宅生活支援事業と老人福祉施設による事業を「老人福祉事業」とよび、供給体制の確保に関する計画を定めることとなっている。老人福祉計画は、介護保険事業計画と一体的に作成される。

（7）その他の規定

　生きがい対策として、老人福祉法制定当初から規定されていた老人クラブ（各地域における高齢者の集まり）について、市町村は援助をするように努めなければならないとされている。

　また、「**老人の日**」（9月15日）及び「**老人週間**」（9月15日～21日）が定められている。[3]

*3
国民の祝日に関する法律（祝日法）により、「敬老の日」が祝日に定められている。平成14（2002）年までは9月15日が敬老の日であったが、平成15（2003）年からは、9月の第3月曜日となっている。

第2節 第二次世界大戦前から老人福祉法制定まで

1 明治～昭和初期：恤救規則、救護法

　わが国の高齢者に対する支援は、家族や地縁社会による共助が原則であった。明治7（1874）年の太政官布告による恤救^{じゅっきゅう}規則は、近代日本の最初の公的扶助制度と位置付けることができる。しかし、親族等による相互扶助を基本とし、相互扶助が不可能な場合だけに施策の対象としていた。高齢者への支援としては、身寄りがなく重病や老衰で困窮している70歳以上の者等に1年に米1石8斗（後に金銭給付）を与えることが定められていた。

　明治5（1872）年には、救済施設として、高齢者だけを対象としたものではなかったが、東京に養育院が創設され、やがて東京市による公的運営となった。その後、高齢者を対象とした救済施設として、大都市を中心に慈善事業家による養老院の設立が行われた。[4]

　やがて、経済的発展などの社会情勢に対応するために、昭和4（1929）年に恤救規則に代わり、明確に公的責任による生活扶助等を規定した救護法が制定された（施行は昭和7〔1932〕年）。これによって、65歳以上の老衰者が貧困困窮で生活困難な場合や、身寄りのない場合に救護の対象となった。

2 第二次世界大戦後：生活保護法

　第二次世界大戦後、激しいインフレーションや失業による生活困窮の救済が国の重要施策課題となり、昭和21（1946）年に救護法が廃止され、（旧）生活保護法が制定された。この法律では、国の責任で貧困者の保護救済を行うことが明確にされたが、一方で素行不良者等の欠格事項が設けられていたり、保護の水準が不明確であったりという問題点が含まれていた。

　翌年（昭和22〔1947〕年）に日本国憲法が施行されたことにより、社会福祉施策は憲法第25条（生存権の保障）に基づいて進められることになった。憲法を具現化するために、社会保障制度全体の指針として、昭

*4
聖ヒルダ養老院（東京：明治28〔1895〕年）、友愛養老院（神戸：明治32〔1899〕年）、名古屋養老院（名古屋：明治34〔1901〕年）、大阪養老院（大阪：明治35〔1902〕年）など。

和25（1950）年「社会保障制度審議会勧告（社会保障制度に関する勧告）」が示された。

　また、国民全体を対象とする社会扶助施策としては、昭和24（1949）年の社会保障制度審議会勧告「生活保護制度の改善強化に関する件」に基づき、現在に続く生活保護法が整備された（昭和25〔1950〕年）。生活保護法による高齢者への扶助は、生活扶助とともに、戦前からの養老院が「老衰のために独立して日常生活を営めない要保護者を収容し、生活扶助を行う」養老施設として再編成された。

　戦災孤児を念頭に置いた児童福祉法（昭和22〔1947〕年）、戦傷者を念頭に置いた身体障害者福祉法（昭和24〔1949〕年）については、戦後の福祉施策の大きな課題として先行して法定化されていたのに対して、高齢者福祉は独立した法律をもたず、生活保護法のもとで貧困対策の一環としてスタートした。

3 高度経済成長期：老人福祉法の制定

　高齢者を取り巻く社会的状況は、高度経済成長とともに変化していった。高齢期にほとんどの人が直面する収入の激減による経済的課題については、昭和34（1959）年に国民年金法が制定され、昭和36（1961）年から全面施行された。

　また、高齢期の不安の大きな要素の一つである医療については、昭和33（1958）年に新しい国民健康保険法が制定され、昭和36（1961）年には全国の市町村で国民健康保険事業が開始されることで、国民皆保険制度がスタートした。

　しかし一方で、年金や医療の整備のもとに、個人差はあるものの高齢者には共通の精神上・身体上・社会上の特性に起因する老後の生活上の課題があり、救貧施策にとどまらない高齢者への支援を体系化した法制定を求める声が高まった。昭和37（1962）年には、それまで各地で自主的な生きがい活動を行っていた老人クラブの活動について、全国老人クラブ連合会が結成され、法制定の動きを後押しすることとなった。

　こうした情勢を受けて、昭和38（1963）年に老人福祉法が制定された。経済的援助としての高齢者福祉から脱却し、高齢者は社会の中で尊敬を受けながら、生きがいと健康・安全な生活を保障されることが目的とされた。

　老人福祉法においては、老人福祉施設として、現在も継続している3

*5
本双書第7巻第2章参照。

*6
国民年金法の施行と合わせて、昭和36（1961）年4月から国民皆保険皆年金（すべての国民が公的な医療と年金制度に加入すること）となった。

*7
本章第1節3参照。

種類の入所型施設である養護老人ホーム、特別養護老人ホーム、軽費老人ホームが規定された。これまでの養老施設は養護老人ホームに引き継がれたが、新たに設けられた特別養護老人ホームは、法律上は入所の条件として経済的要件は設けられておらず、心身の障害が入所の要件となる介護施設としての位置付けがなされた。これは、高齢者に特有の介護に関する支援を経済的援助とは切り離して位置付けたところに大きな意義があった。

しかし実際は、自己負担額について所得等によって大きく負担が異なる応能負担（所得等に応じて負担額が変わる仕組み）が設けられており、中高所得者層には負担額の点で利用が困難な状況となっていた（応能負担の仕組みは介護保険制度が始まるまで継続した）。

なお、養護老人ホームと特別養護老人ホームは、公的に入所の決定が行われる「措置制度」の対象となっていたのに対して、軽費老人ホームは安価な住居として位置付けられており、施設と入所者の契約によって入所が決まる仕組みがとられた。

在宅の高齢者に対する福祉としては、養護委託、老人家庭奉仕員派遣制度、老人クラブへの助成等が含まれていた。特に、現在の訪問介護（ホームヘルプサービス）の前身である老人家庭奉仕員派遣制度が法的に位置付けられたのが大きな特徴であったが、派遣対象は当初は生活保護世帯（その後、それに準じる低所得世帯に拡大）に限られており、やはり利用には経済的要件が設定されていた。

第3節　老人福祉法下における発展

1 昭和40〜50年代：日本型福祉社会への転換期、在宅介護サービスの充実

　昭和40年代になると、日本はいっそうの高度経済成長によって、ますます生活水準が向上していった。平均寿命も伸長し、高齢者人口も増加していった。また、都市労働者が急増し、核家族が増加することで、世帯構造が大きく変化した（平均世帯人数　昭和30〔1955〕年：4.68人→昭和50〔1975〕年：3.35人）。昭和45（1970）年には老年人口比率（高齢化率）が7％を突破し、「高齢化社会」に突入した。

　そのような社会情勢下で、昭和48（1973）年には、老人福祉制度による**老人医療費支給制度**が設けられ、高齢者の医療費負担の無料化が始まり、この年は「福祉元年」とよばれることとなった。しかし、この年は、オイルショックによる不況が始まった年であり、高齢者の医療・福祉の必要性を認識しながらも、一方でそれを支える財政的問題にも目を向ける「日本型福祉社会」の構築に路線変更が行われる契機となった。

　医療については、長年にわたり高齢者医療の負担のあり方について議論されてきた結果、昭和57（1982）年に**老人保健法**が制定された。それによって、原則70歳以上の医療については、老人保健制度によって運営されることとなり、月ごとの定額制による高齢者の自己負担が導入された。費用の負担としては公費とともに各医療保険者からの拠出金によって支える仕組みが導入され、社会全体で高齢者の医療を支えることが明確になった。あわせて、40歳以上を対象として高齢期の疾病予防を図るための、健康診査、健康指導、機能訓練などの老人保健事業も実施された。

　介護サービスについては、昭和54（1979）年に、全国の特別養護老人ホームの定員が養護老人ホームの定員を上回り、高齢者に対する介護サービスの必要性が明らかになっていった時期といえる。

　在宅における寝たきり高齢者やひとり暮らし高齢者の増加と、それに対する支援の必要性が認識されるようになり、昭和40〜50年代は在宅サービスの創設の時期となった。市町村を実施主体とした国の補助事業として、日常生活用具給付（昭和44〔1969〕年）、ショートステイ（昭和53〔1978〕年）、デイサービス（昭和54〔1979〕年）と、現在も介護保

*8
昭和48（1973）年には、そのほかに健康保険法等の改正による高額医療費制度の創設や、年金制度において給付水準の引き上げ（5万円年金）や物価・賃金スライドの導入が行われた。

*9
本双書第6巻第12章第1節3参照。

37

険制度のサービスに引き継がれているさまざまな在宅介護サービスが創設された。また、昭和57（1982）年には老人家庭奉仕員派遣の対象となる世帯の所得要件が撤廃された（ただし所得等による応能負担が導入された）。

２ 昭和60年代：新たな時代への舵取り

　昭和60年代に入ると、いよいよ人口の高齢化に対応するために国をあげて高齢者の医療や介護の問題に取り組む姿勢が明確にされた。

　昭和60（1985）年には、内閣に長寿社会対策関係閣僚会議が、当時の厚生省に高齢者対策企画推進本部が設置された。

　翌昭和61（1986）年４月には高齢者対策企画推進本部報告が示され、当時を長寿社会への過渡期と位置付け、高齢者対策の基本原則として、①自立自助と支援システムの構築（保護・収容から自立支援への転換）、②社会の活力の維持、③地域における施策の体系化と家族への支援システムの強化（在宅福祉への転換と市町村中心の体制）、④公平と公正の確保、⑤民間活力の導入（介護ニーズの増大に対応するための提供者の拡大）、の５点が示された。

　引き続き、同年６月には長寿社会対策大綱が閣議決定され、基本方針として、①経済社会の活性化を図り、活力ある長寿社会を築く、②社会連帯の精神に立脚した地域社会の形成を図り、包容力ある長寿社会を築く、③生涯を通じ健やかな充実した生活を過ごせるよう、豊かな長寿社会を築く、の３点が示され、雇用・所得保障システム、健康・福祉システム、学習・社会参加システム、住宅・生活環境システムについて長寿社会対策を総合的に推進することが示された。

　また、昭和61（1986）年の老人保健法改正によって、施設サービスと在宅サービスの中間的役割として、病状が安定期にある高齢者に対して、リハビリテーション等による在宅復帰を目的とする老人保健施設が制定され、モデル事業を経て昭和63（1988）年から本格実施された。

第4節 介護サービスの計画的整備の時期

1 ゴールドプランの策定：全国的な介護基盤整備

　長寿社会対策大綱に基づき、高齢者福祉の施策は大きく転換することとなった。特に、介護基盤の量的整備は大きな施策課題であり、政府は平成元（1989）年に、大蔵・厚生・自治（当時）の3大臣合意で**「高齢者保健福祉推進十か年戦略」（ゴールドプラン）** を発表した。財源には、新しく導入された消費税が充てられ、平成2（1990）年から平成11（1999）年までの10年間をかけて、長期計画的に高齢者介護の基盤整備を進めることとなった。

　ゴールドプランの特徴は、全国的な規模で介護基盤の整備を進める国の方針が数値的に明確にされたことにある。特に、在宅福祉対策の緊急整備として、ホームヘルパー（10万人）、ショートステイ（5万床）、デイサービスセンター（1万か所）、在宅介護支援センター（1万か所：平成2〔1990〕年度から事業化）についてそれぞれ目標値が示されるとともに、ショートステイ、デイサービスセンター、在宅介護支援センターを全市町村に普及させることが目標となった。施設についても、特別養護老人ホーム（24万床）、老人保健施設（28万床）、ケアハウス（10万人）等について、10年間の整備目標が示された。

　また、「寝たきり老人ゼロ作戦」として、機能訓練や健康教育等の整備、脳卒中情報システムの整備、保健婦・看護婦等による在宅介護指導員の計画的配置が掲げられたことも大きな特徴といえる。

2 福祉関係8法改正：在宅サービス、市町村中心の明確化

　ゴールドプラン策定の翌平成2（1990）年には、大規模な福祉関係法の改正（福祉関係8法改正）が行われ、老人福祉法についても大きな改正が行われた。これにより、施設サービス（保護収容）から在宅サービス中心へ、そして市町村を中核とする高齢者福祉体制という方針が明確

*10
平成13（2001）年の省庁再編によって、大蔵省は財務省に、厚生省は厚生労働省に、自治省は総務省に、多くの機能が再編された。

*11
本双書第1巻第3部第1章第5節参照。

にされた。

　それまで補助事業として制度化されてきたデイサービス、ショートステイなどの在宅サービスが、老人福祉法における措置の対象として正式に位置付けられた。在宅サービスの実施主体は市町村だが、それを事業委託することも可能であった。委託先の多くは社会福祉法人や社会福祉協議会であったが、他の法人（民法で定められている特殊法人や営利法人など）にも委託できるように運営主体の対象拡大が図られていった。

　さらに、それまでは特別養護老人ホーム等の入居型施設の措置権は、町村においては都道府県にあったものを、すべて市町村に委譲することとなり、施設・在宅サービスともに利用の決定を市町村が一元的に行うこととなった。

　また、市町村には介護サービスを中心とした市町村老人福祉計画の策定が義務付けられた。老人保健法においては、保健・医療領域の介護サービスと老人保健事業についての老人保健計画の策定が義務付けられた[*12]ことにより、両計画は一体的に市町村老人保健福祉計画として策定されることとなった。

　これらによって、市町村が計画策定・基盤整備、利用決定（措置）、在宅サービスの提供を一体的に行う体制が整った。

*12
平成20（2008）年に老人保健法が「高齢者の医療の確保に関する法律」に移行したことで、老人保健計画の規定はなくなり、老人保健計画の策定は市町村の義務ではなくなった。

3 新ゴールドプランの策定：介護サービスの量的整備と新たな介護制度の検討

　市町村老人保健福祉計画の策定が進められ、平成5（1993）年度には全国集計値が明らかになった。その結果、ゴールドプランを上回る介護基盤整備の必要性が明らかになった。

　平成6（1994）年3月には、当時の厚生大臣の懇談会として設置された高齢社会福祉ビジョン懇談会から「**21世紀福祉ビジョン**」が提出された。この報告では、介護や子育てなど福祉重視型の社会保障制度への再構築の必要性が示されるとともに、ゴールドプランの見直しを行い、目標の引き上げと質的な充実を図り、介護基盤の緊急整備を図っていく必要性について提言された。

　そこでゴールドプラン以後に創設されたさまざまな施策や新しい課題をふまえて、平成6（1994）年に、ゴールドプランの後半5年分を見直し、「高齢者保健福祉推進十か年戦略の見直し」（**新ゴールドプラン**）が策定された。そこでは、介護サービス基盤の整備目標の引き上げが行わ

〈表2-4〉 新ゴールドプランにおける介護サービスの整備目標

在宅サービス	
・ホームヘルパー	17万人
・ホームヘルパーステーション	1万か所
・ショートステイ	6万人分
・デイサービス・デイケア	1万7,000か所
・在宅介護支援センター	1万か所
・老人訪問看護ステーション	5,000か所
施設サービス	
・特別養護老人ホーム	29万人分
・老人保健施設	28万人分
・高齢者生活福祉センター	400か所
・ケアハウス	10万人分
マンパワー（人材）の養成確保	
・寮母・介護職員	20万人
・看護職員等	10万人
・OT・PT	1万5,000人

（出典）厚生労働省「高齢者保健福祉推進十か年戦略の見直し（新ゴールドプラン）」

れるとともに、老人保健法において平成3（1991）年に創設された老人訪問看護などの新たなサービス種類が加えられた（**表2-4**）。

　一方で、誰もがスムーズに利用できる介護サービスの実現を図るために、新たな公的介護システムの創設を視野に入れた「今後取り組むべき高齢者介護サービス基盤の整備に関する施策の基本的枠組み」として基本理念や施策目標が明らかにされた。

　基本理念としては、①利用者本位・自立支援（個人の意思の尊重・自立を支援）、②普遍主義（経済的状況によらず、支援が必要な高齢者には必要なサービスを提供）、③総合的サービスの提供（高齢者のニーズに応じた保健・医療・福祉の効率的・総合的サービス提供）、④地域主義（市町村中心の体制）、の4つが示された。地域主義以外は、この時点における措置制度では解決されていない課題であり、措置制度から社会保険制度による新たな公的介護制度への転換によって達成すべき課題として掲げられたものといえる。逆に地域主義は、介護保険制度においても堅持されたということになる。

　施策目標としては以下のような事項が掲げられ、現在の介護サービス像の基本が示されたものとなっている。

（1）高齢者介護サービス基盤の総合的整備

　24時間対応ヘルパー（巡回型）、小規模デイサービス、施設環境の向上などの「地域における高齢者介護サービス充実」、地域リハビリテー

＊13
「痴呆」は、現在では
「認知症」と名称が改め
られているが、歴史的
な記述につき、当時の
ままとした。

ション等の新寝たきり老人ゼロ作戦や虚弱高齢者を対象とした配食サー
ビス事業などの「要援護高齢者の自立支援施策の総合的実施」、痴呆性＊13
高齢者グループホームや痴呆専門のデイサービス・デイケアの整備、老
人保健施設における痴呆専門病棟の整備などの「痴呆性老人対策の総合
的実施」が掲げられた。

（2）介護基盤整備のための支援施策の総合的実施

「高齢者介護マンパワーの養成・確保対策の推進（OT、PT、介護福
祉士、ホームヘルパー等）」「福祉用具の開発・普及の推進」「国民に利
用しやすいサービス提供体制の総合的整備」「民間サービスの活用等サー
ビス供給の多様化・弾力化」「長寿科学研究の総合的推進」「住宅対
策・まちづくりの推進」「ボランティア活動・福祉教育・市民参加の推
進」といった、総合的な幅広い施策の方向性が示された。

　その後、サービスの種類によって目標の達成度はやや違いがあったも
のの、新ゴールドプランは着実に進められ、高齢者介護サービスの基盤
整備は全国的な規模で進められていった。

第5節　介護保険制度の創設と発展

1　介護保険制度の制定へ

平成7（1995）年には高齢社会対策基本法が施行され、ますます進んでいく高齢社会への対策が総合的に構築されていくことになった（第1節を参照）。

一方で、新しい公的介護システムの検討が着実に進められていった。平成6（1994）年12月には高齢者介護・自立支援システム研究会（厚生省）の報告書「新たな高齢者介護システムの構築を目指して」が提出され、自立支援を基本理念として、介護に関する既存の制度を再編成して、高齢者自身がサービスを選択することを基本とする社会保険方式の導入が提案された。

翌年からは老人保健福祉審議会における検討が始まり、老人保健福祉審議会中間報告「新たな高齢者介護システムの確立について」（平成7〔1995〕年7月）、老人保健福祉審議会第二次報告「新たな高齢者介護制度について（第二次報告）」（平成8〔1996〕年1月）を経て、老人保健福祉審議会報告として、「高齢者介護保険制度の創設について」（平成8〔1996〕年4月）が取りまとめられた。この報告では、新たな高齢者介護制度として、社会保険制度への転換、高齢者自らによるサービスの選択、高齢者の自立支援、現行制度の矛盾の解決、経済・財政とのバランス、といった要件が示された。

この報告を受け、平成8（1996）年6月には、政府は「介護保険制度案大綱」を老人保健福祉審議会等に諮問し、答申を受けた。平成8（1996）年11月には、介護保険法案（及び介護保険法施行法案）が国会に提出され、長時間の審議を経て、平成9（1997）年12月9日に可決され、同年12月17日に公布された。そして、2年間の準備期間を経て、介護保険法は平成12（2000）年4月1日に施行された。

経済的困窮に対する支援からスタートした高齢者福祉は、高度経済成長と人口高齢化の両方の進展とともに、介護に関する支援に徐々に軸足を移しながら、介護保険制度に到達した。介護保険制度は、それまで家族による介護に全面的に依存していた高齢者介護についての「社会化」が明確に示されたという点も大きな変革であった。また、自立支援を理念として掲げ、在宅サービスを中心として制度が構築され、医療と福祉

に分かれていた介護サービスを総合的に利用できるようになった。高齢者にも保険料負担を求める一方、自己選択と契約によるサービス利用が可能となり、ニーズに応じた総合的サービス利用を支援するケアマネジメント（居宅介護支援）が導入された。

2 ゴールドプラン21の策定

平成11（1999）年12月には、翌年からの介護保険法の施行に向けて、新ゴールドプラン後の高齢者保健福祉施策の方針を示す「今後5か年間の高齢者保健福祉施策の方向～ゴールドプラン21～」が発表された。

ゴールドプラン21には、市町村介護保険事業計画の集計に基づいた介護サービス等の整備目標も示されたが、むしろ介護保険制度下における高齢者保健福祉施策の方向性について明確にしたものであった。そこでは介護予防という概念が明確に示され、介護サービスと介護予防が「車の両輪」と表現された。

それまでの高齢者福祉施策の対象者として、市町村の実情に応じて決定していた「要援護高齢者」が、介護保険制度では要支援（要介護）認定によって明確に線引きされることで、それまで高齢者福祉施策として実施していた支援の継続に対する不安が多くの自治体から示されていた。そのこともあり、介護予防や地域生活支援を理念として、介護保険外の支援を継続的に行うことが明確化されたものといえる。

これを受けて、平成12（2000）年度から、国の補助事業として「介護予防・生活支援事業」が創設された（その後、「介護予防・地域支え合い事業」に名称が変更されたが、平成17〔2005〕年の介護保険法の改正により介護保険制度の地域支援事業に再編された）。

3 介護保険法の見直しと高齢者虐待防止法の制定

介護保険制度は、順調に浸透し、居宅サービスの供給力も増えていった。しかし、軽度要介護者が予想よりも増大したことや施設入所希望者が増加したことなど、新たな課題も明らかになった。介護保険法は当初から、施行から5年後に見直しをすることが定められており、その検討のために、専門家による「高齢者介護研究会」が開催され、平成15（2003）年に「2015年の高齢者介護」として報告書が公表された。

　平成17（2005）年6月には、この報告書にそった介護保険法の大きな改正が行われ、平成18（2006）年4月より施行された（一部は平成17〔2005〕年10月施行）。この改正では、介護保険におけるサービスの目的を「高齢者の尊厳の保持」と明文化し（第1条）、介護予防の強化、認知症ケアへの重点化、市町村が指定や指導を行う地域密着型サービスや[14]地域包括支援センターの創設などの市町村機能の強化等が行われ、「地[15]域包括ケア」の考え方が導入された。[16]

　一方、平成18（2006）年には、潜在化しやすい高齢者に対する虐待に対応し、防止することを目的として「高齢者虐待の防止、高齢者の養護者に対する支援等に関する法律」（高齢者虐待防止法）が施行された。[17]この法律では、家庭における養護者と施設等の職員による虐待を対象としており、高齢者虐待を身体的虐待、ネグレクト、心理的虐待、性的虐待、経済的虐待と定義し、通報や支援などについて、市町村を中心とした対応が定められた。

＊14
本書第3章第2節4（3）
参照。

＊15
本書第3章第2節6及
び第4章第4節参照。

＊16
本書第4章第1節参照。

＊17
本書第5章第3節参照。

第2章

第6節　超高齢社会に向けた社会保障改革

1 高齢者医療の改革

　高齢者医療については、平成20（2008）年4月より、「高齢者の医療の確保に関する法律」（高齢者医療確保法）が施行され、老人保健法は廃止された。75歳以上の高齢者は後期高齢者医療制度の対象となり、65〜74歳の高齢者は各医療保険の被保険者を継続しながら、その費用負担については保険者間で調整することとなった。施行後、大きな批判もあり、廃止も含めた見直しの検討が行われたが、低所得者への負担軽減策などが図られ、現在に至っている。医療についても「持続可能な制度」への改革が大きな目標であり、特に高齢者医療について地域医療の役割が重視されるようになった。[18]

2 社会保障の改革

　経済的停滞が続くなか、ますます進む少子高齢化に対応する持続可能な社会保障制度を構築することが大きな課題となっている。高齢者医療・介護分野では、令和7（2025）年ごろ、人口が多い「団塊の世代」[19]が70代後半に到達して、医療や介護を必要とする人数が急増することが見込まれており、これに対応可能な制度改革が大きな課題となった。

　平成20（2008）年1月には閣議決定により社会保障国民会議が開催され、社会保障のあるべき姿について提言を行った。また、平成21（2009）年4月には内閣総理大臣が有識者を集め、安心社会実現会議が開催され、持続可能な安心社会の構築についての提言をまとめた。こうした提言をもとに、平成22（2010）年12月、「社会保障改革の推進について」が閣議決定され、社会保障の安定強化のための具体的な制度改革案とともに必要な財源を確保するための税制改革について一体的に検討を進めることが決まった。[20]

　平成24（2012）年2月には、消費税率の引き上げに伴う「社会保障・税一体改革大綱」が閣議決定され、国会審議が始まった。同年8月には社会保障改革の基本的考え方と年金・医療・介護・少子化対策の4分野

の改革の基本方針、社会保障制度改革国民会議の設置を規定した「社会保障制度改革推進法」とともに、消費税率の引き上げに関する法律（税制抜本改革法）が成立した。高齢者介護分野については、令和7（2025）年ごろの達成も目標とした地域包括ケアシステムの構築が掲げられ、地域での医療・介護の両面でのサービス整備及び連携の構築をめざすこととなった。

　社会保障制度改革推進法で規定された社会保障制度改革国民会議は平成25（2013）年8月に報告書を公表し、社会保障各分野の改革の方向性について提言を行った。この提言をもとに同年12月には「持続可能な社会保障制度の確立を図るための改革の推進に関する法律」（社会保障改革プログラム法）が成立・施行された。介護保険制度については、介護予防の推進と地域包括ケアの推進のための、在宅医療と在宅介護連携の強化、多様な主体による日常生活支援と高齢者の社会的活動への参加の推進等による介護予防の基盤整備、認知症者への早期支援体制の確保等の施策などが掲げられた。

3 社会保障改革の下での介護保険法改正

　平成23（2011）年の介護保険法の改正では、地域包括ケアシステムを構築することが国や地方自治体の責務として規定され、本格的に地域包括ケアシステムへの取り組みが開始された。地域包括ケアシステムは、中学校区を基本とする日常生活圏域の中で、医療・介護・介護予防・住まい・日常生活支援の5つの分野について、ニーズに応じた継続的な支援が行われることをめざすものであり、要介護や要医療でも可能な限り、地域での生活を支えることが重視されている。

　平成26（2014）年6月には、社会保障改革プログラム法の方針に従い、「地域における医療及び介護の総合的な確保を推進するための関係法律の整備等に関する法律」（医療介護総合確保推進法）が制定され、地域における医療提供体制と地域包括ケアシステムの構築をめざして、医療法等や介護保険法の改正が行われた。介護保険制度については、地域包括ケア体制の推進のために医療・介護連携、認知症ケアの推進、日常生活支援体制の整備、地域ケア会議の開催といった高齢者の地域での生活を支える体制整備が地域支援事業に加えられ、市町村での取り組みが進められている。

　平成29（2017）年6月には、「地域包括ケアシステムの強化のための

＊21
正式名称は「社会保障の安定財源の確保等を図る税制の抜本的な改革を行うための消費税法の一部を改正する等の法律」。

＊22
効率的かつ質の高い医療提供体制を構築するとともに、地域包括ケアシステムを構築することを通じ、地域における医療及び介護の総合的な確保を推進するため、医療法、介護保険法等の関係法律について改正を行った。

介護保険法等の一部を改正する法律」が制定され、介護保険法の改正が図られた。地域包括ケアシステムを構築していくための保険者機能の強化がさらに図られ、また、新たな施設類型として、「介護医療院」[*23]が創設された。さらに、地域共生社会の実現に向け、介護保険制度と障害福祉制度にまたがる共生型サービスが位置付けられた。

　令和2（2020）年には、「地域共生社会の実現のための社会福祉法等の一部を改正する法律」によって、社会福祉法や介護保険法の改正が行われた。この改正の中心は地域共生社会の実現を図ることであり、社会福祉法の改正により、地域住民の複雑化・複合化した支援ニーズに対応する包括的な福祉サービス提供体制を整備することとなった（重層的支援体制整備事業）。

　介護保険法では、認知症施策について「認知症施策推進大綱」にそった施策を実施していくために、国・地方公共団体の努力義務として、国・地方公共団体は、研究機関、医療機関、介護サービス事業者等と連携し、認知症の予防等に関する調査研究を推進すること、地域における認知症の人への支援体制の整備等の施策を総合的に推進すること、認知症に関する施策の推進にあたって認知症の人が地域社会において尊厳を保持しつつ、他の人々と共生することができるようにすることが規定された。また、医療介護分野のデータ分析を進めるために、医療保険レセプト情報等のデータベース（NDB）と介護保険レセプト情報等のデータベース（介護DB）等の連結・解析が円滑に進むような環境整備が行われた。

4 年金制度の変遷

　年金制度は、昭和40年代（1965年～）には、給付水準の向上が図られていき（1万円年金、2万円年金）、昭和48（1973）年には物価スライド制が導入され、いわゆる「5万円年金」が実現した。しかし、本格的な高齢社会の到来をにらんだ改正が必要となり、昭和60（1985）年に、厚生年金、共済年金、国民年金共通で、全国民に適用される基礎年金制度が創設された。これによって、自営業者等の第1号被保険者、被雇用者であり第2号被保険者とともに、サラリーマンの被扶養配偶者（専業主婦）は第3号被保険者として、国民年金制度への適用が図られた。また、学生も20歳以降の者は第1号被保険者として加入することとなった。平成元（1989）年改正では、完全自動物価スライド制の導入、学生の国

民年金制度への強制加入、国民年金基金制度が創設された。

　ますます進む人口の高齢化への対応が求められており、その後の改正では、各年金の支給開始年齢が段階的に60歳から65歳まで引き上げられることとなった（平成元〔1989〕年、平成12年〔2000〕年改正）。また、平成16（2004）年改正では、「持続可能」で「安心」の年金制度とすることを掲げ、基礎年金の国庫負担割合が3分の1から2分の1へ引き上げられた。賃金の動向や労働人口など社会全体の保険料負担能力の変動に見合うように年金改定率を調整するマクロ経済スライドの導入とともに、給付水準は現役世代の平均収入の50％以上とすることと、保険料水準についての上限が固定された。

　平成24（2012）年には消費税引き上げ分を財源として、公的年金等の収入金額やその他の所得が一定基準額以下の人の生活の支援を図ることを目的として、年金に上乗せして支給することを定めた年金生活者支援給付金の支給に関する法律が制定された（消費税10％への引き上げが延期されたことにより、実際には令和元〔2019〕年から支給が始まった）。

5 高年齢者雇用施策の変遷

　1960年代の高度経済成長下において、雇用の増大に対して中高年齢者の失業率が高いことが問題視され、中高年齢者（35歳以上）の就職促進のために職業訓練手当、職業紹介や職業訓練等の施策が実施されてきた。昭和46（1971）年には、「中高年齢者等の雇用の促進に関する特別措置法」が制定され、中高年齢者（45歳以上）を対象として、職種別の雇用率の努力義務規定が設定されるとともに、引き続き就職促進の施策が行われてきた。そして、昭和61（1986）年「高年齢者等の雇用の安定等に関する法律」に改称され、全面改正が行われた。この法律では、事業主には、定年年齢を60歳以上とする努力義務が課され、これ以降、定年制度を中心とした施策が展開されていくこととなった。また、高年齢者等への公共職業安定所による求人開拓や事業主による再就職援助、さらにシルバー人材センターに関する規定等によって、総合的な高年齢者等への就業促進と雇用安定の施策が展開されることとなった。

　平成2（1990）年改正では、65歳までの継続雇用の努力義務規定が設けられ、平成6（1994）年改正では、60歳定年制が十分に普及したことをふまえて、60歳定年制が義務化された（施行は平成10〔1998〕年度から）。高年齢雇用継続給付金制度が設けられ、賃金が減少する60歳以上

の雇用継続者に対する支援による継続雇用の後押しも行われるようになった。

　さらに平成12（2000）年改正では、65歳までの雇用確保について、①定年の65歳への引上げ、②継続雇用制度の導入、③その他の必要な措置のいずれかを「高年齢者雇用確保措置」として行うことが努力義務とされた。

　平成16（2004）年改正では、「高年齢者雇用確保措置」が義務化され、その内容として、①定年の65歳への引上げ、②希望者全員対象の65歳までの継続雇用制度導入、③定年の定めの廃止のいずれかの措置を講ずることとなった（平成18〔2006〕年施行）。当初は例外規定として対象者を限定することが可能であったが、平成24（2012）年改正（平成25〔2013〕年施行）では、希望者全員の65歳までの雇用確保について義務化され、段階的に進められている（令和7〔2025〕年度まで継続）。

　そして、令和2（2020）年改正では、これまでの65歳までの雇用確保義務に加え、65歳から70歳までの就業機会を確保するため、「高年齢者就業確保措置」として、①70歳までの定年引き上げ、②定年制の廃止、③70歳までの継続雇用制度の導入、④70歳まで継続的に業務委託契約を締結する制度の導入、⑤70歳まで継続的に社会貢献等事業に従事できる制度のいずれかの導入が努力義務として定められ（令和3〔2021〕年施行）、年金支給年齢の上昇に応じて高年齢者の就業を可能とする環境整備が図られている。

第**3**章

介護保険制度の概要

学習のねらい

　介護保険とは、被保険者が保険料を支払いながら、介護が必要になったとき介護サービスを低額の負担で利用できる社会保険であり、平成12（2000）年4月から実施されている。介護サービスの利用者は大幅に増加し、介護保険はいまや、高齢者の生活にとって必要不可欠な制度になっている。

　介護保険制度は、わが国の社会保障分野に大きな変革をもたらした。例えば、措置制度から利用契約制度への変更、ケアマネジメントの導入、民間事業者によるサービス提供などである。現在では、地域包括ケアシステムの構築に向けての取り組みが進められている。民間の介護事業所・施設、介護現場で働く人々が増加し、介護産業としても定着している。

　他方で、介護費用が増大し、財政問題や制度の持続可能性の問題、介護従事者の処遇・確保問題など、さまざまな課題も生じている。

　本章では、わが国の高齢者福祉分野の中心をなす制度である介護保険制度の全体像を把握することをねらいとする。制度創設の背景や目的、制度の仕組み、保険財政の概要、制度の実施状況や今後の課題等について学習する。

第1節　介護保険制度の目的

1 介護保険制度の創設の理由

　介護保険制度は、1990年代半ばに、政府（旧・厚生省、現・厚生労働省）において検討が始まった。平成9（1997）年12月、国会で**介護保険法**が成立し、平成12（2000）年4月から実施されている。

　介護保険制度は、わが国では5番めの社会保険となるが、1960年代に国民年金法が施行されて以来、30数年ぶりの新しい社会保険の誕生であった。[*1]

　介護保険制度が1990年代後半に創設された理由としては、主として以下の4点があげられる。

＊1
介護保険制度以外の社会保険制度には、医療保険、年金保険、労働者災害補償保険（労災保険）、失業保険（日本の法律名では、雇用保険）がある。

（1）高齢化の進行に伴う要介護高齢者の増大

　わが国は、出生数の低下や長寿化の進展により、人口の高齢化が急速に進んでいる。介護保険制度の検討が行われていた1990年代中ごろは、高齢化率が14％を超えて、高齢社会に突入したころであった。高齢になるにつれ、病気がちになったり、介護が必要になったりすることが避けられないことから、介護が必要な高齢者（要介護高齢者）が増大していく。1990年代なかばでは、要介護高齢者数は、200万人（平成5〔1993〕年）と推計されていた。

　なお、介護保険制度実施後も、人口高齢化は進行し、令和4（2022）年10月1日現在の総務省推計では、29.0％と世界最高水準となっている。令和5（2023）年4月末現在の要支援・要介護者数は、約696万人となっている。

　「人生100年時代」とよばれるような長寿社会では、誰でも相当程度の確率で要介護状態になる可能性がある。仮に自分はならなくても、父母や配偶者等の家族の誰かが要介護状態になる可能性は極めて高い。これを「介護リスクの一般化」という。

　このため、介護に対する不安を解消し、要介護状態になったとしても安心して高齢期を送ることができる社会的な仕組みが必要である。

（2）家族の介護機能の弱体化と介護負担の増大

　介護保険制度が創設される以前は、家族が要介護高齢者の介護を支え

る中心であった。しかし現在では、本書第1章で見るとおり、家族規模の縮小や高齢者とその家族の同居率の低下、高齢者夫婦のみ世帯や高齢者のひとり暮らし世帯の増加、女性の就労の増大等の理由から、老親等の介護を家族が担うことはむずかしい状況となっている。これを「家族の介護機能の弱体化」という。

　また、介護者自身が高齢化し、高齢者が高齢者を介護する「老老介護」や、都市部に出てきた子ども世代が、地方の出身地に住む老親の介護を行う「遠距離介護」、認知症の介護者が認知症の高齢者を介護する「認認介護」等の状況がみられた。

　この結果、食事や排泄等の介護の身体的負担や、ストレス等の精神的負担、介護用品等の経済的負担が大きいなど、家族に心身両面にわたる過重な負担がかかることになる。場合によっては、家族介護者による高齢者虐待問題が起こることもある。家族の介護負担を軽減する仕組みが必要となる。

*2
「2022年国民生活基礎調査」によれば、要介護者は80歳以上の者が全体の74％。同居の主な介護者は、70歳以上の者が男性の場合48％、女性の場合46％である。

第3章

（3）従来の老人福祉制度と老人医療制度の問題点の解決

　介護保険制度が創設される以前は、高齢者介護は、老人福祉と老人医療の異なる2つの制度の下で行われてきた。

　老人福祉分野では、老人福祉法（昭和38〔1963〕年制定）に基づき、利用者に対するサービス提供方法は、市町村がサービスの利用、種類、提供機関等を決定する措置制度により行われてきた。措置制度におけるサービス利用は、市町村がサービスの種類、提供機関等を決めるため、利用者がサービスの選択をすることができない、所得調査が必要なため、利用にあたって心理的抵抗感が伴う、利用者負担が応能負担であるため中高所得者（サラリーマンOB層）にとっては重い負担となる、などの問題点があった。

　老人医療分野では、1980年代ごろから患者の多くが高齢者である老人病院とよばれる医療施設が増加してきた。福祉サービスの基盤整備が遅れていた反面、医療機関の病床数が多いことや、医療機関は定率負担なので応能負担の福祉施設よりも利用者負担が低いこと、福祉施設入所よりも病院に入院したほうが世間体がよいとみられたこと、などの反映でもあった。

　しかし、このことは、医療の必要性がなくなっても長期入院を続けるという「社会的入院」の問題を引き起こした。また、医療施設は、要介護高齢者が長期療養する場としては、居室面積が狭いことや、食堂・入

*3
措置制度とは、福祉サービスの提供にあたって、市町村等の行政機関がサービスの実施の可否、サービスの内容、提供主体等を決定して、行政処分として利用者にサービスを提供する仕組みをいう。

浴施設がない、介護職員が少ないなど、生活環境の面で問題があった。

　さらに、老人福祉と老人医療の2つの制度間で連携が図られていないことや、利用者負担や利用手続きの相違などアンバランスな面があった。

　したがって、高齢者介護をめぐって、老人福祉と老人医療の両制度の再編成が必要となった。介護保険制度は、こうした従来の老人福祉分野と老人医療分野の問題の解決を図り、介護サービスを総合的に提供する観点から両制度を再編成するものである。

（4）介護費用の増大に対応した新しい財源確保の必要性

　平成元（1989）年12月に「高齢者保健福祉推進十か年戦略」（ゴールドプラン）が策定され、平成2（1990）年度から10年間の計画としてサービス基盤の計画的整備が進められることとなった。さらに、平成6（1994）年には、目標値を引き上げた「新ゴールドプラン」が策定された。

　これらの計画に基づく基盤整備に要する財源は、租税による公費財源であった。しかし、1990年代前半のいわゆるバブル景気崩壊後の長引く経済不況の中で、租税収入が減少し、国債依存度が高まるなど、国の財政が厳しい状態となった。21世紀の本格的な高齢社会において、増大し続ける介護費用の財源として、保険料財源という新しい仕組みが必要となった。

2 介護保険制度実施に至る経緯

　平成6（1994）年4月、厚生省（当時）内に事務次官を本部長とする高齢者介護対策本部が設置され、新しい高齢者介護システムの検討が始まった。同年12月、有識者で構成される「高齢者介護・自立支援システム研究会」が、高齢者の自立支援を基本理念として、従来の制度を再編成し、社会保険方式に基盤を置いた新しい高齢者介護システムの構想を報告書にまとめた。

　平成7（1995）年2月から、厚生大臣（当時）の諮問機関である老人保健福祉審議会において審議が開始され、平成8（1996）年4月、最終報告書が取りまとめられた。同年11月、介護保険法案が国会に提出された。提出後1年1か月の審議を経て、平成9（1997）年12月、国会で可決成立し、公布された。

　その後、平成11（1999）年11月に、政府は、高齢者の保険料負担の軽

減措置を盛り込んだ介護保険法の円滑な実施のための特別対策を取りまとめた。同年12月には、新ゴールドプランに代わるものとして、ゴールドプラン21が策定された。[*4]

　こうして、平成12（2000）年4月1日、介護保険法の施行となった。

3 介護保険制度の創設の目的

　介護保険法第1条には、次のように介護保険法の目的が規定されている。

*4
ゴールドプラン21は、ゴールドプラン（平成元〔1989〕年12月策定）、新ゴールドプラン（平成6〔1994〕年12月策定）に続くもので、平成12（2000）年度から平成16（2004）年度までの計画。以後、介護分野において国レベルのこうした計画はない。

介護保険法
（目的）
第1条　この法律は、加齢に伴って生ずる心身の変化に起因する疾病等により要介護状態となり、入浴、排せつ、食事等の介護、機能訓練並びに看護及び療養上の管理その他の医療を要する者等について、これらの者が尊厳を保持し、その有する能力に応じ自立した日常生活を営むことができるよう、必要な保健医療サービス及び福祉サービスに係る給付を行うため、国民の共同連帯の理念に基づき介護保険制度を設け、その行う保険給付等に関して必要な事項を定め、もって国民の保健医療の向上及び福祉の増進を図ることを目的とする。

　前述した制度創設の理由や介護保険法の目的規定をふまえると、介護保険制度の創設の目的は、主に次の4点である。

（1）介護に対する社会的支援

　高齢化の進行により、誰にとっても高齢期における最大の不安要因の一つである介護問題について、社会全体で支える仕組みを構築することにより、介護不安を解消して安心して生活できる社会をつくるとともに、家族等の介護者の負担軽減を図る。このことは「**介護の社会化**」とよばれた。

（2）要介護者の自立支援

　介護を必要とする状態（要介護状態）になっても、その有する能力に応じて、自らの意思に基づき自立した質の高い日常生活を送ることができるように支援する。

　介護保険法第2条第4項には、保険給付の内容及び水準について、

「被保険者が要介護状態となった場合においても、可能な限り、その居宅において、その有する能力に応じ自立した日常生活を営むことができるように配慮されなければならない」と規定されている。

「自立支援」という言葉は、介護保険制度のキーワードになるとともに、障害者福祉など他の社会福祉分野にも影響を与えている。なお、介護サービスを利用しなくなることのみを「自立支援」ととらえる向きがあるが、これは狭い見方であり、適切ではない。

（3）利用者本位とサービスの総合化

老人福祉と老人医療に分かれていた従来の制度を再編成し、要介護状態になっても、利用者の選択に基づき、利用者の希望を尊重して、多様な事業主体から必要な介護サービスを総合的・一体的に受けられる利用者本位の制度とする。

さらに、要介護者が適切な介護サービスを受けることができるように、居宅介護支援（ケアマネジメント）の手法を導入する。また、従来の老人福祉分野における措置制度を改め、介護サービスの利用手続きは、被保険者である要介護者とサービス事業者との間の利用契約制度に変更する（**図3−1**）。

〈図3−1〉措置（委託）制度と介護保険制度

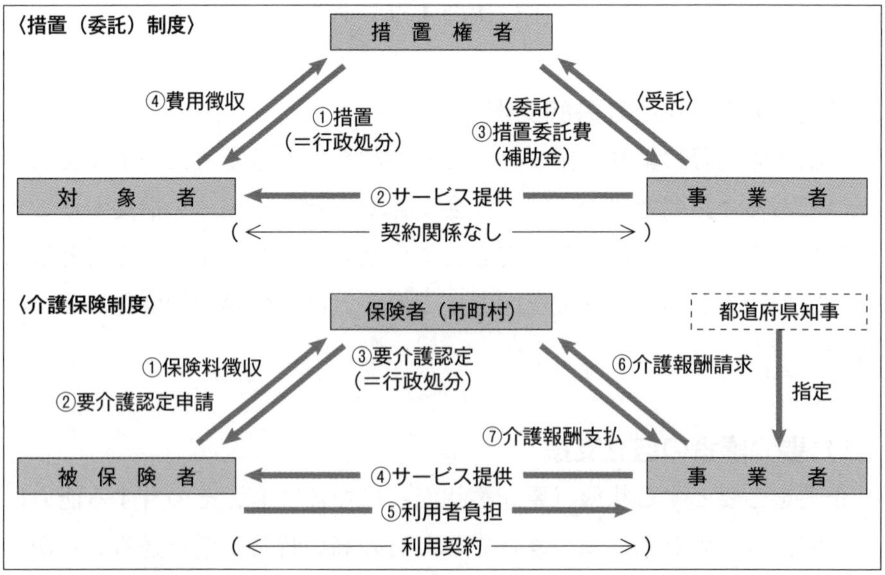

（出典）月刊介護保険編集部 編『平成18年改訂版 介護保険ハンドブック』法研、2006年、37頁

（4）社会保険方式の導入

　介護サービスに関する給付と負担の関係を明確にするとともに、今後、確実に増加が見込まれる介護費用の財源について、将来にわたって安定的に確保するため、被保険者が社会連帯（共同連帯）の理念に基づき公平に保険料を負担する社会保険方式を導入する。

　介護保険法第4条第2項では、「国民は、共同連帯の理念に基づき、介護保険事業に要する費用を公平に負担する」と規定されている。高齢者自身も被保険者となって保険料を負担することにより、現役世代とともに、制度を支えていく担い手として位置付けられている。

　なお、制度創設の検討時期において、保険料を財源とする社会保険方式とするか、租税を財源とした方式（当時は公費方式とよばれた）とするかは、論点の一つであった。社会保険方式は、介護サービスが社会保険の仕組みになじみやすいこと、サービス選択の保障やサービス受給の権利性が高いこと、多様な事業主体の参入によるサービスの量的拡大と質の向上を図ることができること、等の理由から選択された。

　世界の先進国における高齢者介護保障システムの姿を見ると、税を財源とする社会扶助方式をとっている国が多いが、社会保険方式をとる国も徐々に増加している。

　高齢者介護分野において社会保険方式を導入している代表的な国はドイツであり、1994年に法律が制定され、1995年1月から実施されている。わが国は介護保険制度の創設にあたって、ドイツの制度を参考にした。また、韓国では、わが国やドイツの制度を参考に介護保険制度の検討を進め、2007年に法律が制定され、2008年7月から実施されている。[*5]

*5
韓国の制度は、老人長期療養保険制度という。ドイツや韓国では医療保険の仕組みを活用して介護保険制度を創設したが、日本の場合は、医療保険とは別に介護保険制度を創設した。また、ドイツでは家族等の介護に着目した現金給付があるが、日本にはないなど、制度内容には相違がある。

第2節　介護保険制度の仕組み

　介護保険制度は、被保険者は介護保険に強制加入となり、保険料を負担することにより、要介護状態等になったときに、保険給付を受けることができるという社会保険の仕組みをとっている。以下、介護保険の仕組みを解説する。

1 保険者

　介護保険制度の**保険者**は、従来の老人福祉制度や老人保健制度の実施主体であり、高齢者に最も身近な行政機関である市町村（東京都23区を含む）である。その上で、市町村保険者の保険財政の安定化や事務負担の軽減等を図る観点から、国や都道府県、医療保険者等が重層的に支え

〈図3-2〉介護保険制度の仕組み

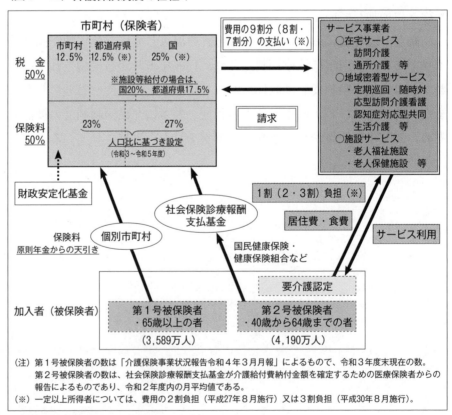

（注）第1号被保険者の数は「介護保険事業状況報告令和4年3月月報」によるもので、令和3年度末現在の数。
　　　第2号被保険者の数は、社会保険診療報酬支払基金が介護給付費納付金額を確定するための医療保険者からの報告によるものであり、令和2年度内の月平均値である。
（※）一定以上所得者については、費用の2割負担（平成27年8月施行）又は3割負担（平成30年8月施行）。

（出典）厚生労働省資料をもとに筆者作成

る構造となっている。

　介護保険制度の仕組みを図にすると、**図3−2**のとおりである。

（1）市町村保険者の主な責務・事務

　市町村保険者の主な責務・事務は、次のとおりである。

①被保険者の資格管理に関する事務（被保険者資格の取得と喪失の管理、被保険者台帳の作成、被保険者証の発行・更新等）

②保険料の賦課・徴収に関する事務（第1号被保険者の保険料率の決定、保険料徴収の実施、保険料の督促・滞納処分等）

③要支援・要介護認定に関する事務（要支援・要介護認定事務、介護認定審査会の設置・運営等）

④保険給付に関する事務（審査・支払いは保険者が行う事務であるが、国民健康保険団体連合会に委託する。ただし、住宅改修等の現金給付については保険者が直接実施）

⑤地域支援事業・保健福祉事業に関する事務（地域支援事業の実施、地域包括支援センターの設置、保健福祉事業の実施等）

⑥事業所・施設に関する事務（地域密着型サービス事業所等の指定、指導監督）

⑦市町村介護保険事業計画[*6]の策定に関する事務、

などがある。

（2）国の主な責務・事務

　都道府県・市町村の介護保険業務を支える国の主な責務・事務は次のとおりである。

①介護保険法の運用、法改正等の業務

②保険給付に関する国庫負担、調整交付金の交付等

③市町村介護保険事業計画の基本指針の作成

④要介護認定基準、介護報酬の内容、介護事業者・施設に関する基準など、制度の基本となる各種基準等の設定

⑤都道府県・市町村に対する助言・指導

（3）都道府県の主な責務・事務

　市町村の介護保険業務を支える都道府県の主な責務・事務は次のとおりである。

①保険者である市町村に対して広域的な観点からの支援

*6
介護保険事業計画とは、介護保険事業における保険給付の円滑な実施が確保されるように、国の基本指針に基づき市町村が策定する計画。3年を1期として策定。

②事業者・施設の指定や指導監督

③介護サービス情報の公表の事務

④介護支援専門員の登録等に関する事務

⑤都道府県介護保険事業支援計画の策定^{＊7}

⑥財政安定化基金の設置や介護保険審査会の設置・運営等

＊7
介護保険事業支援計画とは、介護保険事業の円滑な実施のために、都道府県が策定する計画。3年を1期として策定。

（4）医療保険者や年金保険者と、社会保険診療報酬支払基金

医療保険者（国民健康保険の保険者である市町村や、健康保険組合・共済組合等の被用者保険の保険者）は、第2号被保険者の保険料を徴収し、社会保険診療報酬支払基金に介護給付費・地域支援事業支援納付金として納付する。

年金保険者は、第1号被保険者の保険料を年金から徴収し、市町村に納付する。

＊8
医療保険制度の被用者保険に関する診療報酬の審査・支払いを行う機関で、社会保険診療報酬支払基金法により設立されている民間法人。

社会保険診療報酬支払基金^{＊8}は、各医療保険者から納付された介護給付費・地域支援事業支援納付金を全国的にプールして、各市町村の保険財政の第2号被保険者の保険料相当分として定率で交付する。

（5）国民健康保険団体連合会

国民健康保険団体連合会（国保連） は、国民健康保険の保険者が共同して設立した公法人であり、都道府県ごとに設置されている。その業務は、国民健康保険法にかかわる審査・支払い等の業務のほか、介護保険制度にかかわる業務としては、次のとおりである。

①介護保険サービス費の審査・支払い（市町村保険者の委託を受けて、指定事業者からの介護報酬の請求の審査・支払いを行う）

②介護保険サービス利用上の苦情解決（介護保険法に基づき、介護サービス利用者〔被保険者〕からのサービスにかかわる不満や苦情を受け付け、その解決に向けての業務を行う）

2 被保険者

基本的に40歳以上の人は、被保険者として強制加入となる。

40歳以上の人を被保険者としているのは、①40歳以上になれば、初老期認知症や脳卒中等の加齢に伴う疾病による介護ニーズの発生の可能性が高くなること、②自らの親も介護を要する状態になる可能性が高くなるが、介護保険によりその介護負担が軽減されるメリットがあること、

〈表3−1〉介護保険制度の被保険者

	第1号被保険者	第2号被保険者
対象者	65歳以上の者	40歳以上65歳未満の医療保険加入者
受給要件	要介護者 要支援者	末期がん・関節リウマチ等の加齢に起因する疾病（特定疾病）による要介護及び要支援者
保険料	所得段階別定額保険料 （市町村保険者ごとに認定）	健保：標準報酬×介護保険料率（事業主負担あり） 国保：所得割、均等割等に按分（国庫負担あり）
賦課・徴収方法	年金額が18万円以上の者は年金から天引き（特別徴収）、18万円未満の者は市町村が徴収（普通徴収）	医療保険者が医療保険料とともに一括徴収

（筆者作成）

等が考慮された。

　被保険者は、**第1号被保険者**と**第2号被保険者**に区別される。

　第1号被保険者とは、市町村の区域内住所をもつ65歳以上の者、第2号被保険者とは、市町村の区域内に住所をもつ40歳以上65歳未満の医療保険加入者である。

　第1号被保険者と第2号被保険者は、年齢区分以外に、保険給付の受給要件、保険料の賦課・徴収方法等で異なる。詳細は、**表3−1**のとおりである。

　65歳以上の高齢者は、全員が第1号被保険者となる。医療保険にある被扶養者という概念はなく、高齢者一人ひとりが被保険者となる。生活保護の被保護者であっても、被保険者となる。

　一方、第2号被保険者の場合は、医療保険加入者であるので、国民健康保険の対象外となる生活保護の被保護者は、第2号被保険者からは除外される。

　なお、外国人であっても、住所をもっていると認められる人で、かつ、年齢要件等が該当すれば被保険者となる。

　施設入所者に対しては、**住所地特例**という制度がある。これは、被保険者が、他市町村の施設に入所・入居して施設所在地に住所を変更した場合には、介護保険制度上では、現住所地（施設所在地）の市町村ではなく、もとの市町村（施設入所直前）の被保険者とするという制度である。施設が多い市町村の介護費用の負担軽減を図るために設けられた特例である。対象施設としては、介護老人福祉施設等の介護保険施設、一定の条件に該当する有料老人ホーム等の特定施設、養護老人ホーム、サ

ービス付き高齢者向け住宅である。

3 介護サービスの利用手続きと要介護認定の方法

　介護保険からの給付は、第1号被保険者は要介護状態（要支援状態を含む）と判断された場合、第2号被保険者は**特定疾病**[*9]に起因する要介護状態にあると判断された場合に行われる。

　要介護状態とは、身体または精神の障害のために、入浴・排泄・食事等の日常生活上の基本的な動作について、6か月にわたり継続して常時介護を要すると見込まれる状態である。要介護1～5の5段階に区分され、要介護5が最も重い状態である。

　要支援状態とは、身体または精神の障害のために、①常時介護を要する状態の軽減・悪化防止のために特に役立つ支援が必要と見込まれ、または②6か月にわたり継続して日常生活を営む上で支障があると見込まれる状態である。要支援1・2の2段階に区分される。

　これらの要介護状態区分を、一般に要介護度という。

　要介護状態または要支援状態であるかどうかの判断を行う**要介護（要**

*9
末期がん、関節リウマチ、筋萎縮性側索硬化症、骨折を伴う骨粗しょう症、初老期における認知症など、介護保険法施行令において16の疾病が定められている。

〈図3-3〉 介護サービスの利用手続き

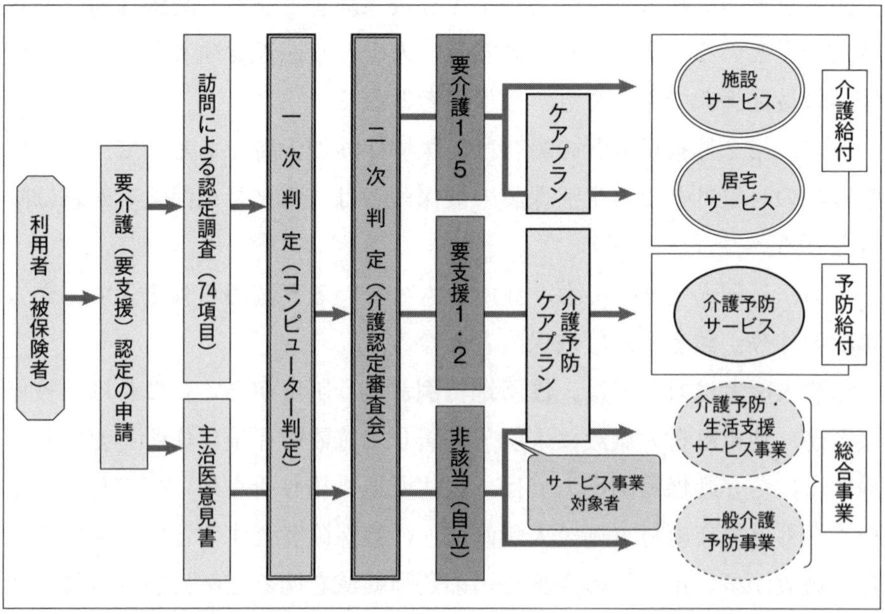

（出典）厚生労働省資料をもとに一部改変

支援）**認定**の流れの概要は、**図３－３**のとおりである。

（1）要介護認定

　要介護認定（要支援認定を含む。以下同じ）の申請は、被保険者本人のほか、家族・親族等、成年後見人、民生委員等が代理で行うことができる。また、地域包括支援センターや指定基準に違反したことがない指定居宅介護支援事業者や介護保険施設も代行できる。

　要介護認定は、**一次判定**と**二次判定**に分かれている。一次判定は、認定調査員による心身の状況調査及び主治医意見書に基づきコンピュータ判定を行う。二次判定では、一次判定の結果と主治医の意見書をもとに、各市町村に設置された保健・医療・福祉の専門家で構成される**介護認定**[*10]**審査会**で判定する。

　一次判定の流れは次のとおりである。申請があると、原則として市町村の職員が認定調査員として申請者の家庭などを訪問し、本人の心身状態について調査する。これを認定調査[*11]という。認定調査では、調査票に基づき概況調査、基本調査、特記事項の記載が行われる。

　基本調査では74項目の質問について聞き取りを行い、その結果をコンピュータ処理することにより推計される要介護認定等基準時間[*12]を用いて、要介護者であるか否か、要介護者である場合には要介護度が判定される。なお、この要介護認定等基準時間は、１分間のタイムスタディによる統計的手法により算出された指標であって、実際の介護サービスの提供時間を表すものではない。

　二次判定は、介護認定審査会で行われる。資料としては、一次判定の結果と主治医意見書、訪問調査の際に認定調査員が記述する特記事項が使用される。介護認定審査会では、審査判定の結果に加えて、必要に応じて、要介護状態の軽減または悪化防止のために必要な療養に関する事項や、サービスの適切かつ有効な利用等に関して被保険者が留意すべき事項に関する意見を付記することができる。

　要介護認定の結果は、要支援１・２、要介護１～５の７段階の要介護度の認定と、これに該当しない旨の認定（非該当）となる。要介護認定の結果に不服がある場合には、都道府県に設置された**介護保険審査会**に審査請求をすることができる。

　要介護認定は、原則として申請から30日以内に行うこととされている。また、要介護認定の効力は申請日にさかのぼって生じる。したがって、申請日から認定日の間でも、介護保険サービスを受けることができる。

*10
介護認定審査会は、5人を標準として市町村が定める人数から成る合議体である。委員は、保健・医療・福祉の学識経験者の中から市町村長が各分野の均衡に配慮して任命する。任期は３年を上限に自治体が条例で定める期間（２年を超え３年以内）で、再任が可能である。

*11
新規認定の場合の認定調査は、原則として市町村が自ら行う。ただし、更新認定や区分変更認定の場合には、市町村は、一定の要件に該当する居宅介護支援事業者、介護保険施設等に委託することができる。

*12
要介護認定等基準時間は、要支援１が25分以上32分未満、要支援２と要介護１が32分以上50分未満、要介護２が50分以上70分未満、要介護３が70分以上90分未満、要介護４が90分以上110分未満、要介護５が110分以上とされている。

なお、申請前であっても、市町村が緊急等やむを得ない事情があると認める場合には、介護保険のサービスが受けられる。

要介護認定の有効期間は、原則として6か月である。ただし、介護認定審査会の意見に基づき特に必要と認める場合は、3か月〜12か月間とすることができる。更新の有効期間は、原則として12か月間であるが、介護認定審査会の意見に基づき、3か月〜11か月の範囲で短縮することや、状態が当分変化しないと見込まれる場合には上限48か月に延長できる。

要介護認定は、保険者である市町村の業務であるが、要介護認定業務のうち審査判定業務（介護認定審査会が行う業務）は都道府県に委託することができる。この場合、認定調査や認定については、市町村が行う。また、市町村は、介護認定審査会を他の市町村と共同で設置することができる。

（2）介護サービスの利用

被保険者は、要介護または要支援の認定を受けた上で、原則として介護サービス計画（ケアプラン）に基づき、保険給付である介護サービスを利用することができる。[13]

介護サービス計画には、要介護者が在宅で居宅サービスを利用する場合の**居宅サービス計画**、施設入所の場合の施設サービス計画、または要支援者が介護予防サービスを利用する場合の介護予防サービス計画がある。施設サービスの場合には、必ず**施設サービス計画**を作成することが施設に義務付けられている。

居宅サービスの場合には、作成しなくても介護サービスを利用できるが、その場合には保険給付は償還払いとなる。[14][15]居宅サービスを現物給付として利用するためには、あらかじめ居宅介護支援事業者等による計画作成を受ける旨を市町村に届け出るか、自ら居宅サービス計画を作成して市町村に届け出ることが必要である。[16]

在宅で居宅サービスを受けるには、基本的に居宅介護支援事業者に居宅サービス計画の作成を依頼し、計画に基づきサービスを利用することになる。また、要支援1または要支援2と判定された人は、地域包括支援センターにサービス利用の申し込みを行い、地域包括支援センターが作成する介護予防サービス計画に基づきサービスを利用する。

要介護度ごとに1か月に利用できる保険給付の額が定められている。施設サービスの場合には要介護度ごとの一定額であり、居宅サービスや介護予防サービスの場合には1か月の支給限度基準額が定められている。[17]

＊13
要介護者等が介護サービスを適切に利用できるよう、心身の状況、生活環境等を考慮し、利用するサービスの種類、内容、提供スケジュール、実施者等を定めた計画である。居宅サービス計画や施設サービス計画のことを一般にケアプランとよんでいる。

＊14
一般的には、「在宅サービス」ともよばれているが、介護保険法の規定では「居宅サービス」という名称であるので、本書では「居宅サービス」という表現を用いている。

＊15
介護サービスを利用したときに、事業者や施設に対していったん費用の全額を支払い、その後、保険者である市町村から保険給付分の費用の償還を受ける方式。

＊16
サービス利用時に、利用者は一定の割合の利用者負担額を支払うだけでサービスを利用できる方式。

＊17
正式には「区分支給限度基準額」という。訪問介護、訪問入浴介護、訪問看護、訪問リハビリ、通所介護、通所リハビリ、短期入所生活介護、短期入所療養介護、福祉用具貸与、介護予防サービス、地域密着型サービスの一部が対象となっている。

〈表３−２〉居宅サービス等における区分支給限度基準額

区分に含まれるサービスの種類	限度額の管理期間	区分支給限度基準額
訪問介護、訪問入浴介護、訪問看護、訪問リハビリ、通所介護、通所リハビリ、短期入所生活介護、短期入所療養介護、福祉用具貸与、介護予防サービス、地域密着型サービス（一部対象外あり）	１か月 （暦月単位）	要支援１　　5,032単位 要支援２　10,531単位 要介護１　16,765単位 要介護２　19,705単位 要介護３　27,048単位 要介護４　30,938単位 要介護５　36,217単位

（注）１単位：10〜11.40円（地域やサービスにより異なる）「厚生労働大臣が定める１単位の単価」（平成27〔2015〕年３月23日厚告93）。
（出典）厚生労働省資料をもとに一部改変。令和５〔2023〕年４月１日現在

基本的にはこの限度額の範囲内で介護サービス等を利用することになる（**表３−２**）。なお、この限度額のうち１割（一定以上の所得者は２割または３割）は自己負担となる。[18]

居宅サービス計画を作成し、利用者が適切なサービスを利用できるように支援する一連の行動は、「**ケアマネジメント**[19]」とよばれている。介護保険制度に即して定義すれば、ケアマネジメントとは、要介護者等に対して、その心身の状況、置かれた環境に即した介護サービスが適切かつ効果的に提供されるように、その心身の状況や個々の課題（ニーズ）等を十分把握した上で、居宅サービス計画の作成等を通じて、多様なサービス提供主体による保健・医療・福祉分野の各種サービス（介護サービス）が総合的、一体的、継続的に提供されるようにする活動のことである。介護保険法上では「**居宅介護支援**」とよばれている。

また、このケアマネジメントを担当し、介護サービス計画を作成する専門職が**介護支援専門員**（ケアマネジャー）である。介護支援専門員になるためには、保健・医療・福祉分野における国家資格（医師、看護師、社会福祉士、介護福祉士等）をもち、実務経験が５年以上である人が、都道府県知事が行う介護支援専門員実務研修受講試験に合格し、さらに[20]都道府県が行う実務研修を修了して、都道府県知事の登録を受ける必要がある。なお、介護支援専門員の資格の有効期間は５年とされ、更新時には一定の研修を受けることが義務付けられている。さらに、**主任介護支援専門員**の制度が創設されている。[21]

介護サービス事業所・施設で介護職員として働くためには、資格は必須ではないが、①介護職員初任者研修や②介護職員実務者研修（①の上位の研修）を修了することや、介護福祉士の資格を取得することが望ましい。

*18
本章第３節３参照。

*19
本書第４章第３節参照。

*20
毎年１回各都道府県で試験が行われる。令和４（2022）年度までに約74万人が合格している。合格者を職種別に見ると、最も多いのが介護福祉士で、次いで看護師・准看護師であり、この２職種で全体の約７割を占める。

*21
地域における包括的・継続的マネジメントを担う人材として、地域包括支援センターでの業務や居宅介護支援事業所等でのスーパーバイザー的な役割を果たすことが期待されている。

4 保険給付

　介護保険制度の給付には、要介護者に対する「**介護給付**」と、要支援者に対する「**予防給付**」とがある。予防給付には、施設サービスは含まれない。

　サービス面から見ると、自宅で生活をしながら利用できる居宅サービス、施設に入所しながら受けることができる施設サービス、原則としてその市町村の被保険者のみが利用できる地域密着型サービスの3種類がある。これらは、全国統一的に保険給付の対象となるサービスであり、さらに、市町村が独自に介護保険の対象として提供できる市町村特別給付もある（**図3−4**）。なお、各サービスの内容については、**表3−3**に示す。

　保険給付の各サービスの単価は、介護報酬[*22]として定められている。例えば、居宅サービスを利用したときにはサービスの種類ごとに設定された居宅介護サービス費を支給されることになる。ただし、原則として事業者に直接支払われるので、利用者は費用の1割（一定以上の所得者は2割または3割）を負担してサービスを利用することになる（法定代理受領方式により現物給付とされている）。

（1）居宅サービス

　居宅サービスは、**表3−3**のとおり、訪問サービス系のもの（訪問介護、訪問看護等）、通所サービス系のもの（通所介護等）、短期入所サービス系のもの（短期入所生活介護等）、その他のものがある。これらのサービスを提供する事業所は、都道府県知事が指定し、指導監督をする。

　介護報酬は、サービスごとに、そのサービスの特性に応じて設定されている。

　利用者は、要介護度ごとの支給限度基準額の範囲内で、一定の自己負担をしながら、居宅サービス計画に基づき、これらのサービスを利用する（現物給付）。なお、支給限度基準額を超えても利用できるが、限度額を超えた分は全額自己負担となる[*23]。

　特定福祉用具販売については、福祉用具のうち特定のもの（特定福祉用具）を購入したとき、購入費が償還払いで支給される。支給限度基準額は、同一年度で10万円となっており、自己負担（1割〜3割）以外が保険給付される。住宅改修の場合も、同様に償還払いであり、支給限度基準額は同一住宅で20万円となっており、自己負担（1割〜3割）以外

*22
本節8参照。

*23
支給限度基準額を超えて使用するサービスを「上乗せサービス」、保険給付にないサービスを「横出しサービス」という。介護保険制度では、保険給付と組み合わせて、上乗せサービスや横出しサービスを利用できる。

〈図3－4〉介護保険サービス等の種類

令和5（2023）年4月

予防給付におけるサービス	介護給付におけるサービス
◎介護予防サービス	◎居宅サービス

都道府県が指定及び監督を行うサービス

◎介護予防サービス

【訪問サービス】
○介護予防訪問入浴介護
○介護予防訪問看護
○介護予防訪問リハビリテーション
○介護予防居宅療養管理指導

【通所サービス】
○介護予防通所リハビリテーション

【短期入所サービス】
○介護予防短期入所生活介護
○介護予防短期入所療養介護

○介護予防特定施設入居者生活介護
○介護予防福祉用具貸与
○特定介護予防福祉用具販売

◎居宅サービス

【訪問サービス】
○訪問介護
○訪問入浴介護
○訪問看護
○訪問リハビリテーション
○居宅療養管理指導

【通所サービス】
○通所介護
○通所リハビリテーション

【短期入所サービス】
○短期入所生活介護
○短期入所療養介護

○特定施設入居者生活介護
○福祉用具貸与
○特定福祉用具販売

◎施設サービス
○介護老人福祉施設
○介護老人保健施設
○介護療養型医療施設
○介護医療院

市町村が指定及び監督を行うサービス

◎介護予防支援（介護予防サービス計画の作成等）

◎地域密着型介護予防サービス
○介護予防小規模多機能型居宅介護
○介護予防認知症対応型通所介護
○介護予防認知症対応型共同生活介護
　（グループホーム）

◎居宅介護支援（居宅サービス計画の作成等）

◎地域密着型サービス
○定期巡回・随時対応型訪問介護看護
○小規模多機能型居宅介護
○夜間対応型訪問介護
○認知症対応型通所介護
○認知症対応型共同生活介護（グループホーム）
○地域密着型特定施設入居者生活介護
○地域密着型介護老人福祉施設入所者生活介護
○看護小規模多機能型居宅介護
○地域密着型通所介護

その他

○住宅改修

○住宅改修

市町村が実施する事業

◎地域支援事業

○介護予防・日常生活支援総合事業
（1）介護予防・生活支援サービス事業
　・訪問型サービス
　・通所型サービス
　・その他生活支援サービス
　・介護予防ケアマネジメント

（2）一般介護予防事業
　・介護予防把握事業
　・介護予防普及啓発事業
　・地域介護予防活動支援事業
　・一般介護予防事業評価事業
　・地域リハビリテーション活動支援事業

○包括的支援事業（地域包括支援センターの運営）
　・総合相談支援業務
　・権利擁護業務
　・包括的・継続的ケアマネジメント支援事務

○包括的支援事業（社会保障充実分）
　・在宅医療・介護連携推進事業
　・生活支援体制整備事業
　・認知症総合支援事業
　・地域ケア会議推進事業

○任意事業

（出典）厚生労働統計協会 編『国民の福祉と介護の動向 2023/2024』厚生労働統計協会、2023年、189頁をもとに一部改変

〈表3−3〉介護保険制度における各サービスの内容

居宅サービス等の概要

サービスの種類	サービスの内容
訪問介護 （ホームヘルプサービス）	ホームヘルパーが要介護者の居宅を訪問して、入浴、排泄、食事等の介護、調理・洗濯・掃除等の家事、生活等に関する相談、助言その他の必要な日常生活上の世話を行う
訪問入浴介護	入浴車等により居宅を訪問して浴槽を提供して入浴の介護を行う
訪問看護	病状が安定期にあり、訪問看護を要すると主治医等が認めた要介護者について、病院、診療所または訪問看護ステーションの看護師等が居宅を訪問して療養上の世話または必要な診療の補助を行う
訪問リハビリテーション	病状が安定期にあり、計画的な医学的管理の下におけるリハビリテーションを要すると主治医等が認めた要介護者等について、病院、診療所または介護老人保健施設の理学療法士または作業療法士が居宅を訪問して、心身の機能の維持回復を図り、日常生活の自立を助けるために必要なリハビリテーションを行う
居宅療養管理指導	病院、診療所または薬局の医師、歯科医師、薬剤師等が、通院が困難な要介護者について、居宅を訪問して、心身の状況や環境等を把握し、それらをふまえて療養上の管理及び指導を行う
通所介護 （デイサービス）	老人デイサービスセンター等において、入浴、排泄、食事等の介護、生活等に関する相談、助言、健康状態の確認その他の必要な日常生活の世話及び機能訓練を行う
通所リハビリテーション （デイケア）	病状が安定期にあり、計画的な医学的管理の下におけるリハビリテーションを要すると主治医等が認めた要介護者等について、介護老人保健施設、病院または診療所において、心身の機能の維持回復を図り、日常生活の自立を助けるために必要なリハビリテーションを行う
短期入所生活介護 （ショートステイ）	老人短期入所施設、介護老人福祉施設等に短期間入所し、その施設で、入浴、排泄、食事等の介護その他の日常生活上の世話及び機能訓練を行う
短期入所療養介護 （ショートステイ）	病状が安定期にあり、ショートステイを必要としている要介護者等について、介護老人保健施設、介護療養型医療施設等に短期間入所し、その施設で、看護、医学的管理下における介護、機能訓練その他必要な医療や日常生活上の世話を行う
特定施設入居者生活介護 （有料老人ホーム）	有料老人ホーム、軽費老人ホーム等に入居している要介護者等について、その施設で、特定施設サービス計画に基づき、入浴、排泄、食事等の介護、生活等に関する相談、助言等の日常生活上の世話、機能訓練及び療養上の世話を行う
福祉用具貸与	在宅の要介護者等について福祉用具の貸与を行う
特定福祉用具販売	福祉用具のうち、入浴や排泄のための福祉用具その他の厚生労働大臣が定める福祉用具の販売を行う
居宅介護住宅改修費 （住宅改修）	手すりの取り付けその他の厚生労働大臣が定める種類の住宅改修費の支給
居宅介護支援	在宅の要介護者等が在宅介護サービスを適切に利用できるよう、その者の依頼を受けて、その心身の状況、環境、本人及び家族の希望等を勘案し、利用するサービス等の種類、内容、担当者、本人の健康上・生活上の問題点、解決すべき課題、在宅サービスの目標及びその達成時期等を定めた計画（居宅サービス計画）を作成し、その計画に基づくサービス提供が確保されるよう、事業者等との連絡調整等の便宜の提供を行う。介護保険施設に入所が必要な場合は、施設への紹介等を行う

介護保険施設の概要

サービスの種類	サービスの内容
介護老人福祉施設	老人福祉施設である特別養護老人ホームのことで、寝たきりや認知症のために常時介護を必要とする人で、自宅での生活が困難な人に生活全般の介護を行う施設
介護老人保健施設	病状が安定期にあり入院治療の必要はないが、看護、介護、リハビリを必要とする要介護状態の高齢者を対象に、慢性期医療と機能訓練によって在宅への復帰をめざす施設
介護療養型医療施設	脳卒中や心臓病などの急性期の治療が終わり、病状が安定期にある要介護状態の高齢者のための長期療養施設であり、療養病床や老人性認知症疾患療養病棟が該当する
介護医療院	主として長期にわたり療養が必要である要介護者に対し、療養上の管理、看護、医学的管理の下における介護および機能訓練その他必要な医療ならびに日常生活上の世話を行う施設

地域密着型サービスの概要

サービスの種類	サービスの内容
定期巡回・随時対応型 訪問介護看護	重度者をはじめとした要介護高齢者の在宅生活を支えるため、日中・夜間を通じて、訪問介護と訪問看護が密接に連携しながら、短時間の定期巡回訪問と随時の対応を行う
小規模多機能型居宅介護	要介護者に対し、居宅またはサービスの拠点において、「通い」を中心として、短期間の「宿泊」や自宅への「訪問」を組み合せたサービスを提供する
夜間対応型訪問介護	居宅の要介護者に対し、夜間において、定期的な巡回訪問や通報により利用者の居宅を訪問し、排泄の介護、日常生活上の緊急時の対応を行う
認知症対応型通所介護	居宅の認知症要介護者に、介護職員、看護職員等が特別養護老人ホームまたは老人デイサービスセンターにおいて、入浴、排泄、食事等の介護その他の日常生活上の世話及び機能訓練を行う
認知症対応型共同生活介護 （グループホーム）	認知症の要介護者に対し、共同生活を営むべく住居において、家庭的な環境と地域住民との交流の下で、入浴、排泄、食事等の介護その他の日常生活上の世話及び機能訓練を行う
地域密着型特定施設 入居者生活介護	入所・入居を要する要介護者に対し、小規模型（定員30人未満）の施設において、地域密着型特定施設サービス計画に基づき、入浴、排泄、食事等の介護その他の日常生活上の世話、機能訓練及び療養上の世話を行う
地域密着型介護老人福祉 施設入所者生活介護	入所・入居を要する要介護者に対し、小規模型（定員30人未満）の施設において、地域密着型施設サービス計画に基づき、可能な限り、居宅における生活への復帰を念頭に置いて、入浴、排泄、食事等の介護その他の日常生活上の世話及び機能訓練、健康管理、療養上の世話を行う
看護小規模多機能型居宅 介護	訪問看護と小規模多機能型居宅介護を組み合わせたサービスを提供する
地域密着型通所介護	通所介護のうち、小規模（利用定員19人未満）な通所介護

（出典）厚生労働統計協会 編『国民の福祉と介護の動向 2023/2024』厚生労働統計協会、2023年、190−191頁をもとに筆者作成

が保険給付される。

　また、介護サービス計画作成等の居宅介護支援がある。この費用は全額介護保険から給付されるので、利用者の自己負担はない。

　予防給付における介護予防サービスは、介護給付の居宅サービスと類似しているが、サービスの提供にあたって介護予防を目的とする点が異なる。介護予防福祉用具貸与については、要支援者及び要介護1の者については、特殊寝台、車いす等は原則として給付対象から除外されている。

　要支援者の予防給付の中に、従来は訪問介護と通所介護が含まれていたが、平成26（2014）年の法改正により、全市町村で地域支援事業の中の介護予防・日常生活支援総合事業に移行された。

（2）施設サービス

　施設サービスとは、介護保険施設によるサービスである。介護保険施設には、介護老人福祉施設（特別養護老人ホーム）、介護老人保健施設、介護療養型医療施設、介護医療院の4種類がある。これらの施設は要介護者のみが利用でき、要支援者は利用できない。また、平成27（2015）年4月から、介護老人福祉施設への新規入所者は、原則として要介護3以上の者とされている。

　介護保険施設の介護報酬は、介護保険施設の種類によって分かれ、さらに個室や多床室等に応じて、利用者の要介護度ごとに設定されている。

　なお、介護療養型医療施設は、令和6（2024）年3月末に廃止されることが決定されている。その後継施設として、平成29（2017）年の法改正により、**介護医療院**が創設された。

（3）地域密着型サービス

　市町村長が事業所を指定し、指導監督をするサービスが、地域密着型サービスである。平成17（2005）年の法改正により創設された。平成23（2011）年以降の法改正でも、サービスが追加されている。

　住み慣れた地域での生活を支えるため、身近な市町村で提供されることが適当な定期巡回・随時対応型訪問介護看護、小規模多機能型居宅介護、小規模な通所介護（利用定員19名未満）や特別養護老人ホーム（定員30人未満）、認知症対応型共同生活介護（グループホーム）などが、**地域密着型サービス**として位置付けられている。

　地域密着型サービスは、原則として事業所がある市町村の被保険者の

みが利用可能とされており、また、市町村長が、地域の実情に応じて、
弾力的な基準・報酬などを設定できる。

5 地域支援事業

　地域支援事業とは、被保険者が要支援・要介護状態になることを予防
する（「介護予防」という）とともに、要介護状態になった場合にも、
可能な限り、地域において自立した日常生活を営むことができるように
支援することを目的とする事業である。平成17（2005）年の法改正によ
り創設され、平成18（2006）年度に施行された。その後、平成26
（2014）年の法改正により、新しい地域支援事業[*24]が平成27（2015）年度
から実施された。

　地域支援事業は市町村が実施する。全市町村が必ず実施する事業（必
須事業）として、**介護予防・日常生活支援総合事業**と**包括的支援事業**が
あるほか、任意に実施する事業（任意事業）がある。

　介護予防・日常生活支援総合事業（総合事業）は、①介護予防・生活
支援サービス事業と、②一般介護予防事業で構成される。

　①の事業において、従来要支援者の予防給付であった訪問介護と通所

*24
本書第4章第1節2
（2）図4－2参照。

〈図3－5〉地域包括支援センターの概要

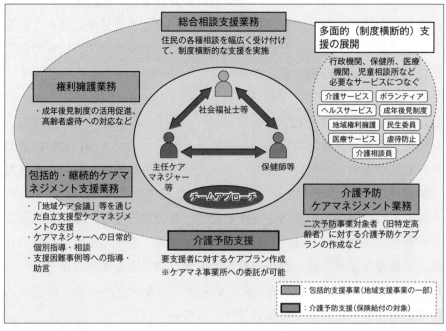

（出典）厚生労働省資料

介護のサービスに対応するほか、住民主体の訪問型・通所型サービスが提供される。そのほか、配食・見守り等の生活支援サービスやサービス利用者への支援事業がある。

①の事業は、要支援者が利用できるほか、要支援認定を受けずに基本チェックリストだけで利用することができる。市町村は、条例により、サービス内容の基準を定めるとともに、サービス単価や利用者負担も定めることができる。

②の事業は、第1号被保険者のすべてとその支援のための活動にかかわる人を対象として、地域の実情に応じた介護予防事業を展開するものである。実施にあたっては、地域の医師会、歯科医師会等の協力を得るとともに、保健、精神保健福祉等の関係部局、保健所、医療機関等の関係機関と十分に調整を図ることとされている。

包括的支援事業としては、地域包括支援センターの運営がある。この中で、①介護予防ケアマネジメント業務[25]、②総合相談支援事業、③権利擁護事業、④包括的・継続的ケアマネジメント支援業務がある（**図3-5**）。

さらに、平成26（2014）年の法改正により、⑤在宅医療・介護連携推進事業、⑥生活支援体制整備事業、⑦認知症総合支援事業[26]、⑧**地域ケア会議**推進事業[27]が追加されている。

任意事業は、市町村が地域の実情に応じ創意工夫を生かして実施するもので、①介護給付費等費用適正化事業、②家族介護支援事業[28]、③その他の事業（例えば、成年後見制度利用支援事業、福祉用具・住宅改修支援事業、地域自立支援事業）、がある。

6 地域包括支援センター

平成17（2005）年の法改正により、公正・中立の立場から、地域支援事業の包括的支援事業を担う中核的機関として創設された。

地域包括支援センター[29]は、市町村または市町村から委託を受けた法人が設置・運営主体となる。職員として、基本的に、保健師、社会福祉士、主任介護支援専門員の3職種の専門職が配置される。また、機関の設置・運営については、中立性の確保、人材確保支援などの観点から、市町村や地域のサービス事業者、被保険者の代表などが入る地域包括支援センター運営協議会が設置されている。

平成23（2011）年の法改正により、地域包括支援センターの機能強化

*25
本書第4章第3節3参照。

*26
本書第4章第6節2参照。

*27
地域ケア会議とは、処遇困難な高齢者のケアプランを点検したり、地域の課題解決のための対策を考えたりするために、多職種の専門職が集まって討議する会議。

*28
本書第5章第4節2参照。

*29
本書第4章第4節参照。

の一環として、ケアマネジメントにおける多職種連携の観点から、地域ケア会議の取り組みを推進することとなっている。

　地域包括支援センターの設置数は、令和4（2022）年4月末現在で5,404か所であり、さらにブランチ（支所）等を含めると、7,409か所である。

7　サービス事業者

（1）指定事業者

　介護サービスの事業者や介護保険施設は、一定の要件を満たすことによって、都道府県知事（指定都市・中核市の市長を含む）の指定（地域密着型サービスの場合には市町村の指定）を受けることができる。指定を受けると、被保険者に対してサービスを提供したときに、介護保険から介護報酬を受け取ることができる。

　まず、居宅サービスについては、事業主体の種別にかかわらず、原則として一定の条件を満たした事業者は居宅サービス分野に参入できる。介護保険以前の老人福祉制度では、サービス事業主体は基本的に市町村か社会福祉法人に限定されていたことに比べると大きな変化である。

　一定の条件とは、法人格をもち、かつ、指定権者が定める人員基準や設備運営基準の指定基準[*30]に合致することであり、法人の種別を問わず、**「指定サービス事業者」**として都道府県知事等の指定を受けられる。

　したがって、株式会社等の営利法人や生活協同組合、農業協同組合等の法人、NPO法人（特定非営利活動法人）であっても、指定基準に合致すれば事業を展開することができる。このように、居宅サービスについて多様な事業主体が参画できるようになったことが介護保険制度の特徴である。

　指定はサービスの種類ごとに、かつ、事業所・施設ごとに受ける必要がある。指定サービス事業者は、サービスの種類によって、①指定居宅サービス事業者、②指定介護予防サービス事業者、③指定地域密着型サービス事業者、④指定地域密着型介護予防サービス事業者、⑤指定居宅介護支援事業者、⑥指定介護予防支援事業者、⑦指定介護保険施設、がある。このうち、①②⑦が都道府県知事（指定都市・中核市の市長を含む）、③④⑤⑥が市町村長の指定である。

　なお、住民参加型の非営利組織のように法人格をもっていない事業者であっても、指定事業者の要件は満たさないが他の一定の基準を満たす

＊30
事業者・施設の指定基準は、従来は一律に厚生労働省令（国の基準）で定められていたが、平成23（2011）年の法改正により、指定権者が条例で定めることとなった。

場合には、市町村の個別の判断により「**基準該当居宅サービス事業者**」として提供するサービス[*31]が、介護保険制度の保険給付の対象となる。居宅介護支援事業者についても基準該当サービスが認められている。

介護保険施設の場合では、指定権者が条例で定める人員基準や設備運営基準を満たした介護老人福祉施設（特別養護老人ホーム）が都道府県知事等の指定の対象、介護老人保健施設、介護医療院及び介護療養型医療施設の場合は、都道府県知事の許可の対象となる。居宅サービスの場合とは異なり介護保険施設の場合には、各施設の根拠法令により設置主体が限定されている。例えば、特別養護老人ホームの場合は、社会福祉法に基づき地方自治体や社会福祉法人等、介護老人保健施設の場合には介護保険法により地方自治体や医療法人等となっており、営利法人はこれらの設置経営主体になることはできない。

指定を受けた事業者または施設に対しては、都道府県知事（指定都市・中核市の市長を含む。地域密着型サービスや居宅介護支援事業の場合には市町村長。以下同じ）による報告徴収や帳簿書類等の指導監督があり、基準を満たすことができなくなったときや、不正な請求があった場合などには、都道府県知事等は指定の取消しを行うことができる。

平成17（2005）年の法改正によって、規制が強化された。具体的には、①指定の欠格事由や指定の取消要件の追加、②指定の更新制の導入（有効期間6年）、③都道府県（地域密着型サービスの場合は市町村）による勧告、命令の強化などである。さらに、平成20（2008）年の法改正では、①法令遵守等の業務管理体制の整備、②事業者の本部等に対する国・都道府県等による立入権限の創設、③事業所の廃止・休止の事前届出の義務、④事業廃止時のサービス確保対策等が加わった。

（2）介護サービス情報の公表と利用契約

サービスの質の確保・向上の観点から、**介護サービス情報の公表**を義務付ける仕組みが導入されている。すなわち、すべての介護サービス事業者・施設は、厚生労働省令で定める介護サービスの内容や事業所の運営状況に関する情報を都道府県知事（または都道府県知事が指定する指定情報公表センター）に報告することとし、この情報を都道府県知事等が公表することによって、利用者である高齢者の適切なサービスの選択に資することとしている。

介護保険では、利用者はサービス事業者・施設を選択し、事業者等との間で契約を交わしてサービスを利用する。適正に契約が行われるよう

*32
重要事項とは、事業所の運営規定や訪問介護員等の勤務体制、事故発生時の対応、苦情処理の体制等である。

に、運営基準において、事業者等はあらかじめ利用申込者または家族にサービス選択に関係する重要事項[32]を文書で渡して説明し、サービス提供の開始について利用申込者の同意を得なければならない、とされている。

　利用者は、重要事項を説明した文書で、サービス内容等について十分理解した上でサービスを利用することが適当である。また、事業所に対して介護サービス情報の公表が義務付けられたことから、事前に都道府県等が提供する情報を活用することが望ましい。

8 介護報酬と審査・支払い

　介護報酬とは、保険給付の対象となる各種介護サービスの費用の額の算定基準である。具体的には、事業者や施設が介護サービスを提供した場合、サービスの対価として保険者である市町村に費用を請求して支払いを受ける際の算定基準のことである。厚生労働大臣が審議会の意見を聴いて定める。医療保険制度における診療報酬に相当するもので、事業者から見れば、各サービスの単価に相当する。

　介護報酬は、介護サービスの種類ごとに、サービスの内容や要介護度、サービスの提供時間、事業者やその所在する地域等を考慮して設定される。報酬単価は「単位」で表示され、原則として1単位が10円であるが、人件費が高い都市部や、離島・山間地域では加算される。

　初めての介護報酬は平成12（2000）年3月に設定、4月から実施されたが、その後3年ごとに見直しが行われている。見直しにあたっては、介護事業者・施設の経営実態調査結果、物価や人件費の動向等が参考に

〈図3-6〉サービスと介護報酬の流れ

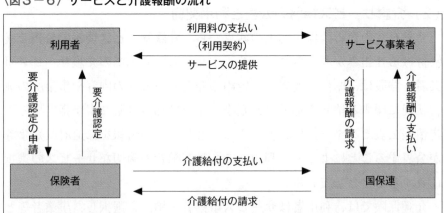

（出典）厚生統計協会 編『図説 統計でわかる介護保険 2009』厚生統計協会、2009年、21頁

されている。

　介護報酬の審査・支払いの実務は、市町村から委託を受けた各都道府県の国民健康保険団体連合会（国保連）が行っている。サービス事業者は、国保連に介護報酬の請求を行う。[33][34]

　サービスと介護報酬の流れについて、**図３−６**に示す。

＊33
本節1（5）参照。

＊34
介護保険制度における役割については、本節1を参照。

9 基盤整備

　国が策定する基本指針に基づき、市町村は**介護保険事業計画**を、都道府県は**介護保険事業支援計画**を策定することが、介護保険法で義務付けられている。これらの計画は、市町村は、都道府県における介護サービス基盤の計画的な整備と第１号被保険者の保険料設定の基礎となるものである。制度当初は５年を１期として策定することとされていたが、平成18（2006）年度からは、保険料の設定期間と整合するように３年を１期として策定することとされている。[35]

　市町村介護保険事業計画には、基本理念や目的、市町村が定める地域（日常生活圏域）、各年度における介護給付等対象サービスの種類ごとの量の見込み（市町村全域及び日常生活圏域ごとの必要利用定員の設定等）、各年度における地域支援事業の量の見込み、自立生活支援や介護予防・悪化防止、給付費の適正化への取り組みと目標設定などに関する事項等を記載する。

　都道府県介護保険事業支援計画には、管轄下の市町村介護保険事業計画をふまえ、基本理念や目的、都道府県が定める圏域（老人福祉圏域）、各年度における介護給付等対象サービスの種類ごとの量の見込み（都道府県全域及び老人福祉圏域ごとの必要利用定員の設定等）、老人福祉圏域を単位とする広域的調整、人材の確保及び資質の向上に資する事業に関する事項、介護サービス情報の公表に関する事項等を記載する。都道府県介護保険事業支援計画に定められた介護保険施設等の必要入所定員総数は、施設整備の上限を示すものであり、定員総数を超える施設の建設は事実上困難である。

　なお、市町村介護保険事業計画は市町村老人福祉計画と、都道府県介護保険事業支援計画は都道府県老人福祉計画と、一体のものとして作成される必要がある。

　平成26（2014）年、「地域における医療及び介護の総合的な確保を推進するための関係法律の整備等に関する法律」（**医療介護総合確保推進**[36]

＊35
平成12（2000）年度から３年間の計画を第１期として、令和3（2021）年度から令和5（2023）年度までの計画は、第8期の計画である。令和6（2024）年度から令和8（2026）年度までは第9期の計画となる。

＊36
本書第4章第5節3参照。

法）が制定された。この法律に基づき、国は、地域において効率的かつ質の高い医療提供体制を構築するとともに、地域包括ケアシステムを構築することを通じ、地域における医療及び介護を総合的に確保するための総合確保方針を策定することとされた。市町村・都道府県は、この総合確保方針に即し、また地域の実情に応じて、医療及び介護の総合的な確保のための事業の実施に関する計画を策定できる。

また、消費税の引き上げによる税収増を財源とする^{*37}**地域医療介護総合確保基金**が設置されることとなった。この基金は都道府県に設けられ、医療分野では、病床の機能分化や連携を推進するための基盤整備、居宅等における医療提供に関する事業、医療従事者の確保に関する事業に、介護分野では、介護施設等の整備に関する事業や介護従事者の確保に関する事業に充てられることになっている。

＊37
地域医療介護総合確保基金の規模は、令和5（2023）年度予算で、1,763億円（国費1,240億円）である。うち、医療分が1,029億円、介護分が734億円。

⑩ 利用者支援

（1）日常生活自立支援事業と成年後見制度

認知症の高齢者は、判断能力が不十分なために自らの判断では介護サービスを選択したり、契約したりすることができず、適切にサービスを受けられない恐れがある。そこで、介護保険制度創設時に、福祉分野と民法上において新しい制度が創設された。

福祉分野の制度は、^{*38}日常生活自立支援事業である。この事業は、都道府県・指定都市社会福祉協議会（社会福祉協議会は以下、社協）が実施主体となり、認知症高齢者等の本人やその家族の申請に基づき、都道府県社協またはその委託を受けた市町村社協等が、利用者本人の意向をふまえて支援計画を作成し、本人またはその代理人と契約を結んだ上で、本人に対して社協等の生活支援員が援助を行うものである。援助の内容は、福祉サービスに関する情報提供・助言、福祉サービスの利用手続きの援助（申込みの代行や契約締結など）、福祉サービス利用料の支払い等の金銭管理、苦情解決の利用援助等である。なお、この事業は介護サービスに限らず、福祉サービス全般を対象とするものである。

＊38
平成11（1999）年に制度が創設されたときは、地域福祉権利擁護事業とよばれた。社会福祉法では、福祉サービス利用援助事業と規定されている。地域福祉権利擁護事業は、平成19（2007）年から日常生活自立支援事業に名称が変更された。本書第4章第6節2（3）❷②参照。

実施主体には、契約締結にあたって専門的な見地から判断能力の有無を評価する契約締結審査会を設置したり、都道府県社協事業の運営状況を客観的に監督する第三者機関である運営適正化委員会を設置したりすることとされている。

民法上の制度とは、成年後見制度である。これは、判断能力が不十分

な成年者（認知症、知的障害、精神障害がある者など）の権利を守る援助者（成年後見人等）を選ぶことで、本人を法律的に支援する制度である。

　家庭裁判所に審判の申立てを行い、家庭裁判所によって、援助者として成年後見人等（成年後見人、保佐人、補助人）が選ばれる。本人の判断能力に応じて、「後見」「保佐」「補助」の３つの類型がある。*39 また、本人が判断能力のあるうちに後見人を定めておく任意後見制度もある。

　平成23（2011）年に老人福祉法が改正され、成年後見制度の活用促進を図る観点から、市町村は、一般市民を「市民後見人」として必要な知識を修得させるための研修の実施、家庭裁判所への推薦等を行うよう努めることとされている。

　成年後見制度と日常生活自立支援事業との関係は、不動産等の財産処分、預金管理、遺産分割、訴訟行為等の重大な法律行為は成年後見制度の守備範囲である。日常生活自立支援事業は、福祉サービスの利用援助等によって日常生活を支障なく送れるように支援する制度と位置付けられている。

（2）苦情処理

　介護保険法では、介護サービスを利用した要介護者等のサービスに関する苦情・相談等については、各都道府県に設置されている**国民健康保険団体連合会（国保連）**が処理することとされている。国保連では、事務局を設置し、業務の中立性・独立性を確保するため、学識経験者の中から苦情処理担当の委員を委嘱して対応する。サービス利用者から苦情の申立てがあったときには、国保連事務局が、サービス事業者の協力のもとに調査を行い、苦情処理担当の委員が調査結果に基づいて改善すべき事項があればそれを提示し、サービス事業者は改善に努めるものとされている。

　国保連以外に、市町村等の機関でも苦情処理に対応できる。

　まず、市町村は保険者でもあるので、介護保険全般に対する住民からの質問、相談、苦情等に対応できる第一次的な窓口である。必要に応じ、国保連や都道府県とも連携しながら、苦情等を処理する。また、介護相談員派遣等事業（介護相談員を事業所等の現場に派遣して、利用者の話を聞いて相談に応じることにより、利用者の疑問や不満の解消を図ることやサービスの質の向上を図る市町村の事業）を実施する。

　都道府県（地域密着型サービスや居宅介護支援事業の場合は市町村）

*39
「後見」とは、判断能力が欠けているのが通常な人、「保佐」とは、判断能力が著しく不十分な人、「補助」とは、判断能力が不十分な人が対象である。

第3章

は、サービス事業者に対する指導監督権限をもっており、指定基準違反の場合には、指定取消処分や改善命令等の行政権限を行使する。

　サービス事業者・施設は、運営基準にあるとおり、苦情受付窓口を設置し、苦情の受付・記録を行うこととされている。また、市町村や国保連等の調査等に協力し、指導・助言を受けた場合には必要な改善を行う必要がある。

（3）不服申立て

　市町村が行う要介護・要支援認定の決定をはじめ、被保険者証の交付等の保険給付に関する処分や、保険料の賦課・徴収等に関する処分に不服がある場合は、都道府県の**介護保険審査会**（以下、審査会）に審査請求[*40]をすることができる。

　審査会は、介護保険法に基づき都道府県に設置される附属機関で、市町村保険者が行った行政処分に対する不服申立ての審査・裁決を行う第三者機関である。審査会の構成は、市町村代表委員（3人）、被保険者代表委員（3人）、公益代表委員（3人以上で、認定に関する処分に対する審査請求を取り扱う合議体を必要数設置できる員数として条例で定める数）の三者である。

　また、要介護認定等の処分に関する審査請求事件の処理の迅速化・正確化を図るため、保健、医療、福祉の学識経験者等を専門調査員として審査会に置くことができる。

　審査請求は、正当な理由がない限り、処分があったことを知った日の翌日から起算して3か月以内に文書または口頭で行うことが原則で、処分を行った市町村がある都道府県の審査会に対して行う。

　審査会は、審査請求を受理したときは、処分を行った市町村や利害関係者に通知するとともに、審査を行うため必要があると認めるときは、審査請求人や関係者から報告や意見を求めたり、出頭を命じて審問したり、医師等に診断その他の調査をさせたりすることができる。

　審査請求の裁決の方法は、行政不服審査法に規定されており、理由を付して書面で行われる。採決の内容は、請求の却下、棄却または認容[*41]（処分の取消し）に分かれる。

　なお、介護保険法では、処分取消の訴え（訴訟）は、その処分について審査会に審査請求を行い、採決を経た後でなければ提起できないという審査請求前置主義をとっている。

---

*40
審査請求とは、処分を行った行政庁（処分庁）とは異なる行政庁に対して行う不服申立てをいう。原則として、処分庁の直近の上級行政庁に対して行う。処分庁に対して行うものは異議申立てという。

*41
「却下」とは、手続き上の不備など形式的理由により訴えを退けること。「棄却」とは、訴えの内容を審査した上でその訴えを退けること。「認容」とは、訴えの内容を認めることで、原処分は取消しとなる。

第3節　介護保険財政の概要

1　介護保険財政の仕組み

　介護保険制度の財源構成は、介護費用から利用者負担を除いた保険給付費部分について、公費で50％、保険料で50％の負担となっている。

　社会保険方式を採用しているにもかかわらず、半分を公費で対応している点は、わが国の介護保険制度の特徴である。[42] その理由は、介護サービスの提供について国や地方自治体に一定の公的責任があること、被保険者の保険料負担を緩和する必要があること、従来の老人福祉制度においても公費負担があったこと、等による。介護保険の費用負担構造について、**図3−7**に示す。

（1）公費負担

　公費負担の50％部分に関する国と地方自治体の負担割合は、①居宅給付費[43] については、国25％（調整交付金５％を含む）、都道府県12.5％、市町村12.5％、②施設給付費については、国20％（**調整交付金**５％を含む）、都道府県17.5％、市町村12.5％、である。

　国が負担する25％（施設等給付費では20％）のうち、20％（施設等給付費では15％）の部分は、各市町村に対して定率で交付される。残り５

*42
制度創設にあたって日本が参考にしたドイツの介護保険制度では、財源は全額保険料負担であり、公費負担は入っていない。

*43
居宅給付費とは、施設等給付費以外の給付費をいう。施設等給付費とは、都道府県知事が指定権限を有する介護老人福祉施設、介護老人保健施設、介護療養型医療施設、介護医療院、特定施設の給付費をいう。

〈図3−7〉介護保険の費用負担構造　令和5（2023）年度予算

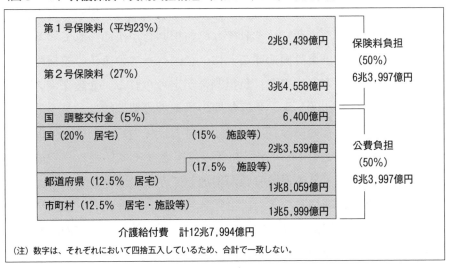

（注）数字は、それぞれにおいて四捨五入しているため、合計で一致しない。

（出典）厚生労働統計協会 編『国民の福祉と介護の動向 2023/2024』2023年、197頁

%の部分は、市町村の努力では対応できない第1号保険料の格差を調整するための調整交付金として交付される。

調整交付金には、普通調整交付金と特別調整交付金がある。

普通調整交付金は、①後期高齢者加入割合（要介護者になる確率が高い75歳以上の被保険者が第1号被保険者総数に占める割合）と、②所得段階別の第1号被保険者の分布状況（所得段階別の加入割合）の違いによる第1号保険料負担の格差を調整するために交付される。平成30（2018）年度からは、①について、年齢区分を3区分（後期高齢者を85歳未満と以上で2分）とすることで格差是正機能が強化された。

特別調整交付金は、災害等の特別な事情がある市町村に対して、保険料の条例による減免や、利用者負担の減免一定部分を対象として交付される。

こうした事情は市町村ごとに異なるので、調整交付金を市町村レベルでみると、5％を超えて交付されるところもあれば、5％以下のところもある。概して、後期高齢者加入割合が低く所得水準が高い市町村への調整交付金の割合は全国平均（5％）よりも低くなり、逆に後期高齢者加入割合が高く所得水準が低い市町村では全国平均より高くなる。

なお、平成30（2018）年度から、保険者機能の強化の観点から、国から市町村及び都道府県に対して、自立支援・重度化防止等に関する取り組みを支援するための保険者機能強化推進交付金が交付されている。

（2）保険料負担

保険料負担の50％部分については、制度全体として見たときには、第1号被保険者と第2号被保険者の1人当たりの平均的な保険料負担額がほぼ同じ水準となるように、それぞれの負担割合が決められている。すなわち、3年間の事業計画期間ごとに、全国ベースの第1号被保険者と第2号被保険者の人口比率で、負担割合が定められる。介護保険スタート時点（平成12〔2000〕年）の3年間の事業計画期間では、第1号保険料（第1号被保険者の保険料）が保険給付費全体の17％、第2号保険料（第2号被保険者の保険料）が同33％の負担となっていた。その後高齢化の進行により第1号被保険者数が増加してきたこと等から、第1号保険料の負担割合は増加してきた。令和3（2021）～令和5（2023）年度の第8期事業計画期間では、第1号保険料は保険給付費全体の23％、第2号保険料は同27％の負担とされた。

（3）地域支援事業の費用負担

　地域支援事業の費用負担については、介護予防・日常生活支援総合事業（総合事業）に必要な費用は居宅給付費と同様の負担割合である。一方、包括的支援事業等のその他の地域支援事業については、第2号被保険者の保険料は充当されず、その分は公費（国が1/2、都道府県及び市町村が各1/4）で負担するので、国38.5％、都道府県及び市町村各19.25％、第1号保険料23％となる。

② 保険料の仕組み

（1）第1号保険料

　第1号被保険者の保険料（第1号保険料）は、所得段階別の定額保険料である。各市町村保険者は、3年間の事業期間ごとに条例で設定する。設定方法は、介護保険事業に要する費用のうち、第1号被保険者の保険料によりまかなうことが必要な額を算定し、第1号被保険者1人当たりの保険料の基準額を算出する。それを基本に、被保険者の所得状況に応じて、基準額の30％の段階（第1段階）から基準額の1.7倍（第9段階）の9段階に区分する（**表3-4**）。

　なお、保険料設定の弾力化の観点から、市町村の判断により、基準額

〈表3-4〉第1号被保険者の保険料（令和3〔2021〕～令和5〔2023〕年度）

段階	保険料率	対象者
第1段階	基準額×0.3	生活保護受給者、世帯全員が市町村民税非課税かつ本人年金収入等80万円以下
第2段階	基準額×0.5	世帯全員が市町村民税非課税かつ本人年金収入等80万円超120万円以下
第3段階	基準額×0.7	世帯全員が市町村民税非課税かつ本人年金収入等120万円超
第4段階	基準額×0.9	本人が市町村民税非課税（世帯に課税者がいる）かつ本人年金収入等80万円以下
第5段階	基準額×1.0	本人が市町村民税非課税（世帯に課税者がいる）かつ本人年金収入等80万円超
第6段階	基準額×1.2	本人が市町村民税課税かつ合計所得金額120万円未満
第7段階	基準額×1.3	本人が市町村民税課税かつ合計所得金額120万円以上210万円未満
第8段階	基準額×1.5	本人が市町村民税課税かつ合計所得金額210万円以上320万円未満
第9段階	基準額×1.7	本人が市町村民税課税かつ合計所得金額320万円以上

（出典）厚生労働省資料をもとに筆者作成

に対する割合の変更や、9段階を超える多段階（10段階以上）への区分などを行うことができる。また、災害等により一時的に負担能力が低下した場合等においては、条例に基づき、保険料を減免できる。

第1号保険料の徴収方法は、年額18万円以上の公的年金の受給者に対しては、年金保険者が年金から天引き（源泉徴収）をして市町村に納付する[*44]。この方法を**特別徴収**という。年金額が18万円未満の被保険者の場合には、市町村が直接徴収する。この方法を**普通徴収**という。

第1号保険料は、介護サービスの利用が多い市町村、すなわち保険給付の水準が高い市町村では高く、その水準が低い市町村では保険料負担額は低くなる。第8期事業計画期間中（令和3～5年度）の第1号保険料の全国平均は、月額6,014円となっている[*45]。最も高いところでは月額9,800円、最も低いところでは月額3,300円となっている。

（2）第2号保険料

第2号被保険者の保険料（第2号保険料）については、各医療保険者が負担する介護納付金の額をまかなうために、医療保険料の算定方法を用いて介護保険料が設定される。平成29（2017）年の法改正によって、介護納付金の総報酬割が導入されたことにより[*46]、被用者保険（全国健康保険協会〔協会けんぽ〕、健保組合、共済組合）の介護納付金は、報酬総額に比例した負担となっている。

各医療保険者は、医療保険料と合わせて介護保険料（第2号保険料）を徴収し、社会保険診療報酬支払基金に納付する。支払基金は、全国の医療保険者から集められた納付金を、各市町村に介護給付費交付金として定率（第8期は保険給付費の27％）で交付する。

各医療保険者は、医療保険料の算定方法に基づいて第2号保険料を計算するので、被用者保険と国民健康保険では算定方法が異なる。被用者保険では、基本的に医療保険料と同様に、一定率の保険料率で賦課されるので、報酬が高い被保険者の保険料額は高くなる。保険料負担額は、医療保険料と同様に労使折半となる。国民健康保険の第2号保険料は、国民健康保険の保険料と同様の賦課方式で算定され、市町村により算定方法には違いがある。また、市町村の国民健康保険が負担する納付金には国庫負担及び都道府県負担があわせて5割入ることになる。

協会けんぽの介護保険料率は、令和5（2023）年3月分より1.82％である。

*44
対象となる年金は、「老齢または退職」を事由とする年金（老齢基礎年金や退職年金等）ばかりでなく、「死亡または障害」を事由とする年金（遺族年金や障害年金）も含まれる。

*45
第1期は2,911円、第2期は3,293円、第3期は4,090円、第4期は4,160円、第5期は4,972円、第6期は5,514円、第7期は5,869円であった。

*46
従来、介護納付金の額は、医療保険者の第2号被保険者数に応じて決められていた。これを負担の公平を図るために、被用者保険の間では報酬額に比例した負担とすることになった。

3 利用者負担

　利用者負担については、基本的には1割負担であるが、一定所得以上の場合は2割または3割負担である。

　制度発足当初は、利用者全員が所得の多寡にかかわらず1割負担であった。利用者の所得に応じた負担ではなく、サービスの利用に応じた応益負担という考え方であった。[*47]

　しかし、平成27（2015）年8月からは、第1号被保険者のうち、一定以上の所得者（原則、本人の合計所得金額160万円以上）[*48]は2割負担となった。さらに、平成30（2018）年8月からは、2割負担者のうち特に所得の高い層（原則、本人の年間合計所得金額220万円以上）[*49]は3割負担となった。

　利用者負担が高額となる場合には、その負担軽減を図る観点から**高額介護（予防）サービス費**の制度がある。これは、利用者負担の1か月間の上限を定めて、負担額が上限額を超える場合にその超える額を払い戻す制度である。低所得者には、より低い上限額が設定されている。

　さらに、介護保険の利用者負担額と医療保険の一部負担金の合計額が、高額となったときに、それらの負担軽減を図る**高額医療合算介護（予防）サービス費**制度が導入されている。

　また、施設サービスの場合には、食費と居住費は保険給付の対象外である。利用者は、施設との契約に基づき、食費と居住費（及び理美容代や教養娯楽費等の日常生活費）の全額を負担するとともに、食費と居住費を除く施設サービスの費用（介護報酬）の1割（または2割・3割）を負担する。

　なお、施設入所者のうち、市町村民税非課税等の低所得者に対しては、所得区分等に応じて食費・居住費の負担限度額が設定されており、負担限度額を超える部分については補足的な給付（特定入所者介護サービス費。一般に補足給付という）が支給されることにより負担軽減が図られている。ただし、低所得者であっても一定額以上の預貯金等を保有している場合は、補足給付の対象外である。[*50]

4 財政安定化のための方策

　介護保険制度の保険者は市町村であるが、人口規模や高齢化率、高齢者の所得状況等において、市町村ごとにさまざまな差異がある。こうし

*47
利用者負担が設定される理由は、主に、サービスを利用する人と利用しない人との間の負担の公平性を図ることや、サービス利用者にコスト意識をもってもらうことにより利用の適正化を図ること、介護保険財政の財源確保の手段という観点からである。

*48
単身で年金収入のみの場合は、280万円以上に相当。同様に3割負担の場合は340万円以上に相当。

*49
*48と同じ。

*50
平成27（2015）年8月からの措置。単身の場合は1,000万円、夫婦の場合は2,000万円を超える場合とされている。令和3（2021）年8月から適用となった1,000万円以下については、第2段階は650万円以下、第3段階①は550万円以下、第3段階②は500万円以下、とされている。

た差異にもかかわらず、各市町村の介護保険財政が安定的に運営されるように各種の方策が講じられている。

　まず、前述した通り、保険給付費の50％程度は公費負担、27％は第2号被保険者の負担による介護給付費交付金でまかなわれている。市町村が独自に保険料を設定する第1号被保険者の保険料部分は23％に過ぎない。第1号被保険者のうち、約9割の者の保険料は、年金保険者が公的年金から天引き（特別徴収）して市町村に納付する仕組みとなっているので、市町村が独自に保険料を徴収する手間は大変小さく、保険料徴収率を高い水準で維持できる。

　さらに、**財政安定化基金**事業と、市町村相互財政安定化事業という財政安定化のための仕組みが設けられている。

　財政安定化基金事業とは、都道府県に財政安定化基金を設置し、市町村が通常の努力を行ってもなお生じる保険料未納や給付費の見込み誤りによる財政不足について、基金から資金の交付・貸付を行う事業である。財政安定化基金の財源は、国、都道府県、市町村が3分の1ずつの割合で負担する。

　市町村相互財政安定化事業とは、複数の市町村が相互に財政安定化を図ることを目的として、複数市町村の保険給付費の総額と収入の総額とが均衡するような共通の調整保険料率を設定し、介護保険財政について相互に調整を行うものである。

第4節 介護保険制度の実施状況と今後の課題

1 介護保険制度の実施状況

　介護保険制度の実施状況を数字で示すと、次のとおりである。

　被保険者数は、第1号被保険者（65歳以上の者）が3,586万人（令和5〔2023〕年4月末現在[*51]）、第2号被保険者（40歳以上65歳未満の者）は4,190万人（令和2〔2020〕年度月平均値）である。被保険者数は人口構成の変化を反映しており、第1号被保険者数は人口の高齢化に伴い増加し、実施時点（平成12〔2000〕年4月末）の2,165万人の66%増である。他方、第2号被保険者は若干減少している。

　要介護認定者数（要支援も含む）は、第1号被保険者が677万人、第2号被保険者が13万人、合計690万人である（令和4〔2022〕年3月末現在[*52]）。実施時点（平成12〔2000〕年4月末）の218万人の約3.2倍に増加している。

　全要介護者数の98%は65歳以上の者であり、わが国の介護保険制度は、実質的に「高齢者介護保険制度」であることを示している。全高齢者の19.0%、つまり、ほぼ5人に1人は要支援・要介護の認定を受けていることになる。年齢が高齢になるほど、要介護認定者の割合は高くなる[*53]。

　要介護度別の認定者数を見ると、令和4（2022）年3月末時点で、要支援1は97万人（全体の14.1%）、要支援2は95万人（同13.8%）、要介護1は143万人（同20.7%）、要介護2は116万人（同16.9%）、要介護3は92万人（同13.3%）、要介護4は87万人（同12.7%）、要介護5は59万人（同8.5%）となっている。

　サービス受給者数は590万人（令和3〔2021〕年度）であり、実施年度（平成12〔2000〕年度）の184万人の約3.2倍に増加している。その内訳は、居宅サービス405万人、施設サービス96万人、地域密着型サービス89万人となっている。

　令和4（2022）年度のサービス種別の利用者数を見ると[*54]、介護給付の居宅サービスでは、福祉用具貸与282万人、通所介護163万人、訪問介護158万人の順となっている。施設サービスでは、介護老人福祉施設74万人、介護老人保健施設55万人の順である。

*51
厚生労働省「介護保険事業状況報告（令和5年4月分）」。

*52
厚生労働省「令和3年度介護保険事業状況報告（年報）」。

*53
75歳以上全体では31.5%、85歳以上全体では57.7%と上昇する（2022年9月末認定者数〔介護保険事業状況報告〕及び2022年10月1日総務省人口推計より）。

*54
厚生労働省「令和4年度介護給付費等実態統計の概況」。

＊55
厚生労働省「介護サービス施設・事業所調査の概況」（平成12年及び令和3年）。

サービス事業者の増加もめざましい。令和3（2021）年と平成12（2000）年（いずれも10月1日現在）を比較すると、訪問介護事業所は、令和3（2021）年では3万5,612か所と、平成12（2000）年の9,833か所[*55]の約3.6倍に、同じく通所介護事業所（地域密着型通所介護を含む）は4万4,006か所と、同8,037か所の約5.5倍に、認知症対応型共同生活介護（認知症グループホーム）は1万4,085か所と、同675か所の約21倍に増加している。

また、開設主体では、株式会社等の営利法人や特定非営利活動法人（NPO法人）の伸びが大きい。例えば、訪問介護事業所は、平成12（2000）年では、設置主体別構成割合は社会福祉法人43.2％、営利法人30.3％の順であったが、令和3（2021）年10月1日現在では、営利法人70.3％、社会福祉法人15.7％の順となっている。営利法人は、通所介護事業所では53.3％、訪問看護ステーションは59.2％、認知症対応型共同生活介護は54.4％と、居宅サービスの第一の提供主体となっている。

介護保険の総費用（保険給付と利用者負担の合計額）は、令和4（2022）年度実績では11.2兆円となっており、施行初年度（平成12〔2000〕年度）の3.6兆円の約3.1倍の増加である。国民医療費（令和2〔2020〕年度で43兆円）に比べれば金額は小さいが、生活保護を含むほかの社会福祉分野の給付に匹敵するくらいの大きさとなっている。

このように介護保険制度は国民生活、とりわけ高齢者介護の世界にすっかり定着している。

2　介護保険制度の改正経緯

介護保険法は、平成12（2000）年4月実施以降、3年〜5年ごとに法改正が行われている。

法改正の手順は、まず、厚生労働省の社会保障審議会介護保険部会において、ほぼ1年間議論を進め、年末に報告書を取りまとめる。その内容をふまえて、厚生労働省老健局において法案作成作業が進められ、翌年の通常国会に改正法案を提出、国会で審議が行われ、同じ年の6月頃国会で可決成立、翌年の4月施行、というパターンが一般的である。

表3−5は、これまでの法改正による介護保険制度の改正の経緯を表している。これまで主に6回の改正が行われてきたが、この表を参考に、各改正のポイントを説明する。

〈表３−５〉これまでの介護保険法改正の概要

平成12（2000）年４月　介護保険法施行
平成17（2005）年改正（平成18〔2006〕年４月等施行） ○介護予防の重視（要支援者への給付を介護予防給付に。介護予防ケアマネジメントは地域包括支援センターが実施。介護予防事業、包括的支援事業などの地域支援事業の実施） ○施設給付の見直し（食費・居住費を保険給付の対象外に。所得の低い方への補足給付）（平成17年10月） ○地域密着サービスの創設、介護サービス情報の公表、負担能力をきめ細かく反映した第１号保険料の設定　など
平成20（2008）年改正（平成21〔2009〕年５月施行） ○介護サービス事業者の法令遵守等の業務管理体制の整備。休止・廃止の事前届出制。休止・廃止時のサービス確保の義務化　など
平成23（2011）年改正（平成24〔2012〕年４月等施行） ○地域包括ケアの推進。24時間対応の定期巡回・随時対応サービスや複合型サービスの創設。介護予防・日常生活支援総合事業の創設。介護療養病床の廃止期限の猶予 ○介護福祉士や一定の教育を受けた介護職員によるたんの吸引等 ○市民後見人の活用や各都道府県の財政安定化基金の取り崩し　など
平成26（2014）年改正（平成27〔2015〕年４月等施行） ○地域包括ケアシステムの構築に向けた地域支援事業の充実（在宅医療・介護連携、認知症施策の推進等） ○全国一律の予防給付（訪問介護・通所介護）を市町村が取り組む地域支援事業に移行し、多様化 ○低所得の第一号被保険者の保険料の軽減割合を拡大 ○一定以上の所得のある利用者の自己負担を引き上げ（１割→２割）　など
平成29（2017）年改正（平成30〔2018〕年４月等施行） ○全市町村が保険者機能を発揮し、自立支援・重度化防止に向けて取り組む仕組みの制度化 ○「日常的な医学管理」、「看取り・ターミナル」等の機能と「生活施設」としての機能を兼ね備えた、介護医療院の創設 ○介護保険と障害福祉制度に新たな共生型サービスを位置づけ ○特に所得の高い層の利用者負担割合の見直し（２割→３割）、介護納付金への総報酬割の導入　など
令和２（2020）年改正（令和３〔2021〕年４月等施行） ○地域の特性に応じた認知症施策や介護サービス提供体制の整備等の推進 ○医療・介護のデータ基盤の整備の推進　など
令和５（2023）年改正（令和６〔2024〕年４月等施行） ○介護情報基盤の整備（市町村の地域支援事業に位置づけ） ○介護サービス事業者の財務状況等の見える化　など

（出典）厚生労働省資料をもとに筆者作成

（1）平成17（2005）年の法改正

　介護保険法制定時の附則において、施行後５年をめどに制度全般の検討を行い、必要な見直し等の措置を行うという旨の規定があった。厚生労働省は、平成15（2003）年６月、高齢者介護研究会による報告書「2015年の高齢者介護」を発表し、この報告書や社会保障審議会介護保険部会の意見等に基づき、改正案が作成された。「介護保険法等の一部を改正する法律案」として国会に提出され、平成17（2005）年６月、国

会で可決成立した。

改正の第1のポイントは、介護予防重視型システムへの転換である。制度実施後、要支援者等の軽度者の増加が顕著であったことから、要支援者や一般高齢者への介護予防を強化することとした。介護予防の推進のために、要支援者へのケアマネジメントや、一般高齢者への介護予防事業等を実施する機関として地域包括支援センターが創設されるとともに、市町村の業務として地域支援事業が創設された。

第2のポイントは、施設給付の見直しである。居宅と施設の利用者負担の公平を図る観点から、介護保険施設等における食費・居住費を保険給付の対象外とし、利用者負担を求めることとされた。その際、低所得者への負担緩和のために、いわゆる補足給付の制度が創設された。

第3のポイントは、新たなサービス体系の確立である。地域の特性に応じた多様で柔軟なサービス提供が可能となるよう、市町村長が指定・監督等を行う地域密着型サービスが創設された。

そのほか、介護サービスの内容や運営状況に関する情報の公表の義務付け、事業者指定の更新制（6年間）の導入等の事業者規制の強化、介護支援専門員の更新制（5年間）や主任介護支援専門員の創設等によるケアマネジメントの適正化等の措置が講じられた。

（2）平成20（2008）年の法改正

＊56
平成19（2007）年当時、在宅介護分野でわが国最大手の企業であった(株)コムスンが、虚偽の指定申請や人員配置基準違反等の不正行為を行ったことから、新規（更新）指定が困難となり、介護事業から撤退を余儀なくされた事件。

いわゆる「コムスン事件」[＊56]等を受けて、介護サービス事業者の不正事案を防止し、介護事業運営の適正化を図る観点化から法改正が行われた。「介護保険法及び老人福祉法の一部を改正する法律案」として国会に提出され、平成20（2008）年5月、国会で可決成立した。

介護事業者に対する規制を強化するものであり、主な内容は、法令遵守等の業務管理体制の整備、廃止または休止の場合における事前届出制への変更、事業廃止時の利用者へのサービス確保対策の義務付け等である。

（3）平成23（2011）年の法改正

平成17（2005）年改正法の附則において3年後の見直し規定があったこと等をふまえたもので、「介護サービスの基盤強化のための介護保険法等の一部を改正する法律案」として国会に提出され、平成23（2011）年6月、国会で可決成立した。

改正法は、高齢者が地域で自立した生活を営めるよう、医療、介護、

予防、住まい、生活支援サービスが切れ目なく提供される「地域包括ケアシステム」の実現に向けた取り組みを進めることをねらいとしている。

　まず、医療と介護の連携強化として、①日常生活圏域ごとに地域ニーズや課題の把握をふまえた介護保険事業計画を策定、②24時間対応の定期巡回・随時対応型訪問介護看護サービスを創設、③複合型サービス（看護小規模多機能型居宅介護）の創設などがある。

　介護人材の確保とサービスの質の向上として、①介護福祉士や一定の教育を受けた介護職員等によるたんの吸引等を可能とすること、②介護事業所における労働法規の遵守などがある。

　これら以外に、市民後見人の活用など高齢者の権利擁護の推進や財政安定化基金の取り崩しによる保険料負担の上昇緩和措置が講じられた。

　この改正と歩調をあわせて、厚生労働省と国土交通省の連携により、高齢者住まい法が改正され、サービス付き高齢者向け住宅の制度が創設された。

（4）平成26（2014）年の法改正

　平成24（2012）年8月の「社会保障・税の一体改革」の関連法により[*57]消費税の引き上げが決まった。あわせて、社会保障制度改革推進法が制定され、社会保障制度改革を行うための必要な事項を審議することを目的として、社会保障制度改革国民会議が設置された。同国民会議の報告書等をふまえ、「持続可能な社会保障制度の確立を図るための改革の推進に関する法律」（いわゆる社会保障改革プログラム法。平成25〔2013〕年12月成立）が制定された。同法による介護保険制度改正の方向性や審議会の意見等をふまえ、改正案が作成された。

　「地域における医療及び介護の総合的な確保を推進するための関係法律の整備等に関する法律案」として国会に提出され、平成26（2014）年6月、国会で可決成立した。

　同法により介護保険法の一部改正が行われた。地域包括ケアシステムの構築と費用負担の公平化を、改正のねらいとした。

　具体的には、主として次の事項である。

　地域包括ケアシステムの構築として、①地域支援事業の拡充（在宅医療・介護の連携推進、認知症施策の推進、地域ケア会議の推進、生活支援サービスの充実等を図る）、②予防給付の見直し（要支援者向けの訪問介護と通所介護を、地域支援事業の中の介護予防・日常生活支援総合事業に移行する）、③特別養護老人ホームの重点化（介護老人福祉施設

*57
平成23（2011）年から平成24（2012）年にかけて民主党政権下で進められたもので、消費税率を5％から10％に段階的に引き上げ、その税収増を、社会保障制度における年金、医療、介護、少子化対策の4分野に充てることにより、社会保障の安定化と機能強化を図ろうとした改革。

〔特別養護老人ホーム〕への新規入所者は、原則として要介護度3以上の者とする）、④医療・介護サービス提供体制の一体的な確保（消費税増収分を活用して、各都道府県に、地域医療介護総合確保基金を設置する）がある。

費用負担の公平化としては、①低所得者の保険料負担軽減の拡充（消費税増収分を活用して、低所得者の保険料負担軽減を拡大）、②一定以上所得者の利用者負担の見直し（一定以上の所得がある者の利用者負担を1割から2割に引き上げる）、③補足給付の見直し（一定額の預貯金がある者については、補足給付の対象外として、食費・居住費の負担を求める）がある。

（5）平成29（2017）年の法改正

平成26（2014）年の法改正に引き続き社会保障改革プログラム法に盛り込まれた事項への対応、経済財政諮問会議における指摘事項への対応、廃止予定の介護療養型医療施設に代わる施設として介護医療院の制度を創設すること等を背景に行われた。「地域包括ケアシステムの強化のための介護保険法等の一部を改正する法律案」として国会に提出され、平成29（2017）年5月国会で可決成立した。

改正のねらいは、「地域包括ケアシステムの深化・推進」と、「介護保険制度の持続可能性を高めること」、に大別される。

地域包括ケアシステムの深化・推進としては、①自立支援・重度化防止に向けた保険者機能の強化等の取り組みの推進（市町村介護保険事業計画に高齢者の自立支援や要介護状態の重度化防止等に向けた取り組み内容や目標を記載すること、保険者機能を強化するための仕組みを創設することなど）、②介護医療院の創設（日常的な医学的管理や看取り、ターミナルケア等の機能と、生活施設としての機能を兼ね備えた新たな介護保険施設として介護医療院を創設）、③地域共生社会の実現に向けた取り組みの推進（高齢者と障害児・者が同一の事業所でサービスを受けやすくするための共生型サービスを創設）がある。

介護保険制度の持続可能性を高めることとしては、①3割負担の導入（利用者2割負担の者のうち、特に所得の高い層の負担割合を3割とすること）、②介護納付金への総報酬割の導入（各医療保険者が納付する介護納付金〔40歳〜64歳の保険料〕について、被用者保険間では総報酬割〔ボーナスも含めた総報酬額に比例した〕負担とすること）がある。

（6）令和2（2020）年の法改正

　「地域共生社会の実現のための社会福祉法等の一部を改正する法律案」として国会に提出され、令和2（2020）年6月の国会で可決・成立した。

　同法は、地域共生社会の実現を図るため、地域住民の複雑化・複合化した支援ニーズに対応する市町村の包括的な支援体制の整備を行うこととし、社会福祉法や介護保険法等を改正したものである。

　介護保険法の改正では、地域の特性に応じた認知症施策や介護サービス提供体制の整備を推進することとし、市町村の介護保険事業計画の記載事項として、認知症施策の総合的な推進、介護人材の確保と資質の向上、業務効率化の取り組み等の事項が追加された。また、医療・介護のデータ基盤の整備の推進等を図ることとされた。

（7）令和5（2023）年の法改正

　「全世代対応型の持続可能な社会保障制度を構築するための健康保険法等の一部を改正する法律案」として国会に提出され、令和5（2023）年5月12日に成立し、同年5月19日に公布された。

　介護保険法の改正では、①「介護情報基盤の整備」として、市町村が行う地域支援事業に、被保険者、介護サービス事業者その他の関係者が被保険者に関する情報を共有し、活用することを促進する事業を追加する、②「介護サービス事業者の財務状況等の見える化」として、都道府県知事は、介護サービス事業者から経営情報の提供を受け、それらの調査・分析を行いその内容を公表するよう努める、③「地域包括支援センターの体制整備等」として、介護予防支援について居宅介護支援事業所も実施可能とする、などの方策が講じられた。施行は一部を除き、令和6（2024）年4月である。

3 介護保険制度の今後の課題

　平成12（2000）年4月の施行以来、介護保険制度は国民生活、特に高齢者の生活に不可欠なものとなっている。今後も介護保険制度が円滑に運営されていく必要があるが、課題も抱えている。ここでは、今後の主な課題について説明する。

（1）介護保険制度の持続可能性の問題

　高齢化の進行により要介護者数が増加し、介護サービス利用者が増加

すると、介護費用が増大する。それに伴い、国や地方自治体の財政負担が増加し、保険料負担も上昇していく。

図3－8は、介護保険制度の実施以降の介護費用（保険給付費に自己負担を含む）の推移を示したものである。

介護費用（自己負担を含む）は、平成12（2000）年度では3.6兆円であったが、令和4（2022）年度では11.2兆円と、約3.1倍に増加した。これに伴い、高齢者（第1号被保険者）の保険料は、全国平均月額2,911円（2000～2002年度）から6,014円（2021～2023年度）と、約2.1倍、月額約3,000円増加した。夫婦2人であれば、介護保険料が毎月約12,000円となる。高齢者には、後期高齢者医療制度の保険料負担もある。年金の給付水準はほぼ横ばいで推移しており、高齢者の介護・医療保険料の負担が徐々に重くなってきていることがうかがえる。

さらに、今後も高齢者人口の増加に伴い、要介護認定者や介護サービス利用者の増大が予想され、介護費用は増大していく。こうした介護費用を誰がどのように負担するのかということが、常に大きな課題となる。

介護保険法の改正経緯の節で説明したとおり、給付と負担の公平化や制度の持続可能性の確保の観点から、食費・居住費の自己負担化、介護予防の推進、利用者負担において2割・3割負担の導入等の措置が講じられてきた。2023年時点では、2割負担の適用対象者の拡大などが検討されている。一方、これ以上利用者負担割合を引き上げたりすることや、利用できるサービスを制限したりすることについては、反対する人も多いであろう。介護予防の推進により要介護者の増加を抑制することや、

〈図3－8〉介護費用の推移

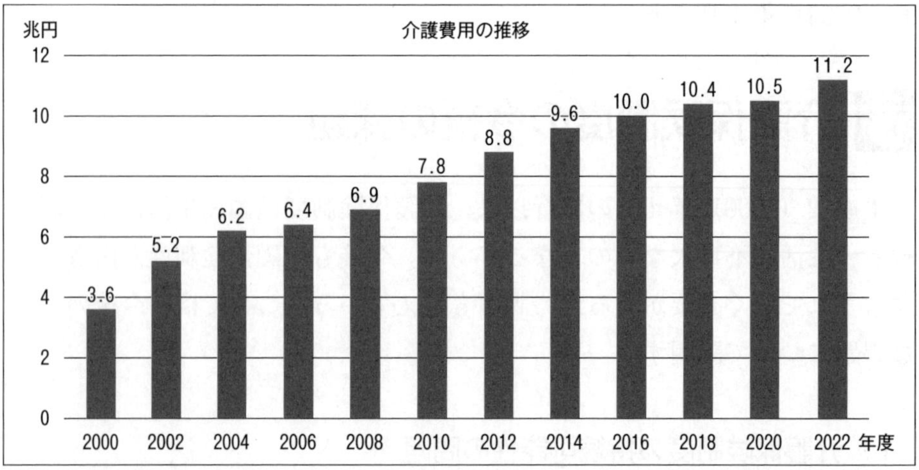

（出典）厚生労働省「介護保険制度の概要」（令和3年）、2022年度は、厚生労働省「令和4年度 介護給付費等実態統計」

適切なケアマネジメントや介護事業者に対する指導監督等により保険給付費の無駄を省くこと、といった対策はもちろんであるが、保険料負担の増加や、国や地方自治体等の公費負担の拡大という方策も避けて通れない。

（2）被保険者・受給者の範囲の拡大

　介護保険制度の持続可能性の確保を図るためには、制度の支え手（保険料負担者）を増やすことが、根本的な解決策である。介護保険制度の支え手である被保険者は40歳以上となっているが、制度検討時では20歳以上とする案もあった。

　被保険者・受給者の範囲の見直しは、「施行後5年をめどとした見直し」であった平成17（2005）年の法改正の検討過程で、最も大きな課題の一つであった。すなわち、被保険者の範囲を「40歳以上」から引き下げるべきか、保険給付の受給者について第2号被保険者への保険給付を拡大するか（具体的には、特定疾病の制約を外すなど）、という論点であった。仮に、被保険者や受給者の範囲を拡大すれば、保険財政の支え手が拡大することになり、被保険者1人当たりの保険料負担は軽減される。また、現行では障害者福祉で対応している、いわゆる「若年障害者」の介護サービスについても、介護保険の対象となる。

　これについては賛否両論が拮抗し、結局、平成17（2005）年の法改正では今後の検討課題とされた。その後の法改正時の審議会でも、議論のテーマになる場合があるが、結論は出ず、引き続き検討とされている。被保険者の範囲の拡大による介護保険制度の普遍化を支持する声がある一方で、若い世代に対して介護保険料負担を課すことの是非や、障害者福祉分野のサービス水準の低下、利用者負担の増加等の懸念から障害者団体からの反対論も強い。

　障害者福祉分野では、平成18（2006）年には障害者自立支援法が施行され、さらに、同法を改めた障害者総合支援法が平成24（2012）年から施行されている。このように、障害者福祉分野では、介護保険制度とは異なる制度が運用されていることから、介護保険における範囲の拡大は当面むずかしいという状況にある。

（3）介護職員の確保問題

　介護保険制度の実施により、介護分野で働く労働者が増加している。厚生労働省の調査では、平成12（2000）年には約55万人であった介護職

員数は、令和元（2019）年では約211万人と、この19年間で約3.8倍に増加している。さらに、高齢化の進行に伴う要介護高齢者の増加から、介護職員の増員が必要となっている。[*58]

しかし、近年、賃金や労働環境等の処遇面の問題から、離職率が高いことや介護人材の確保難等の問題が表面化した。

このため政府は、平成21（2009）年度から、介護職員の処遇改善のための交付金を事業者に支給したり、介護報酬を引き上げたりすることで、給与引き上げや、職員の職務経験・能力を段階的に評価するキャリアパス[*59]の仕組みの導入などの処遇改善策を講じている。このほか、介護福祉士をめざす学生への修学資金貸付、介護に関する入門的研修の実施、介護ロボットやICT活用による労働環境の改善、介護職の魅力拡大のためのイベントの開催など、総合的な介護人材確保対策が進められている。

質の高い介護サービスが提供されていくためには、介護事業者の経営の安定や介護職員に対する適切な処遇が基本であるので、今後とも、介護報酬の適切な見直しや介護職の社会的評価の向上等に努めていく必要がある。

また、外国人の介護職員の確保については、次の4つの取り組みが行われている。1つめは、経済連携協定（EPA）により、平成20（2008）年度から、インドネシア、続いてフィリピン、ベトナムより、外国人介護福祉士候補者の受け入れが行われている。国内の介護施設で就労・研修を行い、介護福祉士国家試験に合格すれば国内で継続的に仕事をすることができる。2つめは、「外国人の技能実習の適正な実施及び技能実習生の保護に関する法律」による、介護現場における技能実習生の受入れである。技能実習生は、最長5年間、日本で介護業務に従事できる。3つめは、「出入国管理及び難民認定法」（出入国管理法）により在留資格として「介護」が新設されたことから、外国人が介護福祉士養成施設を卒業して介護福祉士の資格を取得すれば、日本で期間の制限なく介護[*60]業務に従事することができる。4つめは、出入国管理法の改正により、平成31（2019）年4月から施行されているもので、「特定技能1号」として日本で介護業務に従事できる。

これらの措置により、介護現場で外国人介護職員が増加することが予想される。

（4）地域包括ケアシステムの構築

地域包括ケアシステムとは、「地域の実情に応じて高齢者が、可能な

*58
厚生労働省によれば、第8期介護保険事業計画の介護サービス見込み量等に基づくと、令和7（2025）年度末には介護人材が約243万人必要とされる。

*59
キャリアパス（career path）とは、「長期的な職務の道や展望のこと」であり、介護保険制度では、介護職員の確保・定着を図るために、介護職員の能力・資格・経験等を評価する人事制度や給与体系、研修体制をさす用語として用いられている。

*60
本双書第1巻第1部第3章第2節1（2）参照。

限り、住み慣れた地域でその有する能力に応じ自立した日常生活を営むことができるよう、医療、介護、介護予防、住まい及び自立した日常生活の支援が包括的に確保される体制」のことである。[*61] 地域包括ケアシステムの実現のためには、高齢者の日常生活圏域（30分程度で駆け付けられる圏域。中学校区を想定）において、医療、介護、介護予防、住まい、見守り・配食などの生活支援という5つの視点での取り組みが包括的（利用者のニーズに応じた、適切な組合せによるサービス提供）、継続的（入院、退院、在宅復帰を通じて切れ目のないサービス提供）に行われることが必要である。

　介護保険法の改正経緯でみたとおり、平成23（2011）年の法改正以降、地域包括ケアシステムの構築のための取り組みの推進が、改正の主な趣旨に位置付けられている。第1次ベビーブーム世代（いわゆる「団塊の世代」）が後期高齢者となる令和7（2025）年を見据えて取り組むこととされている。

　地域包括ケアシステムの実現のためには、市町村が策定する介護保険事業計画において地域の実情に応じたサービス提供の整備目標・過程を明確にすること、地域包括支援センター事業の充実、介護予防・日常生活支援総合事業等の地域支援事業の着実な実施などが不可欠である。

（5）地域共生社会と重層的支援体制整備事業

　地域共生社会[*62]とは、厚生労働省によれば、制度や分野ごとの「縦割り」や「支え手」「受け手」という関係を超えて、地域住民や地域の多様な主体が参画し、人と人、人と資源が世代や分野を超えてつながることで、住民一人ひとりの暮らしと生きがい、地域を共に創っていく社会である。

　地域共生社会の実現が提唱されるようになった背景には、少子高齢化や人口減少の進行、地域社会の脆弱化などの社会構造の変化の中で、従来の社会福祉の縦割りの制度では対応困難な複雑化・複合化した課題が出現しているため、地域社会全体で対応していく必要が生じてきたことがある。

　令和2（2020）年6月に「地域共生社会実現のための社会福祉法等の一部を改正する法律」が成立した。これにより社会福祉法が改正され、新たに重層的支援体制整備事業（以下「重層事業」という）が創設された。重層事業とは、地域生活課題の解決に資する包括的な支援体制を整備するために、社会福祉法、介護保険法、障害者総合支援法、子ども・

*61
法律上の規定としては、「持続可能な社会保障制度の確立を図るための改革の推進に関する法律」（平成25年法律112号）第4条第4項の規定等を参照。

*62
本書第4章第1節参照。

第3章

子育て支援法、生活困窮者自立支援法に基づく相談等の関連事業を一体のものとして実施する事業である。具体的な事業としては、対象者の属性や世代を問わない包括的な「相談支援」、既存の取り組みを活用した「参加支援」、世代や属性を超えて交流できる場の確保などの「地域づくりに向けた支援」がある。

　今後、市町村では、地域共生社会の実現に向けて、重層事業を始めとした包括的な支援体制の構築に取り組んでいく必要がある。

（6）介護休業など介護者支援

　総務省の「令和3年社会生活基本調査」によれば、日本人のおおよそ20人に1人は要介護等の家族に対する介護者である。介護者の介護負担が、介護離職や介護虐待を招いたり、要介護高齢者の施設介護への需要を増大させたりする。

　家族に対する介護と自分の仕事との両立を図る「仕事と介護の両立」は、要介護者の適切な介護の提供のみならず、介護者である労働者の生活の安定のためにも重要である。「育児休業、介護休業等育児又は家族介護を行う労働者の福祉に関する法律」（以下「育児・介護休業法」という）は、家族を介護する労働者に対して、介護休業[*63]（対象家族1人につき通算93日まで）と介護休暇[*64]（対象家族1人につき1年に5日まで）の制度などが設けられている。近年、介護休業や介護休暇を取得しやすくするために、対象労働者の拡大や、介護休暇を3回まで分割取得可能にする、介護休業給付金を休業開始前賃金の67％給付に引き上げる、介護休暇を時間単位での取得を可能にするなどの措置が講じられている。

　地方自治体では、いわゆるヤングケアラーも含めたケアラー（介護者）支援条例の制定の動きがみられる。国レベルにおいても、介護者を総合的に支援していく制度的な取り組みが期待される。

（7）介護現場革新と科学的介護の推進

　生産年齢人口が減少していく一方、介護ニーズが増大していく中で、介護人材の確保は喫緊の課題であり、その対策の一つとして、介護職員の負担軽減策がある。その一つは、介護ロボットの活用であり、厚生労働省では経済産業省と連携して、介護ロボットの開発・実用化や普及の促進に取り組んでいる。

　また、介護事業所・施設における負担軽減等のために、ICT化の普及促進も重要である。現在、地域医療総合確保基金の枠組みを活用して、

*63
介護休業は対象家族1人につき通算で93日まで、介護休暇は1年で5日間取得できる（本書第5章第4節2（2）❶参照）。

*64
*63と同じ。

介護事業所等が介護ソフトやタブレットを導入する際の費用の一部を補助する事業が行われている。

　さらに、介護サービスの質の向上のために、介護データを収集・分析して科学的裏付けに基づく介護（科学的介護）の推進が推奨されている。そこで、厚生労働省では、介護施設・事業所から、個々の入所者・利用者の介護内容などのデータを収集し、その分析結果を介護施設・事業所にフィードバックして活用する情報システム（LIFE：科学的介護情報システム）[65]の構築に取り組んでいる。令和3（2021）年の介護報酬改定においては、LIFEへのデータ入力および活用に着目した科学的介護推進体制加算が創設された。科学的介護の取り組みは始まったばかりであるが、LIFEにより収集・蓄積したデータ分析を参考に、個々の入所者・利用者に対する介護内容の点検・改善等が図られることが期待される。

*65
本書第4章第7節2
（2）参照。

第3章

📖 **BOOK 学びの参考図書**

● 増田雅暢 編著『世界の介護保障 第2版』法律文化社、2014年。
　　イギリス、フランス、ドイツ、スウェーデン、アメリカ、中国、韓国、台湾など10か国の高齢化の状況や介護保障システムを解説。日本、ドイツ、韓国3か国の介護保険制度も比較・考察している。

● 増田雅暢『介護保険の検証』法律文化社、2016年。
　　介護保険の政策過程や実施後の状況、法改正の経緯、今後の論点について、制度創設の経験をふまえて解説しており、日本の介護保険制度をより深く理解することができる。

● 増田雅暢『介護保険はどのようにしてつくられたか－介護保険の政策過程と家族介護者支援の提案』TAC出版、2022年。
　　介護保険制度の成立過程を詳細に分析・解説するとともに、家族介護者支援の必要性と方策を提案している。

参考文献
● 増田雅暢『逐条解説　介護保険法（改訂版）』法研、2016年
● 厚生労働統計協会編『国民の福祉と介護の動向2023/2024』厚生労働統計協会、2023年
● 『介護保険制度の解説（令和3年度版）』社会保険研究所、2021年
● 厚生労働省『厚生労働白書』ほか各種統計資料

第 4 章
地域共生社会と地域包括ケアの推進

学習のねらい

　高齢者が住み慣れた地域で安心して暮らし続けられるように、住まい、医療、介護、予防、生活支援サービスが切れ目なく提供される「地域包括ケアシステム」の構築が推進されている。地域共生社会の実現は、地域包括ケアシステム強化のための土台である。「制度」による公助、支え合いなどによる多様な共助、そして自助がどのようになされれば、高齢となっても安心して暮らし続けられるのか。地域福祉やコミュニティケアという観点から、高齢者とその家族等への支援をとらえていくことが大切である。

　本章では、地域共生社会と地域包括ケアシステムの関連性を理解した上で、地域共生社会における高齢者福祉の推進に欠かせない、多職種連携、ケアマネジメント、地域包括支援センター、保健・医療・福祉の連携、地域における認知症ケア、テクノロジーを活用した支援について学ぶ。

第1節　地域共生社会と地域包括ケア

1 地域共生社会づくりと地域包括ケアシステムの関係

　地域共生社会づくりの中で地域包括ケアシステムをどのように位置付けるかは、平成29（2017）年国会提出「地域包括ケアシステムの強化のための介護保険法等の一部を改正する法案」の審議の中でも質問が出され、地域共生社会づくりが上位概念であり、**地域包括ケアシステム**は、その推進の重要な柱であるとの位置付けが確認された。地域共生社会の領域は福祉や保健医療にとどまらず、広い対人支援やまちづくり、住宅、地域自治、環境保全などにも及ぶと考えられている。

　「地域共生社会推進検討会最終とりまとめ」[*1]（以下、検討会最終とりまとめ）では、地域共生社会という理念が広がりをもつことをふまえ、どの分野の問題提起をしているのかを明確にしつつ議論を進める必要があると指摘している。ここでは、地域共生社会と福祉、特に地域福祉と地域包括ケアシステムに焦点を当てることとする。

2 地域包括ケアシステムの新段階

（1）2025年をめざす地域包括ケアシステム

　地域包括ケアシステムは、住まい、医療、介護、介護予防、生活支援の5つが包括的に確保される体制であり（**図4-1**）、保険者である自治体が地域の特性に応じてつくりあげる。その際、生活の基盤となる、住まい、介護予防、生活支援が重要であり、それらが地域包括ケアシステムの基盤と位置付けられている。これらの基盤の充実の上に、医療・看護、介護・リハビリテーション、保健・福祉などの専門的サービスが効果を上げるのである。地域包括ケアシステム推進のためには、特に都市部では、ボランティアや地域住民による支え合いを内容とする互助の強化に意識的に取り組む必要があるとされている。

　地域包括ケアシステム推進への取り組みが、それまでの取り組みと一線を画して本格化したのは平成26（2014）年の介護保険法改正からであ

*1
厚生労働省「地域共生社会に向けた包括的支援と多様な参加・協働の推進に関する検討会最終とりまとめ」令和元（2019）年12月26日。

〈図4－1〉地域包括ケアシステムの姿

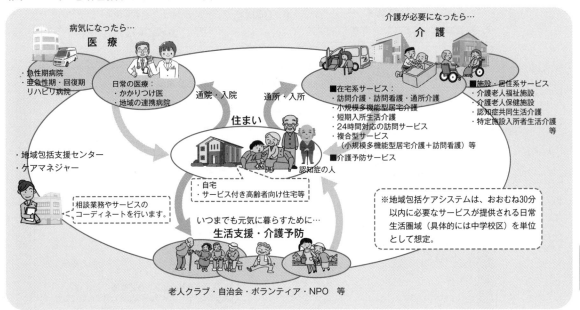

（出典）厚生労働省資料

る。介護保険制度は3年ごとに介護保険事業計画を見直し、積み上げていたが、団塊の世代が75歳以上となる令和7（2025）年を見据えると、3年ごとに積み上げる従来の方法では地域包括ケアシステムの構築などの体制整備の目標に到達しないのではないか、との危機感が広がっていった。そこで、令和7（2025）年度までに各自治体がつくり出す、それぞれの地域包括ケアシステムの目標を明確にし、その目標の実現を図るために3年ごとの計画を策定することに変更したのである。

　合わせて、団塊の世代が75歳以上となる令和7（2025）年には介護保険料が5,000円程度から8,000円程度に上昇することが見込まれ、負担が可能なのかという点が大きな課題となった。これに対応し介護保険制度の持続可能性を確保するために、地域包括ケアシステムの構築と重点化、効率化を図ることが不可欠とされた。

（2）新しい地域支援事業

　平成26（2014）年の介護保険法改正で「新しい地域支援事業」が実施された。その全体像（**図4－2**）は、新たな**介護予防・日常生活支援総合事業**（以下、新しい総合事業）の創設と**包括的支援事業**の充実が主要な内容である。介護給付に変化はなく、介護予防給付では訪問介護と通所介護を新しい総合事業に移行させた。新しい総合事業は、介護予防・

〈図4-2〉新しい地域支援事業の全体像

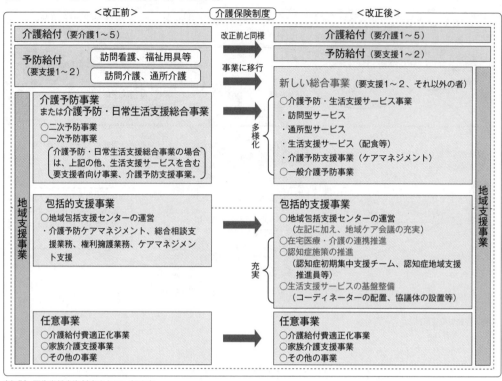

（出典）厚生労働省資料をもとに一部改変

生活支援サービス事業として訪問型サービス、通所型サービス、配食などの生活支援サービス、介護予防支援事業（ケアマネジメント）と、さらに一般介護予防事業を内容としたものになっている。

　包括的支援事業においては、地域包括支援センターの運営で地域ケア会議の充実を図るとし、在宅医療・介護の充実も図るとしている。注目されるのは、「**生活支援コーディネーター**（地域支え合い推進員）」の配置と、このコーディネーターの活動を組織的に補完し取り組みの推進を図るための協議体を設置し、生活支援サービスの基盤整備を図るなど、内容の充実を図っていることである。

　新しい地域支援事業の特徴は、自治体の役割が極めて大きくなったことである。予防給付を見直し、訪問介護と通所介護を、自治体が地域の実情に応じた地域支援事業に移す。その財源構成は介護保険給付と同じであるが、単価設定も自治体が行うことになった（**表4-1**）。

（3）住民参加、高齢者自身も担い手に

　新しい地域支援事業の特徴としてさらに、既存の介護事業者によるサ

*2
高齢者の生活支援・介護予防の基盤整備を推進していくことを目的とし、地域において資源開発、関係者のネットワーク化、地域の支援ニーズとサービス供給主体のマッチング等の業務を実施する役割を果たす。市区町村段階を第1層、日常生活圏域（中学校区等）を第2層として、それぞれに配置されている。

〈表4−1〉介護予防・生活支援サービス事業のサービス類型（典型的な例）

○要支援者等の多様な生活支援のニーズに対して、総合事業で多様なサービスを提供していくため、市町村は、サービスを類型化し、それに併せた基準や単価等を定めることが必要。

①訪問型サービス　　　　　　　　　　　　　　　　　　※市町村はこの例を踏まえて、地域の実情に応じた、サービス内容を検討する。

○訪問型サービスは、従前の訪問介護に相当するものと、それ以外の多様なサービスからなる。
○多様なサービスについては、雇用労働者が行う緩和した基準によるサービスと、住民主体による支援、保健・医療の専門職が短期集中で行うサービス、移動支援を想定。

基準	従前の訪問介護相当	多様なサービス			
サービス種別	①訪問介護	②訪問型サービスA（緩和した基準によるサービス）	③訪問型サービスB（住民主体による支援）	④訪問型サービスC（短期集中予防サービス）	⑤訪問型サービスD（移動支援）
サービス内容	訪問介護員による身体介護、生活援助	生活援助等	住民主体の自主活動として行う生活援助等	保健師等による居宅での相談指導等	移送前後の生活支援
対象者とサービス提供の考え方	○既にサービスを利用しているケースで、サービスの利用の継続が必要なケース○以下のような訪問介護員によるサービスが必要なケース（例）・認知機能の低下により日常生活に支障がある症状・行動を伴う者・退院直後で状態が変化しやすく、専門的サービスが特に必要な者　等※状態等を踏まえながら、多様なサービスの利用を促進していくことが重要。	○状態等を踏まえながら、住民主体による支援等「多様なサービス」の利用を促進		・体力の改善に向けた支援が必要なケース・ADL・IADLの改善に向けた支援が必要なケース※3〜6か月の短期間で行う	訪問型サービスBに準じる
実施方法	事業者指定	事業者指定／委託	補助（助成）	直接実施／委託	
基準	予防給付の基準を基本	人員等を緩和した基準	個人情報の保護等の最低限の基準	内容に応じた独自の基準	
サービス提供者（例）	訪問介護員（訪問介護事業者）	主に雇用労働者	ボランティア主体	保健・医療の専門職（市町村）	

②通所型サービス　　　　　　　　　　　　　　　　　　※市町村はこの例を踏まえて、地域の実情に応じた、サービス内容を検討する。

○通所型サービスは、従前の通所介護に相当するものと、それ以外の多様なサービスからなる。
○多様なサービスについては、雇用労働者が行う緩和した基準によるサービスと、住民主体による支援、保健・医療の専門職により短期集中で行うサービスを想定。

基準	従前の通所介護相当	多様なサービス		
サービス種別	①通所介護	②通所型サービスA（緩和した基準によるサービス）	③通所型サービスB（住民主体による支援）	④通所型サービスC（短期集中予防サービス）
サービス内容	通所介護と同様のサービス生活機能の向上のための機能訓練	ミニデイサービス運動・レクリエーション　等	体操、運動等の活動など、自主的な通いの場	生活機能を改善するための運動器の機能向上や栄養改善等のプログラム
対象者とサービス提供の考え方	○既にサービスを利用しており、サービスの利用の継続が必要なケース○「多様なサービス」の利用が難しいケース○集中的に生活機能の向上のトレーニングを行うことで改善・維持が見込まれるケース※状態等を踏まえながら、多様なサービスの利用を促進していくことが重要。	○状態等を踏まえながら、住民主体による支援等「多様なサービス」の利用を促進		・ADLやIADLの改善に向けた支援が必要なケース　等※3〜6か月の短期間で実施
実施方法	事業者指定	事業者指定／委託	補助（助成）	直接実施／委託
基準	予防給付の基準を基本	人員等を緩和した基準	個人情報の保護等の最低限の基準	内容に応じた独自の基準
サービス提供者（例）	通所介護事業者の従事者	主に雇用労働者＋ボランティア	ボランティア主体	保健・医療の専門職（市町村）

③その他の生活支援サービス

○その他の生活支援サービスは、①栄養改善を目的とした配食、②住民ボランティア等が行う見守り、③訪問型サービス、通所型サービスに準じる自立支援に資する生活支援（訪問型サービス・通所型サービスの一体的提供等）からなる。

（出典）厚生労働省資料

第4章

ービスに加え、NPO、民間企業、ボランティア等、地域の多様な主体を活用することとするとともに、高齢者自身も担い手側に回ってもらうことも進めるとした点（新しい地域づくりの推進）があげられる（**図4－3**）。

　高齢者自身も担い手側にという考え方は、短い期間のプログラムに参加する介護予防だけではなく、高齢者が社会参加し、社会的役割を果たすことこそが自身の生きがいや介護予防につながり、安心した地域生活を可能にするというものである。高齢者自身の社会参加や社会的役割を果たすことが介護予防につながるとする考えは、介護予防の考え方を大きく転換したといえる。改正後は、期間や対象が限定されず、日常生活の中で行うことができ、社会的役割を果たす喜びや生きがいをもたらし、地域とのつながりを維持したり回復させたり、新たにつくり出すことを可能にする。高齢者自身が高齢社会の担い手であると位置付け、それを支援、推進することになる。

　また、新しい総合事業を構成する各事業においても、介護予防・生活支援サービス事業の訪問型サービスのサービスBと、通所型サービスのサービスB、その他の生活支援サービス、及び一般介護予防事業の地域

〈図4－3〉**市町村による新しい地域づくりの推進（生活支援・介護予防の充実）**

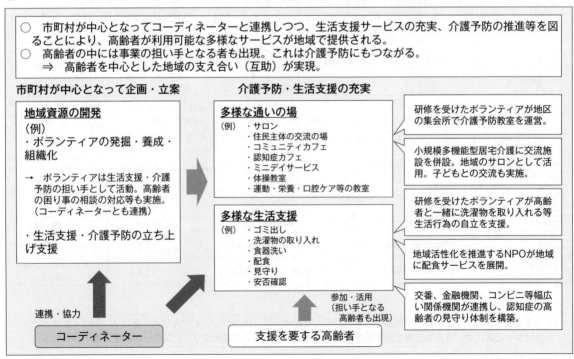

（出典）厚生労働省資料

介護予防事業は、住民、中でも高齢者の参加が期待される事業とされている（**表 4 - 1**）。具体的な活動内容として想定されているのは、地域サロンの開催、見守り、安否確認、外出支援、買い物、調理、掃除などの家事援助、介護者支援などである。

（4）生活支援コーディネーター（地域支え合い推進員）の配置

　想定されている前記のようなサービスや活動であれば、多くの高齢者の参加を望むことが可能であろう。しかし、NPO、民間企業、ボランティア等の地域の多様な主体を活用し、高齢者自身も担い手側に回ってもらうことは、実際には容易なことではない。この推進を図るために、生活支援コーディネーター（地域支え合い推進員）の配置を行うこととされた。従来にはなかった画期的施策といえる。

　生活支援コーディネーターの配置とともに、市町村自治体の役割として**協議体**の設置を求めている。それにより、日常生活ニーズ調査や地域ケア会議も活用し、地域の高齢者支援のニーズと社会資源の状況を把握した上で、地縁組織等多様な主体への協力のはたらきかけ、めざす地域の姿・方針の決定、共有、意識の統一を行うとしている。

❶生活支援コーディネーターの役割

　生活支援・介護予防の基盤整備における生活支援コーディネーターは、多様な主体による多様な取り組みのコーディネート機能を担い、一体的活動を推進する。コーディネート機能としては、①資源開発、②ネットワーク機能、③ニーズと取り組みのマッチング機能とし、当面は資源開発、ネットワーク機能、の機能を中心に充実させるとしている。

　①資源開発は、地域に不足するサービスの創出、サービスの担い手の養成、元気な高齢者などが担い手として活動する場の確保などである。②ネットワーク機能は、関係者間の情報共有、サービス提供主体間の連携体制づくりである。③ニーズと取り組みのマッチング機能は、地域のニーズとサービス提供主体の活動をマッチングする機能である。

　生活支援コーディネーターの役割は、地域支え合い推進員という名称からもわかるように、主な機能・役割は直接的な個別支援ではなく、支え合いの地域づくりにあると考えられる。

　なお、生活支援コーディネーターの配置については、市区町村区域を第 1 層、中学校区域等を第 2 層とし、それぞれに配置するとしている。

第4章

❷協議体の役割

多様な関係主体間の定期的な情報共有及び連携・協働により、サービスや資源開発等の取り組みを推進する中核的な役割が求められるが、生活支援コーディネーターだけでは取り組みに限界があり、これを組織的に補完し、大きな推進力をつくることが協議体の役割である。具体的には、地域ニーズの把握、企画・立案、方針策定を行う、地域づくりの意思の統一を図る、情報交換などである。自治体が中心となり、社会福祉協議会、地域包括支援センター、民生委員児童委員協議会、介護事業者、NPO、経済・商工団体、ボランティア団体、自治会などの参加で行われている。

（5）地域包括ケアシステムを地域共生社会づくりの重要な柱へ

前記のように、地域包括ケアシステムは、団塊の世代が75歳以上となる令和7（2025）年を見据え、平成26（2014）年の介護保険法改正で本格化し、新しい地域支援事業を打ち出した。そこでは、多様な事業主体（活動主体）の協働、住民参加（特に高齢者自身の参加）、自治体の役割の強化、そして生活支援コーディネーターを市区町村区域（第1層）と中学校区域等（第2層）にそれぞれ配置することにより、支え合いの地域づくりを進めるとした。このような変化は、地域包括ケアシステムが地域共生社会づくりの重要な柱としての役割を強化しつつあると見ることができる。

❸ 地域共生社会の実現に向けて
－包括的支援と多様な参加・協働

（1）地域共生社会が必要とされる背景

少子高齢化の本格化の中で、人口減の進展が顕著になってきた。家族の規模の縮小が進み、単身世帯が最も多くなったが、令和22（2040）年には4割にも達すると予想されている。高齢者単身世帯、ひとり親世帯も今後とも増加が予想されている[*3]。家族で助け合うことができない状況が広がっているのである。こうした家族機能の縮小とともに、近隣関係である地縁、会社での関係である社縁などの共同体機能が急速に脆弱化している。一方で、人口減は、商店、学校、医療、産業などの社会的機能を地域から減退させている。

このような社会の変化は、介護や子育てをはじめとするさまざまな生

*3
総務省統計局「国勢調査」、国立社会保障・人口問題研究所「日本の世帯数の将来推計（全国推計）（2018年推計）」5年ごとに実施。

活課題を、家族や地域社会では担いきれない状態にしている。その結果、保健・医療、住まい、就労、教育、家事、軽介護等の生活支援ニーズが増大し続けている。しかしながら、ニーズを支え支援することが期待されている生産年齢人口は、長期にわたり減少を続けているのである。

　このような共同体機能の脆弱化によって、社会的孤立が広がり深まり、関係性の貧困といわれる状況を生みだしている。検討会最終とりまとめでは、その結果、個人や世帯が抱える生きづらさやリスクが複雑化・多様化していると指摘し、さらにこれらの課題は、誰にでも起こる社会的リスクといえるが個別性が高く、従来の社会保障の仕組みのもとでは十分な対応がむずかしいと考えられるとした。そして、これまでの日本の社会保障制度は、「自助」やそれを支える「互助」を基本としつつ、これらで対応できないリスクには「共助」と「公助」が補完し対応することを基本としてきた。今後も、自助を重んじ自立を可能にするために、基盤の再構築をめざし、国、自治体、地域コミュニティ、市場やNPO等多様な主体がいっそう緊密に力を合わせていく必要があると、地域共生社会が必要とされる背景を整理した。[*4]

＊4
＊1と同じ。

（2）地域共生社会の理念

　地域共生社会は、平成28（2016）年6月に閣議決定された「ニッポン一億総活躍プラン」で提案された概念である。内容は、「子供・高齢者・障害者など全ての人々が地域、暮らし、生きがいを共に創り、高め合うことができる『地域共生社会』を実現する。このため、支え手側と受け手側に分かれるのではなく、地域のあらゆる住民が役割をもち、支え合いながら、自分らしく活躍できる地域コミュニティを育成し、福祉などの公的サービスと協働して助け合いながら暮らすことのできる仕組みを構築する」というものである。検討会最終とりまとめでは、「地域共生社会の理念とは、制度・分野の枠や、『支える側』『支えられる側』という従来の関係を超えて、人と人、人と社会のつながり、一人ひとりが生きがいや役割をもち、助け合いながら暮らしていくことのできる、包摂的コミュニティ地域や社会を創るという考え方」とした。その上で、「厚生労働省ではこれまでの対人支援領域における包括的支援と地域支援を総合的に推進するという政策展開の流れを確かなものとする観点から『地域共生社会の実現』を今後の福祉改革を貫く基本コンセプトとして掲げ、取り組みを進めてきた」と、地域共生社会の実現に対する厚生労働省の立場を明確にしている。

（3）地域共生社会の実現に向けた取り組み

　厚生労働省は、地域共生社会の実現に向けて、公的支援の「縦割り」から「丸ごと」への転換と、「我が事・丸ごと」の地域づくりをはぐくむ仕組みづくりを打ち出した。具体的な改革の骨格として、①地域課題の解決力強化、②地域丸ごとのつながりの強化、③地域を基盤とする包括的支援の強化を推進するとした。

　地域共生社会の実現に向けた取り組みは、平成29（2017）年に工程表が策定され、同年、介護保険法、社会福祉法、障害者総合支援法、児童福祉法の改正を行い、着実な第一歩を踏み出した。

　平成29（2017）年の社会福祉法改正では、第4条「地域福祉の推進」に、新たに第2項が加えられた。[*5] 条文は、以下のとおりである。

*5
令和2（2020）年の社会福祉法改正により、第3項に繰り下げ。

> 地域住民等は、地域福祉の推進に当たっては、福祉サービスを必要とする地域住民及びその世帯が抱える福祉、介護、介護予防（要介護状態若しくは要支援状態となることの予防又は要介護状態若しくは要支援状態の軽減若しくは悪化の防止をいう。）、保健医療、住まい、就労及び教育に関する課題、福祉サービスを必要とする地域住民の地域社会からの孤立その他の福祉サービスを必要とする地域住民が日常生活を営み、あらゆる分野の活動に参加する機会が確保される上での各般の課題（以下「地域生活課題」という。）を把握し、地域生活課題の解決に資する支援を行う関係機関（以下「支援関係機関」という。）との連携等によりその解決を図るよう特に留意するものとする。

　このように、地域福祉の取り組む課題を、狭い意味の福祉ではなく「地域生活課題」としたこと、「地域社会からの孤立」の防止に取り組むべきとしたこと、住民等が課題を把握し、課題の解決に資する支援を行う支援機関との連携により、その解決を図るようにするとしたことは、地域福祉の推進により地域共生社会づくりをめざすものであることを明らかにしたものといえよう。

　同法第106条の2では、各分野の相談事業者が利用者からの相談を通じて生活問題を把握した場合は、必要に応じて適切な機関につないでいくことを努力義務とすることで、複合化・複雑化した課題を抱える個人や世帯に必要な支援を行うとした。縦割りから分野を超えて協働しあう支援体制をつくることを明確にした。

　第106条の3第1項は、包括的支援体制の整備について規定し、市町村の新たな努力義務とした。その内容は、①住民に身近な地域にある問題を、「我が事」ととらえ解決に取り組む地域づくりをはたらきかける、

〈図4-4〉地域における住民主体の課題解決力強化・包括的な相談支援体制のイメージ

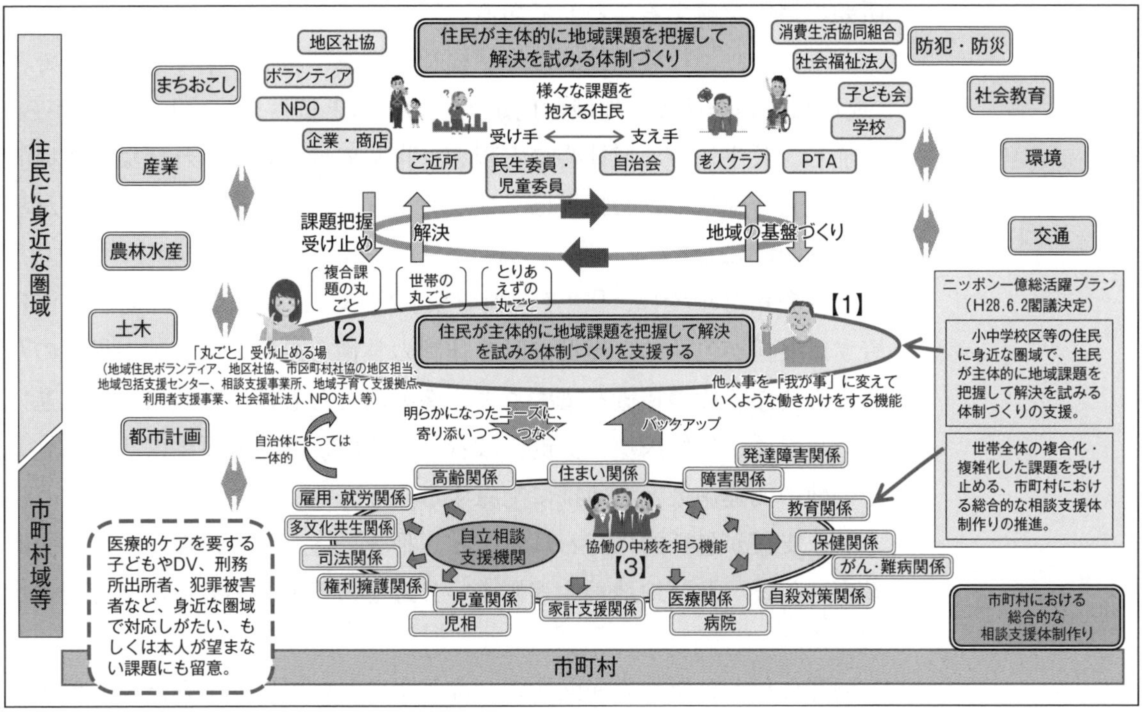

（出典）厚生労働省資料

②さまざまな課題を「丸ごと」受け止める場づくり、③市町村段階で自立相談支援機関をはじめ、さまざまな機関団体が協働して問題解決に取り組む協働・ネットワーク体制整備を行う、というものである（**図4-4**）。

　これらに共通しているのは、日常生活圏を基礎圏域とし、制度的なサービスとインフォーマルなサービス活動が協働し、対象を限定せず、潜在化しているニーズにも対応し、社会福祉を狭くとらえず地域生活課題ととらえ、協働の主体を広げ、自治体さらにその中の住民に身近な地域を基礎として、ニーズに即して必要な社会福祉サービスや活動、地域を開発していくということである。これからの地域福祉の推進にはこのような視点が重視されよう。

（4）地域福祉と地域包括ケアシステムが地域共生社会づくりをめざす

　令和2（2020）年に、「地域共生社会の実現のための社会福祉法等の一部を改正する法律」が公布された。法改正の趣旨は、「地域共生社会の実現を図るため、地域生活課題の解決に資する支援を包括的に行う市

109

町村の事業に対する交付金及び国等の補助の特例の創設、（中略）等の所要の措置を講ずること」である。

　これにより、社会福祉法の地域福祉の推進に関する第4条第1項で、「地域福祉の推進は、地域住民が相互に人格と個性を尊重し合いながら、参加し、共生する地域社会の実現を目指して行われなければならない」と規定し、地域福祉の推進は、地域共生社会の実現をめざして行われることを明確にした。

　第6条第2項では、「国及び地方公共団体は、地域生活課題の解決に資する支援が包括的に提供される体制の整備その他地域福祉の推進のために必要な各般の措置を講ずるよう努めるとともに、当該措置の推進に当たっては、保健医療、労働、教育、住まい及び地域再生に関する施策その他の関連施策との連携に配慮するよう努めなければならない」と規定し、支援が包括的に行われること、推進にあたっては保健医療、労働、教育、住まい及び地域再生等幅広い分野との連携が必要なことを明らかにした。

　同時に行われた介護保険法の一部改正においては、第5条第4項関係で、国及び地方公共団体は、保険給付に係る保健医療サービス及び福祉サービスに関する施策等を包括的に推進するに当たっては、「地域住民が相互に人格と個性を尊重し合いながら、参加し、共生する地域社会の実現に資するよう努めなければならない」旨を規定した[6]。「共生する地域社会の実現に資するよう」にとする、この内容は、社会福祉法第4条第1項の改正内容と同様である。地域福祉と地域包括ケアシステム、いずれも地域共生社会づくりをめざすことが、令和2（2020）年の「地域共生社会の実現のための社会福祉法等の一部を改正する法律」で明確にされたのである。

4 福祉政策の新たなアプローチ

（1）縦割りを超えることのできる重層的支援体制整備事業

　地域生活課題解決のための包括的支援体制を整備するためには、各分野ごとの法律による縦割りを超えることのできる法的規定が必要になる。令和2（2020）年に行われた「地域共生社会実現のための社会福祉法等の一部を改正する法律」による社会福祉法改正では、「重層的支援体制整備事業をはじめとする…（略）…施策に関して、その適切かつ有効な実施を図るため必要な指針を公表するものとする」（第106条の3第2

*6
厚生労働省社会・援護局長ほか通知「『地域共生社会の実現のための社会福祉法等の一部を改正する法律』の公布について」（令和2年6月12日／社援発0612第30号ほか）。

*7
本双書第8巻第2部第1章第2節参照。

項）と規定し、それを可能にした。

　また、この社会福祉法改正を受けた厚生労働省通知を見ると、「市町村は、地域生活課題の解決に資する包括的な支援体制を整備するため、次に掲げる社会福祉法に基づく事業並びに介護保険法、障害者の日常生活及び社会生活を総合的に支援するための法律、子ども・子育て支援法及び生活困窮者自立支援法に基づく事業を一体のものとして実施することにより、地域生活課題を抱える地域住民及びその世帯に対する支援体制並びに地域住民等による地域福祉の推進のために必要な環境を一体的かつ重層的に整備する事業として、重層的支援体制整備事業を行うことができること」とし、重層的支援体制事業を行うことで各法の事業を一体的に実施できるとした。

　法の縦割りを超えて包括的支援体制を整備し実施できるようにしたこの法改正は、地域共生社会づくりを進める上で画期的なものといえよう。具体的事業としてあげられているのは、情報提供、助言、支援機関との連絡調整や便宜の提供、拠点の開設などである。

　社会福祉法における「地域共生社会」の理念、施策、事業については、厚生労働省が作成した図（**図４−５**）が参考になる。「地域共生社会」の実現が基本目標であり、「地域福祉」はその推進の中核的役割を担う。地域福祉の推進のため、「地域生活課題の把握、連携による解決」に向

〈図４−５〉社会福祉法における地域共生社会の理念、施策、事業の位置づけ

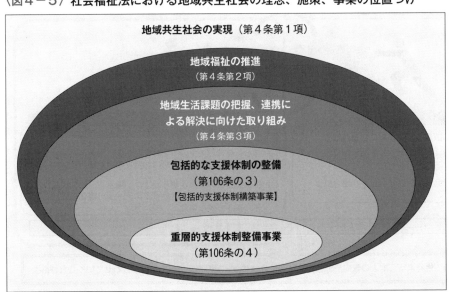

（出典）厚生労働省資料

けて取り組む。そのために「包括的な支援体制の整備」を進めるが、具体化の一手法として、事業として創設されたのが「重層的支援体制整備事業」である。

（2）対人支援のアプローチと包括的支援の機能

　地域共生社会をめざす取り組みにおける専門職による対人支援には、「具体的な課題解決を目指すアプローチ」と「つながり続けることを目指すアプローチ」の2つを支援の"両輪"として組み合わせていくことが必要であることが、検討会最終とりまとめで提案された（**図4－6**）。「つながり続けることを目指すアプローチ」は、「伴走型支援」であり、支援者と本人が継続的につながりかかわり合いながら、本人と周囲との関係を広げていくことをめざすのである。さらに、ライフステージの変化に応じた柔軟な支援が必要な場合などに有効であるとし、人生の時間軸も意識した継続的かかわりの支援という視点が提案された。

（3）福祉コミュニティづくり

　地域での安心した生活の実現には、行政、家族、個人の力だけでは限界がある。地域の助け合う力や福祉力を強め、援助が必要な人を地域の構成員として受け入れ排除しない福祉コミュニティづくりが必要である。地域にはさまざまな考えをもつ人々が暮らしており、地域社会全体を福

〈図4－6〉 対人支援において今後求められるアプローチ

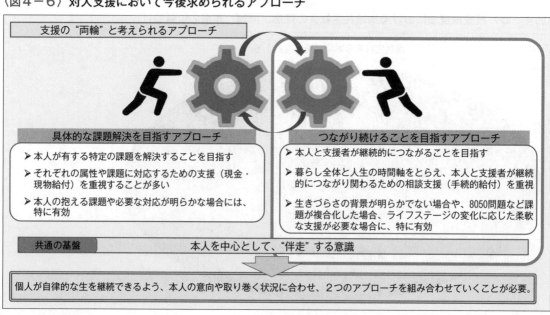

（出典）厚生労働省資料

祉コミュニティに変えることは不可能と考えられている。しかし、関心ある福祉ボランティア活動や住民活動に参加することを通して、人格的影響を受け、学び、福祉を理解し、支援を必要とする人々に偏見をもたずに地域社会の一員として受け入れ、これらの人々を支える具体的なサービスや助け合いへの参加、日常生活への協力、援助を行うような意識・態度をもつ人々が多くなっていくと考えられる。

　住民参加による福祉活動は、活動者とその相手、活動者同士のつながりや信頼関係をつくり出す活動でもある。福祉活動の特徴は、その多くが継続的な活動であり、活動が継続している間はつながりや信頼関係が継続することになる。地域の中で多様な福祉活動が行われ、多くの住民が自らの関心に基づいて活動している地域は、地域の中に活動を通じて福祉コミュニティが育ちつつあると考えることができる。

　さらに、福祉コミュニティが広がることで、人々のつながりが維持され、回復し、新しくつくられることにより、福祉コミュニティづくりにとどまらず、一般的なコミュニティづくりにも貢献できると考えられる。住民参加による地域福祉の推進は、地域共生社会づくりの土台としての地域力づくりを進める活動でもあるといえる。

第4章

第2節　高齢者支援における多職種連携

1 多職種連携とその必要性

　近年では、介護保険制度を中心として、高齢者を支援するさまざまな社会資源が用意されている。多様なサービスが存在するということは、それぞれのサービスがより専門的な支援を提供できるようになる反面、サービスが細分化されることでもある。サービスはそれぞれに対応するニーズを限定し、提供する具体的なサービス内容や範囲も限定される。しかし、支援を要する高齢者がもっているニーズは多様で複合的である場合が多い。それゆえ、1種類の社会資源と結び付くだけでは、その人の生活全般のニーズを充足することはできず、さまざまなサービス提供機関、そしてそれらの機関に従事するさまざまな専門職が協力しながら、高齢者の支援に当たる必要がある。介護保険制度においては、そうした課題に対処するために居宅介護支援（ケアマネジメント）が組み込まれた。

　また近年は、要介護高齢者等の生活を地域で支えていくための仕組みである地域包括ケアシステムの構築が政策課題となっている。これは住まい、医療、介護、予防及び生活支援が一体的に提供される体制とされるが、二木　立は地域包括ケアシステムの実態はネットワークであると指摘している[1]。ソーシャルワークにおけるネットワークとは「関係者のつながりによる連携・協働・参画・連帯のための状態及び機能[2]」と考えられ、それが円滑になされることによって複雑で多様なニーズを抱えた利用者を支援していくことができるのである。

　こうした多職種連携について考えると、介護保険制度発足当初は、介護支援専門員と主治医の連携、あるいはケアプランに位置付けられたサービス事業者間の連携が強調されていた。平成15（2003）年に地域包括ケアシステムの構築が提案された時点では、高齢者が病院や施設に入院・入所し、そこから退院・退所するにあたって住まう場所や支援を受ける場所が変わっても継続した支援が提供されること（シームレスケア）や、ターミナル期には医療保険や介護保険のサービスを組み合わせた支援が提供されること、さらに支援困難事例といわれる複雑で多様な

生活課題を抱えた利用者に対して保険給付やそれ以外の社会制度、あるいはボランティアなども含めたさまざまな専門職・支援者が連携することなどが強調された。その後、医療介護連携に関しては介護保険制度において加算が設けられるなど、多職種連携の促進を図ろうとする制度設計がなされていった。

　この地域包括ケアシステムとは、「本人の選択と本人・家族の心構え」の上に、「介護・リハビリテーション」「医療・看護」「保健・福祉」「介護予防・生活支援」「すまいとすまい方」が連携し合いながら在宅生活を支える仕組みであるとされている。さらに平成27（2015）年からの改正介護保険制度では生活支援コーディネーターを配置し、生活支援・介護予防サービスに関するボランティア等の担い手の養成・発掘やそのネットワーク化、すなわちインフォーマルな社会資源の開発と、それらも含めた連携が求められるようになってきている。

　さらに、地域包括ケアシステム[*8]の深化と地域共生社会の実現に向けて、支援対象の世代や分野を問わず、ワンストップ型あるいは連携強化型の対応で、保健・福祉と雇用や農業、教育など異分野と連携する包括的な相談支援体制の構築がめざされることになる。この連携・協働に参画するのは高齢者関係、障害者関係、児童関係、雇用・就労関係、多文化共生関係、医療関係、保健関係、教育関係、住まい関係、司法関係、権利擁護関係、家計支援関係、自殺対策関係、といった多様な分野機関が想定されている。そして、協働の中核を担う機関のコーディネートによって、複合的な課題を抱える利用者・家族の支援を行っていく体制が構想されている。

❷ 多職種連携の体制構築と実践上の課題

　このように、多職種が連携・協働して利用者の支援を行っていくことは、近年のソーシャルワーク実践の重要な課題となってきている。ジェネラリスト・ソーシャルワークにおいても、一人の人だけでなく、家族、小集団、組織、機関、近隣、コミュニティなどがクライエントシステムになり得る可能性があると考える。そして、ソーシャルワーカーは生活課題を抱えた人とその人にかかわるシステムをクライエントシステムとみなしてはたらきかけていく（マルチクライエントシステム[3]）。また、クライエントシステムにはたらきかける援助者についても、ソーシャルワーカー一人で援助を行うのではなく、準専門職やボランティア、他の

*8
地域包括ケアと地域共生社会については、本章第1節参照。

第4章

専門職、さらには他のソーシャルワーカーとともに援助を行うことになる。こうしたマルチパーソン援助システムにおいて、複数の援助者間の調整を図ることは、ソーシャルワーカーの重要な仕事と認識されている[4]。

　また、インタープロフェッショナルワーク（Inter-professional Work：IPW）という概念が近年提唱されてきており、那須らによれば、保健医療福祉系大学においてIPWを実践する教育に取り組む大学が増えてきていると報告されている[5]。IPWとは「複数の領域の専門職（住民や当事者も含む）が、それぞれの技術と知識を提供しあい、相互に作用しつつ、共通の目標の達成を患者・利用者とともに目指す協働した活動」と考えられており[6]、西梅らは、IPWの特性を以下のように整理している[7]。

　①複数の領域の専門職が共通目標をもつこと

　②専門職間で学び合うこと

　③複数の領域の専門職が協働すること

　④利用者がケアに参加・協働すること

　⑤組織的な役割と機能を分担すること

　なお、IPWは従来の連携やチームアプローチの批判的検討から生成されたものであるが、そこで提起される考え方や方法は多職種連携に有用なものと考えられる。

　また、筒井孝子は、複合的なニーズをもった高齢者に対して、ケアサービスの連続性と統合を向上させ、ケアの質・アクセス・効率性を改善する「統合ケア（integrated care）」の必要性を指摘している[8]。筒井は、ローゼン（Rosen, R.）らの研究を引用し、統合ケアのタイプには、①システム的統合、②規範的統合、③組織的統合、④管理的統合、⑤臨床的統合があると整理している（**表4-2**）。

　さらに筒井は、ロイツ（Leutz, W. N.）の整理を引用し、統合の強度を**表4-3**のように整理している[9]。

　なお、筒井は、完全な統合を必要とする患者はそれほど多くないとし、現在の日本においては連携のレベルのつながりの充実が求められていると指摘している[10]。

　筒井の研究は統合ケアのシステム構築というマクロレベルまでを射程に入れたものであり、IPWはそれを実践するための知識・技術等のミクロレベル・メゾレベルを射程に入れたものといえるかも知れない。こうしたIPWや統合ケアの研究成果から多職種連携について我われが学ぶべきこととして、規範的統合をいかに図っていくかという課題が見えてくる。規範的統合とは、連携する組織や専門職の間で価値観、文化、視点

〈表4-2〉統合の種類とそのプロセス

統合の種類	統合的プロセスの説明
1. システム的統合	**政策、ルール、そして規制のフレームワークの協調と提携** 例：病院外の協調的ケアを推し進める政策、多様化する（サービス）提供者の中核の形成、国による刺激策（インセンティブ）の開発、または、医療の必要性があるコストの高いケアを代替するパフォーマンスを鑑みたケア
2. 規範的統合	**組織、専門家集団、個人の間で価値観、文化、視点の共有** 例：統合のための共通目的の設置、コミュニケーションの際に生じるギャップを解明し対応する。現地でのイベントを通した臨床的関係と信頼の構築、またはサービス使用者やより広いコミュニティと関係をもつための視点の共有
3. 組織的統合	**組織間での構造、統治システム、関係の協調** 例：資金のプールやBPC（業務歩合制）といった公的・私的な契約的・協調的取り決め。または、プライマリケア連合や地方の臨床的パートナーシップといった協調型組織の形成
4. 管理的統合	**事務管理業務、予算、財政システムの提携** 例：説明責任方法、資金提供、情報システムの共有
5. 臨床的統合	**情報とサービスの協調、または患者のケアを統合し、一つの過程にまとめる** 例：臨床的役割・ガイドライン・専門的教育の拡大。患者の意思決定において患者の役割を明確にする

（出典）Sara Shaw, Rebecca Rosen & Benedict Rumbold. Research report overview of integrated care in the NHS : what is integrated care? 2011,Nuffield Trust,8.　筒井孝子訳
　　　　筒井孝子『地域包括ケアシステム構築のためのマネジメント戦略』中央法規出版、2014年、45頁

〈表4-3〉統合の強度

つながりの強さ	段階	内容
強い ↕ 弱い	完全な統合 (full integration)	最も強いつながりの段階。多様な独立した医療や介護サービスの提供主体から、当該患者等に必要なサービスを提供するために、新たに患者の症状に応じた特別な治療プログラムや提供システムをつくる。
	協調 (coordination)	連携よりも構造化された形態で、システムはそれぞれ独立しているが構造的な統合が存在する。複数の組織に跨がる運営、さまざまなサービスの協調、情報の共有、異なる組織間で移動するサービス利用者の管理が行われる。
	連携 (linkage)	ケアの継続性を図るために適切なサービスを利用者に紹介したり、関係専門家間のコミュニケーションを図る等の取り組みはあるが、全体的な調整機能は存在していない。

（出典）筒井孝子『地域包括ケアシステム構築のためのマネジメント戦略』中央法規出版、2014年、47-48頁をもとに筆者作成

の共有を図っていくことである。

　しかし、日常の実践の中では、これを実現することのむずかしさを感じることも多い。こうした連携や協働がうまくいかない背景には、関係者間で利用者理解に食い違いがある、もしくはそれぞれの専門職が自分の専門性・専門領域という観点からしか利用者を見ていない、はたまたそれぞれの専門職が相互に他の専門職の職務内容や視点・考え方、専門性を理解していないなどがある。こうしたことを克服していくためには、

第4章

それぞれが他の職種の専門性や職務内容に対する敬意をもちつつ、それぞれの職務内容や実践の手順、考え方を知り、その上で利用者の最善の利益（best interests）は何かを考え、それぞれの専門職が何ができるのかを出し合い、補い合う関係を構築することが必要と思われる。

3 ケアマネジメントと多職種連携・チームアプローチ

　ケアマネジメントはチームアプローチの実践であり、利用者のニーズを満たすためにさまざまな社会資源がケアプランに位置付けられる。例えば、手すりをつけたい（住宅改修）場合や、車いすを借りたい（福祉用具）場合など、利用者のニーズが単一の場合には、そのサービス提供機関と結び付ければよい。しかし、利用者が複数の生活上の困りごとを抱え、それらのニーズの充足にはさまざまなサービスが必要である場合、各種のサービスが円滑に機能するための調整が必要になる。この調整のための仕掛けがケアプランである。ケアプランに基づいた連携が図られるよう、介護支援専門員（ケアマネジャー）からサービス事業者にはたらきかけることが必要である。また、利用者のニーズが介護保険給付や各種の保健・医療・福祉サービスの範囲に収まらず、インフォーマルな資源も含めて連携を図ることが必要な場合もある（**図4−7**）。

　複数のニーズをもっている利用者は、さまざまな社会資源から援助を受けるが、それぞれの社会資源は、自らの提供できるサービスの範囲で利用者のことを理解しようとする傾向がある。例えば、デイサービスやデイケアの職員はサービスを利用している間の利用者の様子から、ホームヘルパーや訪問看護師は利用者宅を訪問した際の利用者の言動や行動から、その利用者の状態を理解しようとする。しかし、利用者が援助者に見せる姿は、その人の一面に過ぎない。また、ホームヘルパーやデイサービスの職員は利用者ができるだけ自分で食事するようにはたらきかけているのに、この利用者がショートステイを利用した際にはケアスタッフが食事介助しているということなどもある。

　こうしたことは、アセスメントが共有されていなかったり、利用者の現在の状態がケアプランに位置付けられているすべての機関で共有されていないために起こると考えられる。それぞれの機関がそれぞれの観点から利用者をとらえ、それぞれがよいと考えるケアを提供することが、かえって相互のサービスの効果を減らしてしまうということになりかね

＊9
本書第3章第2節＊13参照。

本書第3章第2節＊13

＊9

〈図4−7〉ケアマネジメントにおけるチームアプローチ

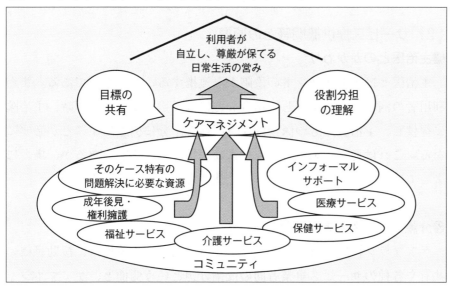

（出典）介護支援専門員実務研修テキスト作成委員会編『介護支援専門員実務研修テキスト』長寿社会開発センター、2003年、48頁をもとに一部改変

ず、利用者にとって不利益が生じかねない。そのため、連携を促進する役割を果たす援助者、すなわちケアマネジャーには、効果的・効率的なサービス提供のための調整が求められているのである。

4 連携の留意点

連携とは「連絡をとって、一緒に物事をすること（大辞林第三版）」という意味をもち、協同（cooperation）、あるいは協働（collaboration）と同じような意味合いをもつ。ケアマネジメントにおける連携というと、通常はケアマネジャーとサービス提供機関の連携をイメージしやすいが、実際にはケアプランを仲立ちにして、さまざまな連携がある。

（1）利用者・家族との連携

ケアプランは利用者とケアマネジャーとの間で交わされるサービス利用に関する約束（契約）である。それは、単なる利用するサービスに関する取り決めではなく、利用者や家族の望む暮らしを実現するためのプロセスを表すものでもある。ケアプランを媒介として利用者・家族と連携関係を構築する。

なお近年では、家族支援や仕事と介護の両立支援も重視されるようになっており、家族全体を視野に入れたアセスメントやプランニングが求

められるようになってきている。

（2）サービス提供機関等との連携

❶主治医とのかかわり

主治医とはアセスメントの段階から連携することが重要である。また、利用者の病状の変動が著しい場合などには、適切な情報を随時、主治医に提供し、主治医のもつ医学的な専門性を十分に引き出すことが必要になる。これは通常、利用者本人や家族が担うべき機能であるが、場合によってはケアマネジャーがこうした機能を担うこともある。

❷介護サービス事業者とのかかわり

ケアプランに位置付けた介護サービス事業者との連携は、援助目標の共有や各種のサービス事業者間の役割分担という側面と、ケアマネジャーと事業者の間で随時必要な情報交換を行うという側面がある。

ケアプラン作成後、各サービス提供機関に役割分担が行われ、各提供機関は個別援助計画を作成してサービス提供を行っていく。サービス開始後、利用者の状態が変化したり利用者の新たな一面を発見したとき、その情報がサービス提供機関からケアマネジャーにフィードバックされることで利用者の現在の状態理解を深め、再アセスメントやケアプラン修正につながる。利用者の状態変化のうち、他のサービス事業者と共有する必要がある情報はケアマネジャーから他事業所に提供し、それぞれ

〈図4−8〉ケアプランと個別援助計画の関係

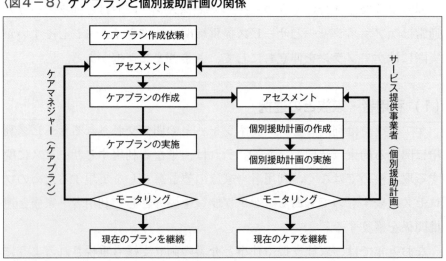

（筆者作成）

のサービス提供がより円滑に行われるように配慮する（**図4-8**）。

❸介護保険給付以外の各種の機関とのかかわり

　自治体が独自に行っている高齢者福祉施策や、障害者総合支援法によるサービスや障害者福祉施策、生活保護、あるいは保健・医療、さらには権利擁護など、介護保険給付以外の資源にはさまざまなものがある。ケアマネジャーは各種の社会資源についての知識をもち、それらを適切にニーズと結びつけることが求められる。

❹インフォーマルな支援者とのかかわり

　利用者のニーズによっては、家族・親族、近隣住民、ボランティア、住民参加型在宅福祉サービス等、インフォーマルな支援者と連携を図る場合もある。彼らの支援がフォーマルサポートと異なる点は、利用者へのかかわりの動機付けが職業上のものではなく、支援者の善意や何らかの必要性によっていることである。サービス事業者の援助を規定するのは契約と報酬であるが、インフォーマルな支援者の支援は彼らの「気持ち」によるところが大きい。

　そのため、ケアマネジャーは彼らの気持ちが枯れてしまわないように支えることに留意する。また、インフォーマルな支援者が利用者への支援に役立つ知識や技術を得ることができるように助力する。さらに、インフォーマルな支援者は、単なる援助の提供者ではなく、ときには彼らもまたケアマネジャーの助力を必要としているということにも留意しておく必要がある。

5 サービス担当者会議・地域ケア会議（ケアカンファレンス）

　ケアマネジメントはチームアプローチの実践であり、その方法の一つに「サービス担当者会議」や「地域ケア会議」がある。

　サービス担当者会議や地域ケア会議はケアカンファレンスの一種である。サービス担当者会議は、介護保険制度上はケアプランに位置付けたサービス等の担当者を招集し、利用者の情報を共有するとともに、ケアプラン（原案）の内容について担当者に専門的な見地から意見を求め、それをケアプランに反映させていくための会議（指定居宅介護支援運営基準第13条第9号）である。なお、このサービス担当者会議は利用者が

要介護度について更新認定、区分変更認定を受けた場合にも開催することが求められている（同第13条第15号）。

制度上は規定外であっても、ケアマネジャーとして必要と判断するときにはサービス担当者会議を招集する場合もある。例えば、「それぞれの関係者がもっている情報を共有する」「利用者の状態変化に合わせてケアプランを大きく修正する必要がある」「サービス提供について事業者が困難を感じているため調整を行う」などの目的で開催することが考えられる。

また、複合的な課題を抱え、支援の困難性が大きい場合、ケアマネジャーは地域包括支援センターに相談し、地域包括支援センターから「地域ケア個別会議」の開催を図ってもらう場合もある。この場合、会議の参加者はケアプランに位置付けられた機関だけに限らず、利用者の支援に必要と思われる人・機関が含まれる。

この地域ケア個別会議では、地域包括支援センター職員は、カンファレンスを通じて利用者への支援を行っているケアマネジャーや支援チームのメンバーを後方支援し、利用者への支援を強化していく。会議を通じてアセスメント・支援方法を考えることで、①個別課題解決や、②ネットワーク構築が図られるが、この検討の過程で、③地域課題を発見することがある。こうして発見された地域課題は、地域のさまざまな組織の代表者レベルのメンバーによって構成される「地域ケア推進会議」で検討され、④地域づくりや社会資源開発、⑤政策形成に向けた協議を行っていく。このような取り組みが地域包括ケア体制の整備を促進することになる。

「サービス担当者会議」は、利用者や家族の参加を得て行うことが原則であるが、虐待事例や支援困難事例への対応のために地域ケア個別会議を開催する場合は関係者だけで協議することもある。

サービス担当者会議や地域ケア会議は、関係者が情報を共有し、アセスメントを深め、より有効なケアプランを考え、その役割分担を確認するなどの点で意義がある。さらに、利用者・家族が参加する場合は、参加者が利用者を支えるという姿勢をしっかりと打ち出して会議を進めることで、利用者や家族が「たくさんの人が私たちを支えてくれているんだ」と感じることができる。

*10
支援の困難性が高い場合、利用者の支援にかかわる関係者を招集して、課題解決、ネットワーク構築等を主眼として行われる会議。この検討から地域課題が発見されることがある。

6 多職種連携のモデル

　異なる職種間で連携が図られ、チームとして機能する多職種連携のモデルとして、菊地は、以下の3つを提示している[11]（**表4−4**）。

　介護保険制度のもと、居宅における支援の場合、支援ネットワークに参加する機関の多くは経営母体が異なり、それぞれに異なる指揮命令系統をもつ。また、それぞれの機関の事務所は空間的に離れており、日常的に顔を合わせて意見交換をする機会をつくることはむずかしい。しかし、ケアの目標を共有し、相互の役割を意識し、分担された役割を果たすとともに、日常的に情報交換を行いながら利用者の生活を支援している取り組みも増えてきている。ICTを用いて、支援する利用者に対する情報を主治医や医療スタッフ、ケアマネジャー、介護サービス事業者等が共有する取り組みなどは、こうした先進事例の一つといえる。

　ケアマネジャーのみならず、チームに参加したさまざまな職種が互いの専門性やはたらきに敬意を払い[12]、その上で連携を意識しつつ自らのはたらきをなすことにより、チームケアの成功がもたらされる。そのためには、ケアマネジャーや各職種の基礎教育においてチームケアの考え方を身に付け、日常業務の中で他機関の専門性や役割・機能を知り、他機関と協働することの重要性を意識するとともに、Off–JTなどで連携のあり方や方法を学ぶ研修が用意されることなどが必要になる。菊地は、こうしたチームコンピテンシー（チームアプローチを行うために必要な知識・技術・態度）を修得するための卒前・卒後教育の必要性を指摘している[13]。

〈表4−4〉**多職種連携の3つのモデル**

モデル	特徴
マルチディシプリナリー・モデル (multidisciplinary model)	援助機関がそれぞれにアセスメントやプランニングを行っているため、多くの機関、援助者が利用者にかかわっていても、足並みがそろっていない状態。
インターディシプリナリー・モデル (interdisciplinary model)	利用者の直面している問題状況を理解するために、利用者にかかわる各種の専門職間で情報交換、意見交換が行われている。そこから、アセスメントが共有され、目標と役割分担を共有して、それぞれの援助機関が動いている状態。
トランスディシプリナリー・モデル (transdisciplinary model)	インターディシプリナリー・モデルに加えて、職種間で意図的に役割を重複・共有する「役割解放（role release）」が図られている状態。

（出典）菊地和則「多職種チームの3つのモデル：チーム研究のための基本的概念整理」『社会福祉学』第39巻第2号（1999年）、日本社会福祉学会、287頁をもとに筆者作成

7 連携の必要十分条件と実践上の留意点

　これまで述べてきたように、連携がとれている状態とは利用者のケアにかかわる関係者が目標を共有し、役割分担を意識した上でそれぞれの支援を行っている状態といえる。そのためには、利用者像や問題状況（アセスメント情報）の理解の共有、ケース目標と役割分担の共有、ケアプランと個別援助計画の連動、モニタリングのポイントの共有、サービス提供における特別な留意点の理解、状況が変化した場合のホウレンソウ（報告・連絡・相談）に関するルールの理解等が実践される必要がある。サービス提供機関だけでなく、利用者自身や家族もまたケアシステムの中で何らかの役割を担っていることにも留意しておきたい。**表４**

〈表４－５〉連携促進のチェックポイント

①ニーズ中心・利用者中心を心がけているか？	常に「まずニーズありき」の発想でアセスメント、ケアプラン作成を行う。さらに、利用者の最善の利益（ベスト・インタレスト）について関係者の間で考え、共有する。
②利用者がどこで、どのように暮らしたいか？	ケアマネジャーはアセスメント、モニタリング等、さまざまな機会を用いて、利用者の望む暮らしのイメージを引き出し、利用者・家族、そして関係者と援助目標の明確化・共有化を図る。
③保険給付以外の資源を視野に入れているか？	視野を介護保険給付の枠外に広げ、地域社会の中に「使える資源」を探し、連携をはたらきかける。
④ケース目標をわかりやすく伝えているか？	サービス提供機関に依頼をする際、何をめざすのか（援助目標）、なぜめざすのか（その利用者にとっての自立と尊厳の保持）をわかりやすく伝えることを心がける。
⑤目標に焦点を定めた役割を説明しているか？	援助目標を実現するために、具体的にどんな役割を果たしてほしいかを、サービス提供機関にわかりやすく伝える。
⑥援助者のやる気に火をつけているか？	サービス提供機関に、「あなた（援助者）だから」「あなたの機関（サービス提供機関）だから頼める」というメッセージを送る。
⑦モニタリングのポイントを説明しているか？	予測されるリスクや利用者の状態の改善によって起こると予測される変化など、しっかりと押さえておいてほしいポイントをサービス提供機関に説明する。
⑧情報のフィードバックを依頼しているか？	再アセスメント・ケアプラン修正のために、前述のポイントにかかわる変化が起こった際には速やかに連絡をもらえるようにサービス提供機関に依頼しておく。
⑨利用者・家族がモニタリング機能を果たせるように事前に話しているか？	どんな状況の変化が起こったときにケアマネジャーに連絡を取ればよいか、利用者・家族が理解できるように、事前に具体的に話しておく。
⑩連携の成果を報告しているか？	ケアマネジャーからの依頼によって調整を図ってくれたサービス提供機関に対して、その結果として利用者の状況がよくなった際には、その旨を連絡し、感謝を述べることが大切である。[14]こうした細やかな心遣いが、その後の連携の素地を強化していく。
⑪顔の見える関係を構築しているか？	ケアマネジャーは、可能な限りサービス提供機関等の関係者と顔を合わせる機会をもつことを心がける。[15]

（筆者作成）

－5は、連携にあたっての留意点をまとめたものである。

　特に、サービスが始まったばかりの時期や、虐待・介護放棄・セルフネグレクト・多問題家族等の支援困難事例の場合、問題状況が現状に至る経緯の理解や、利用者の人物像の理解が重要になり、関係者がサービス提供場面等から得た情報を集約し、利用者理解を深めていくことが不可欠である。さらに、症状の進行・心身状態の変化が著しい時期や医療依存度の高い利用者の場合も、状態把握のための情報の共有化と、対応方法の変更・調整、円滑な周知が不可欠になる。

引用文献

1）二木　立『地域包括ケアと地域医療連携』勁草書房、2015年、6頁

2）岩間伸之　他著『地域を基盤としたソーシャルワーク／住民主体の総合相談の展開』中央法規出版、2019年、32頁

3）ジョンソン, L. C.・ヤンカ, S. J.、山辺朗子・岩間伸之　訳『ジェネラリスト・ソーシャルワーク』ミネルヴァ書房、2004年、186〜200頁

4）ジョンソン, L. C.・ヤンカ, S. J.　前掲書、152〜159頁

5）那須明美・松本啓子・常国良美・亀高泰世「病院に勤務する看護師のインタープロフェッショナルワークに関するコンピテンシーの文献検討」『日本看護科学会誌』第38巻（2018年）、83頁

6）埼玉県立大学　編『IPWを学ぶ　利用者中心の保健医療福祉連携』中央法規出版、2009年、13頁

7）西梅幸治・西内章・鈴木孝典・住友雄資「インタープロフェッショナルワークの特性に関する研究－関連概念の比較をとおして－」『高知女子大学紀要（社会福祉学部編）』vol.60（2011年）、85頁

8）筒井孝子『地域包括ケアシステム構築のためのマネジメント戦略－integrated careの理論とその応用』中央法規出版、2014年、33頁

9）筒井孝子、前掲書、47〜48頁

10）筒井孝子、前掲書、53〜54頁

11）菊地和則「多職種チームの3つのモデル：チーム研究のための基本的概念整理」『社会福祉学』第39巻第2号（1999年）、日本社会福祉学会、279頁

12）フォーク阿部まり子「ケアマネジメントとチームアプローチ」白澤政和他　編『ケアマネジメント概論』中央法規出版、2000年、226頁。安梅勅江『エンパワメントのケア科学　当事者主体チームワーク・ケアの技法』医歯薬出版、2004年、84頁

13）菊地和則「多職種連携とは（特集／小児看護における多職種チームアプローチ）」『小児看護』第31巻第9号（2008年）、へるす出版、1197頁

14）吉田光子「連携のための5箇条」『ケアマネジャー』第3巻第3号（2001年）、中央法規出版、27頁

15）崎山賢士「ケアマネジメントサイクルの起点として」『ケアマネジャー』第9巻第2号（2007年）、中央法規出版、26〜27頁

第3節 ケアマネジメントの流れと実際

1 介護保険制度におけるケアマネジメントの流れ

（1）介護保険制度とケアマネジメント

　わが国の介護保険制度において、ケアマネジメントは介護支援サービスとして制度に組み込まれ、ケアマネジメントを行う専門職として**介護支援専門員**（ケアマネジャー）という新しい資格が設けられた。ケアマネジメントはもともと地域生活支援の方法として発展してきたが、日本の介護保険制度では居宅サービスにおいても施設サービスにおいても介護支援サービスが行われる。

　第3章で詳しく述べられているとおり、介護保険制度は要介護・要支援という状態を保険事故として扱う社会保険制度である。保険制度は、国民が財源を出し合って保険事故の発生に備えようとするものであり、この際、何を、どの程度の現象を保険事故とするのか、また、それぞれの保険事故の発生に対して、どの程度の保険給付を行うのかは、社会的なコンセンサスのもとに定められる。すなわち、介護保険制度は社会制度としての公平性を重視するものである。

　これに対して、ケアマネジメントは利用者の個別性を重視し、利用者一人ひとりに異なる事情として立ち現れる要介護状態や、利用者その人にとっての自立や生活の質（QOL）というものを見つめていくものである。

　このように、介護保険制度とケアマネジメントは、それぞれ異なる考え方のもとに行われる営み[1]、ととらえることができる。

　介護保険制度下では、利用者のニーズの充足のために社会資源として主に活用されるのは介護保険の給付であることから、介護保険制度下で行われるケアマネジメント（介護支援サービス）は介護保険制度のあり方に大きく左右される側面をもつ。しかし、利用者は単に介護ニーズのみをもっているのではなく、よく生きるためのさまざまなニーズをもっていることに留意し、ニーズを充足する社会資源が介護保険制度の枠を超えて存在することを忘れてはならない。

（2）介護保険制度におけるケアマネジメントの流れ

　介護保険制度におけるケアマネジメントは、介護保険給付を受けよう
とする人が要介護・要支援認定申請を行い、調査の結果、要介護・要支
援が認定され、ケアプランの作成を依頼したところから始まるといえる。
サービス利用の手続きの流れは**図4-9**のとおりである。

　要介護の認定を受けた場合、申請者は居宅介護支援事業者にケアプラ

＊11
本書第3章第2節＊13
参照。

〈図4-9〉介護保険制度のサービス利用手続きの流れ（平成30〔2018〕年度以降）

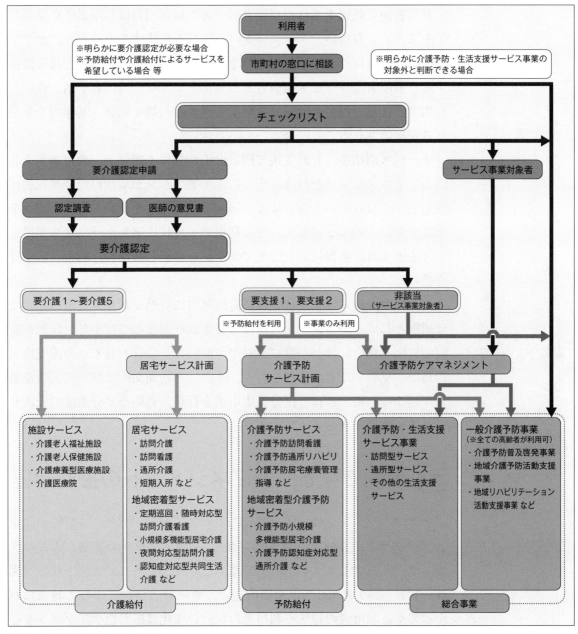

（出典）厚生労働省資料をもとに一部改変

ン（居宅サービス計画）の作成を依頼する。依頼を受けた事業者は利用者と居宅介護支援に関する契約を結ぶ。

　要支援認定を受けた場合、予防プランづくりを担当するのは地域包括支援センターとなる（介護予防ケアマネジメントの一部を居宅介護支援事業者に委託することもできる）。

　なお、利用者自らがケアプランを作成することも制度上認められている。また、施設サービスを利用する場合は、ケアプラン（施設サービス計画）は施設の計画担当介護支援専門員が作成することになる。

　利用者から依頼を受けた事業者の介護支援専門員は利用者宅を訪問し、アセスメントを行い、ケアプラン（原案）を作成する。そして、ケアプランに位置付けたサービス事業者を招集し、サービス担当者会議を開催する。利用者とサービス担当者とともにケアプランの内容を話し合い、利用者の合意を得て、サービス事業者個々と契約を結び、具体的なサービスが提供されることになる。

　サービス開始後、介護支援専門員は1か月に1回以上、利用者宅を訪問してモニタリングを行う。そして、ケアプランが現状の要介護状態に対応しなくなっている場合には、再アセスメントを行い、ケアプランを修正する。このようにして、常に利用者の現状に適したサービスが提供されるように、必要に応じてケアプランを修正しながら、利用者の支援を続ける。

*12
本書第3章第2節3参照。

　なお、要介護・要支援認定は認定期間内に有効であり、初回の認定では原則として6か月間、それ以降の更新は原則として12か月（状態が安定している場合には48か月に延長が可能）ごとに行われる[12]。介護支援専門員は、更新のための支援を行う。また、有効期間内に状態に大きな変化が起こった場合には、区分変更申請を行い、適切な要介護度で介護サービスを利用できるようにする。

2 事例で見るケアマネジメントの援助過程

　ケアマネジメントは、①入口、②アセスメント、③ケース目標の設定とケアプランの作成（プランニング）、④ケアプランの実施、⑤モニタリング、⑥再アセスメント、⑦終結、というプロセスで実施される（**図4-10**）。このプロセスは循環構造で、サービス提供によって新たにわかってくる利用者の様子や利用者の状態の変化に応じたケアプランを提供することの繰り返しにより、適切なサービス利用を支援していく。

〈図4－10〉ケアマネジメントのプロセス

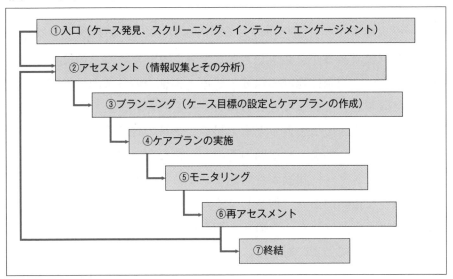

①入口（ケース発見、スクリーニング、インテーク、エンゲージメント）

②アセスメント（情報収集とその分析）

③プランニング（ケース目標の設定とケアプランの作成）

④ケアプランの実施

⑤モニタリング

⑥再アセスメント

⑦終結

（出典）白澤政和ほか『ケアマネジメント』中央法規出版、2002年、3頁をもとに一部改変

　ここでは、介護保険制度下のケアマネジメントのプロセスを、要介護者の事例を交えて説明する。

（1）入口

事例 1 －①

　Aさんは80歳の女性で、息子夫婦と同居していたが、現在は脳梗塞のため病院に入院中である。リハビリ訓練を受けているが、近く退院することになり、病院の勧めで介護保険の申請を行い、要介護3と認定された。家族は病院から紹介されたリストからB居宅介護支援事業所に連絡し、C介護支援専門員（以下、Cケアマネ）がAさんの支援を行うことになった。

　CケアマネはAさんの家族に連絡をとり、病院を訪ねてAさんと家族に面接を行うことにした。そこで、退院後のサービス利用等の相談にのる役割として介護支援専門員のはたらきを説明し、ケアマネジメントを利用することへのAさんたちの意思を確認し、居宅介護支援の契約を結ぶことになった。

　ケアマネジメントのプロセスの第一歩は、援助を必要とする人を発見（ケース発見）し、その人がケアマネジメントの援助を必要としているか否かの判断（スクリーニング）をし、さらに必要と判断された場合にはケアマネジメントを継続的に利用することについての利用者の意思を確認（インテーク）することである。また、援助者と利用者の対等なパ

ートナーシップの形成をめざしていく過程（エンゲージメント）ともとらえられる。

　ケアマネジャーが地域に出向き（アウトリーチ）、要援護者を発見することが重要であるが、必ずしもケアマネジャーだけがこの役割を担うわけではない。相談は地域の保健・医療・福祉等の各種関係機関、サービス提供機関等さまざまなところにもち込まれる。また、利用者や家族からだけでなく、民生委員・児童委員等、地域の資源からもち込まれることもある。社会的孤立や援助拒否のケースなどの場合、関係者から地域包括支援センターに相談がもち込まれることも多い。

　どのような援助があり、何をしてくれるのかがわからなければ、人は援助を求めようとはしないため、大切なのは、地域で暮らす要援護状態にある人たちや関係者に対して、支援システムがあることを知ってもらうことである。ケース発見のシステムと相談窓口としてのケアマネジャーの双方がしっかりと機能することが必要となる。

　ケアマネジャーは発見された利用者と接触し、介護支援サービスについて説明し、その人の援助を受ける意思を確認して、契約を行う。なお、介護保険給付を受けるためには要介護・要支援状態であると認定される必要があるため、未申請者から相談を受けた場合には認定申請に関する支援も行う。

（2）アセスメント

事例 1 －②

　Cケアマネは面接の中で、利用者との信頼関係の形成を意識しつつ、Aさんの状況（健康状態や今できること、できないことなど）や、入院前まではどのように暮らしてきたか、退院後はどのように暮らしていきたいかという生活に関する意向、あるいはAさんと家族のこれからの生活に対する心配や不安に耳を傾けた。話をしていくなかで、Aさんの息子の妻は持病があり十分な介護力とはなり得ないことがわかってきたので、Cケアマネは、介護サービスを活用しながら在宅生活を送っていくことが重要と考えた。

　また、Aさんと家族に了解を得て、退院後の生活に役立つ情報を得るため、主治医など医療スタッフと接触した。主治医からは退院後も継続した医療受診が必要であり、血圧のコントロール等に留意することが必要との専門的意見を、また、リハビリテーション担当スタッフからは退院後の生活においてADL（日常生活動作）面の維持・向上や住環境の整備等が必要である、との情報を得た。

　アセスメントとは情報を収集し、分析を行うプロセスである。ケアマネジメントで収集すべき情報とは、利用者の健康・身体機能面、精神・心理面、社会・環境面等に関する情報であり、また利用者がどのような生活を送って今に至った人なのか、その生活観や価値観、現状の受け止め方や今後の希望等の理解も大切である。

　アセスメントにおける第一の情報源は利用者とその家族である。利用者がどのような生活を送りたいか、また、利用者にどのような生活を送ってもらいたいかという家族の願いも含め、アセスメントを行い、そのプロセスを通じて信頼関係を築くのである。

　一方で、専門機関・専門職からの情報を必要とする場合がある。この場合、情報の照会については利用者の了解を得た上で行う。関係する医療機関と接触し、なかでも主治医と協力関係をつくっていくことが大切である。利用者はさまざまな疾患をもっており、その疾患によって望ましい生活の送り方や禁忌がある。こうした医学的観点からの情報（心身の健康状態の理解や悪化防止・改善のための留意事項等）は、アセスメントを深めるために大切なものである。

　そして、ケアマネジャーはさまざまな情報源から利用者の生活の全体像を理解し、その生活に何が起こっているのかを見極め、生活の全体像の理解から、支援の目標やニーズを明確にしていくのである。ニーズとは「人間が社会生活を営むために欠かすことのできない基本的要件を欠く状態[2]」と考えられ、その内容は物質的・金銭的なものから情緒的・心理的なものまで多岐にわたる。

（3）プランニング

事例 1 －③

　アセスメントを通じてCケアマネは、日常生活でAさんが自分でできることを増やしていき、また家から外へ出て近隣の知人とも会い、以前のように談笑ができるような暮らしを送れることが目標になると考え、Aさんと話し合い、合意を得た。健康状態の維持や家の中でもできることを増やすこと、近隣への外出などができるためのニーズとして、①定期的に通院して健康状態を維持する、②屋内で安全に動けるように住環境を整える、③身体の機能を回復させるためにリハビリテーションを受ける、④以前のようにときどき外出して、知人とおしゃべりを楽しむための環境をつくる、などがあげられ、それらを充足するためのサービス利用についてプランを提案、合意を得ることができた。

　支援の目標（利用者のより自立的で尊厳の保たれた生活）の実現のために、ニーズを充足するさまざまな社会資源を利用者と結び付けることがケアマネジメントの役割である。それは目標の実現を妨げているさまざまな事柄（課題）に対して、どのような社会資源を、どのくらい使うのか（頻度や量）を明らかにするものである。こうした社会資源には、フォーマルなもの、インフォーマルなものがあり、ケアマネジャーは実際に使える社会資源を地域の中から探し出してくる。

　こうしたケアマネジメントのはたらきはパッケージングとよばれる。すなわち、目標達成のために必要な各種の支援をケアプランという枠組みの中に詰め合わせて（パッケージング）、利用者に届ける（実際に支援が活用できるようにする）ことである。

　プランニングでは、ケアマネジャーが利用者の目標に照らして、個々のニーズに対する長期目標、短期目標を設定し、それらを達成できる社会資源を考慮し、ケアプラン原案を作成し、利用者に提示していく。

　理論的にはアセスメントをし、その結果に基づいてプランニングを行うというように援助過程は進んでいくが、現実の援助では、初回面接でインテーク、アセスメントを行いつつ、ケアマネジャーが理解した生活の全体像、目標やニーズを利用者に確認したり、サービス利用に関する提案もしつつ、利用者との合意を図っていく。そして、その合意のもとに次回の面接でケアプラン原案を提案するということもある。

　大切なことは、こうしたアセスメント・プランニングの過程をケアマネジャーと利用者がともに協力しながら進めていくことである。

（4）ケアプランの実施

事 例 1 －④

　Aさんが退院するまでの間に、Cケアマネは病院の理学療法士に協力を求め、Aさん宅の住環境のアセスメントを行った。その上でAさんの身体機能に合わせて住宅改修が行えるように手配した。また、福祉用具等を退院した日から使えるように福祉用具業者と調整を行い、前日に自宅に搬入してもらった。

　Aさんは退院後、各種のサービス利用をしながら生活を始めた。Aさんにとって初めての体験なので、Cケアマネは、各サービスの最初の利用日には利用後を見計らってAさんに電話を入れ、サービスの利用状況について確認した。こうして最初の1週間が過ぎ、Aさんも家族もサービス利用に慣れていった。

　ケアマネジャーはケアプランに位置付けたサービス事業者に対してサービス提供を依頼する。その際、サービス内容だけでなく、利用者の現状や今後どのような暮らしを送りたいかという目標、そうした目標に照らした各機関の役割、ケアプランに位置付けた他のサービス提供機関との役割分担等についても説明し、よりよい援助が行われるように配慮する。

　この利用者の支援において設定する目標が、なぜ、どのようにして導き出されたのか、目標達成のために、そのサービス事業者にどのようなはたらきをしてもらいたいか、言い換えるならば「利用者の暮らしをこのように支えるために、あなたの機関のこのような力を必要としている」ということを明確に伝える必要がある。

　さらにケアマネジャーは、ケアプランに位置付けたサービス事業者に参加を求め、ケアカンファレンス（サービス担当者会議）を開催する。会議には利用者や家族も参加し、ケアプランの内容を確認し、皆で利用者を支えていくことを確認する。このような経過を経てケアプランは実施の段階、すなわち、さまざまなサービスや支援が利用者に提供されることになる。

（5）モニタリング

事例 1 ─⑤

　Ｃケアマネは、その後もときどきＡさんに電話連絡を入れ、サービス利用が順調に推移していることを見守った。最初の1か月が過ぎたころ、Ｃケアマネは、Ａさん宅にモニタリング訪問を行った。そして、現行のケアプランが有効に機能していることを確認し、次月も同様のケアプランを引き続き提供することを確認した。

　モニタリングとは、ケアプランに位置付けた各種のサービス提供機関がケアプランどおりにサービス提供を行ってくれているか、また利用者の状態に変化がないかを監視（モニター）することである。

（6）再アセスメント、ケアプランの修正

事例 1 ─⑥

　こうして数か月が経ったころのモニタリング面接で、Ａさんは、家の中では日中車いすに座って過ごせており、食事やトイレ、着替えなどもがんばっ

て自分でやっているが、「以前のように外出し友人と会えないのが寂しい」と話した。Ｃケアマネは、Ａさんに外出の手伝いをしてくれるボランティアをお願いしてはどうかと提案し、Ａさんの了承を得て、社会福祉協議会のボランティアセンターに外出援助のボランティアの依頼を行った。

　ボランティアコーディネーターがＡさんの近隣に住むボランティアを探してくれ、Ａさんは週に１回、ボランティアとともに車いすで友人宅を訪ねたり、近所のなじみの商店街に買い物に行ったりするようになった。そのことをきっかけとして、Ａさんの友人がＡさん宅を訪ねて来てくれるようになり、Ａさんは以前と全く同じとはいかないが、毎日を穏やかに過ごせるようになっている。

　モニタリングによって、ケアプランどおりにサービス提供がなされていないことを確認した場合にはサービス事業者に修正を求め、利用者の状況に変化が出てきている場合には再アセスメント、ケアプランの修正を行う。それにより利用者の状態の変化に対応した適切なサービス提供が行われるように調整する。

（7）終結

　要介護高齢者へのケアマネジメントでは、サービス利用によって利用者のニーズが充足されても、サービスが必要なくなる状態に利用者が回復することは少ない。そのために、利用者が地域で生活し続ける限り、その状態に合わせてサービス利用の調整を行っていくことが必要になる。在宅生活者のケアマネジメントが終結するのは、利用者の死去、あるいは長期入所（入院）によって地域でのサービス利用の調整が必要なくなった場合であろう。

　障害者へのケアマネジメントでは、利用者が自らサービス調整を行うことができるようになり、ケアマネジャーの援助が必要なくなった場合、すなわちセルフ・ケアマネジメントに移行することで、ケアマネジャーの関与が終結する場合がある。

３ 介護予防ケアマネジメントの流れ

（1）介護予防とは

　厚生労働省補助金により作成された「介護予防マニュアル改訂版」では、介護予防とは「要介護状態の発生をできる限り防ぐ（遅らせる）こ

と、そして要介護状態にあってもその悪化をできる限り防ぐこと、さらには軽減を目指すこと[3]」と定義されている。

介護保険法第４条では、「国民は、自ら要介護状態となることを予防するため、加齢に伴って生ずる心身の変化を自覚して常に健康の保持増進に努めるとともに、要介護状態となった場合においても、進んでリハビリテーションその他の適切な保健医療サービス及び福祉サービスを利用することにより、その有する能力の維持向上に努めるものとする」と規定されている。

（2）介護予防が重視された背景

介護予防という考え方は、厚生労働省が設置した「高齢者介護研究会」により平成15（2003）年に「2015年の高齢者介護」として示されたことによる。平成27（2015）年というのは、第二次世界大戦終結後の昭和22（1947）年から３年間の第一次ベビーブームの時代に生まれた、いわゆる団塊の世代の人たちが全員65歳以上になり、高齢者になった年であり、この年以降、それまでは親の介護をする側であった人たちが今度は介護を受ける側になる可能性があるということであった。

「2015年の高齢者介護」はこのような状況の中、以下の４つの方向性を示した。

①介護予防・リハビリテーションの充実
②生活の継続性を維持するための新しい介護サービス体系
　・在宅で365日・24時間の安心を提供する
　・新しい「住まい」
　・高齢者の在宅生活を支える施設の新たな役割
　・地域包括ケアシステムの確立
③新しいケアモデルの確立
　・認知症高齢者ケア
④サービスの質の確保と向上

介護保険制度が始まってから３年間が経過した平成15（2003）年３月末で、第１号被保険者は2,165万人から2,393万人へと10.5％しか増加していなかったが（**表４−６**）、要介護認定者は218.2万人から344.4万人へと57.8％も増加していた（**表４−７**）。その中でも、特に「要支援」と「要介護１」の軽度者の増加が71.4％、91.6％と目立ち、加えて経年変化の中で重度化していく割合が高いことも明らかになった。そのため、

〈表4-6〉 **第1号被保険者数の推移**

	2000年4月末	2001年4月末	2002年4月末	2003年3月末
被保険者数	2,165万人	2,247万人	2,322万人	2,393万人
増加率	―	3.8%	7.2%	10.5%

（出典）厚生労働省「介護保険事業状況報告」

〈表4-7〉 **要介護認定者数の推移**

	2000年4月末	2001年4月末	2002年4月末	2003年3月末
認定者数合計	218.2万人	258.2万人	302.9万人	344.4万人
増加率	―	18.4%	38.8%	57.8%
要支援	29.1万人	32.0万人	39.8万人	49.9万人
増加率	―	9.9%	36.9%	71.4%
要介護1	55.1万人	70.9万人	89.1万人	105.6万人
増加率	―	28.7%	61.6%	91.6%

（出典）厚生労働省「介護保険事業状況報告」

　それまで介護予防サービスが十分な効果を上げてこなかったことが反省され、要介護状態になることを予防することが高齢者本人、家族のためにも、また介護保険財政のためにも求められるようになった。

　「2015年の高齢者介護」では、介護保険制度を予防重視型システムへと転換すべきことが強く指摘され、それをふまえつつ、平成17（2005）年に介護保険が改正され、平成18（2006）年から施行された。なかでも介護保険の理念である自立支援を徹底するために「地域支援事業」及び「新予防給付」を創設し、大きなサービス再編を行った。

（3）介護予防ケアマネジメント

　介護予防ケアマネジメントは、要支援と判定された高齢者と、認定では自立と判定されているものの生活機能の低下が懸念され介護予防の必要性のある高齢者を対象に実施されるケアマネジメントである。原則として、地域包括支援センターの保健師等、または地域包括支援センターから委託された居宅介護支援事業所の介護支援専門員が立案する。

　平成27（2015）年4月の改正介護保険法施行後、介護予防訪問介護及び介護予防通所介護は市町村が地域の実情に応じて多様な取り組みを行うことが可能となる地域支援事業に移行された。移行後も介護保険制度内のサービス提供ではあるが、全国一律のサービスではなく、多様な地域資源を活用するなど、大きな変化があった。個人や家族の置かれている状況を十分にアセスメントして、介護保険制度によって活用できるサ

ービスのほかに、地域にあるさまざまな活動や支援も視野に入れ、それらを活用することが大切である。

（4）介護予防の考え方

　介護保険法第115条の45第2項において、市町村は、可能な限り、地域において自立した日常生活を営むことができるよう支援するため、地域支援事業を行うものとするとされている。ここでの「地域において自立した日常生活」とは、"利用者の地域生活の中でつくられてきたなじみの関係の中で自立した生活を続ける"ということが考えられるだろう。利用者を取り巻く、友人、近隣の住民、カフェ、スーパー、美容院、病院など、地域で生活することで築いてきた関係性の中で、自立した日常生活を送っていくことが大切である。

　介護予防の具体的な取り組みとして、運動機能の向上、栄養状態の改善、口腔機能向上、閉じこもり予防、認知機能低下予防、うつ予防等の支援があげられる。しかし、運動不足だから運動機能の改善だけを行う支援をすればそれで完結するという単純なものではない。介護予防とは、これら心身機能の改善や環境調整などを通じて、個々の高齢者の生活機能（活動レベル）や参加（役割レベル）の向上をもたらし、それによって一人ひとりの生きがいや自己実現のための取り組みを支援して、生活の質（QOL）の向上をめざすものである。

　運動機能向上などの個々のサービスは、あくまでも目標達成のための手段であり、そのサービスの提供のためには、利用者一人ひとりの状況をよく知ることが大切である。例えば、「80歳ひとり暮らしで、運動不足の高齢者」という条件が同じAさんとBさんがいるとする。Aさんは身体を動かすことが好きで運動できる機会と場所を望んでいる。その場合には、運動機能の向上の支援は効果的かもしれない。

　一方、Bさんは身体を動かすことは嫌いで運動にも興味はない。もともとさまざまな趣味のサークルに参加していたが、一人で通うことができないためにサークルには行かなくなり、自宅に閉じこもりになっていたとする。その場合は、Bさんの趣味であるサークルに通えるように、付き添いボランティアを手配して、Bさんの趣味の継続を支援するという選択肢もあるだろう。Bさんが趣味の場に出かけていくうちに家に閉じこもらなくなり、運動不足が解消され、介護予防の効果を発揮するかもしれない。

　利用者一人ひとりによって、必要な介護予防は異なるため、利用者の

第4章

生活に沿った介護予防を考える必要がある。利用者が社会に参加し、地域の中でお互いに生活を支え合うことを支援し続けることで、結果的に介護予防につながっていくことも忘れてはならない。

4 地域実践事例で見る介護予防

ここで、介護予防の地域実践事例を考えてみよう。

（1）相談の経緯

事例 2 ─ ①

　Dさん、女性75歳。5年前に夫と死別し、ひとり暮らし。1年前に股関節の手術をしてから長い距離の歩行が困難になる。買い物などはシルバーカーを使用しつつ、近くの商店街まで行くことはできており、自立した生活をしていた。友人とも、ときどき訪問し合って楽しく生活をしていた。

　長男夫婦が、Dさんに何かあったときのことを心配して自分たちの近くに住むよう説得し、半年前に、Dさんは長男夫婦の家の近くに引っ越してきた。ただ、長男夫婦はともに仕事が忙しく、Dさんのことを気遣っているが、なかなかかかわることはできない。Dさんは、近くに知り合いもなく、家に閉じこもるようになってしまった。

　週末には、長男夫婦がおかずを届けたり、買い物をしてあげたりしている。Dさんは外に出ることもなくなり、ぼんやりとテレビを見て一日中過ごすようになった。長男夫婦がDさんを心配し、地域包括支援センター（以下、センター）に相談したことで、介護予防の支援が始まることになった。

　Dさんは、半年前に長男夫婦の家の近くに引っ越してきたことによって、今まで築いてきた「なじみの関係」をリセットしてしまったことになる。Dさんは、以前は、シルバーカーを使いながら、近くの商店街に行き、その店主とかかわったり、友人たちの家に行きおしゃべりの時間を楽しんだりすることが日課であった。毎日の生活の中で、外出し、人とかかわることで、自然と「介護予防」ができていたといえよう。

　生活する場所が変わることで受ける心身のダメージ、いわゆる「リロケーションダメージ」によって、生活が内向きになったと考えられる。今までの「なじみの関係」はなくなったが、もう一度、Dさんにとっての「なじみの関係」を築くことで、Dさんが外出し、人とかかわっていく生活をするための支援が必要だろう。

（2）支援の経過

事 例 2 −②

　　センターは、Dさんが家に閉じこもりがちであり、人とも接していないことを把握した。そのため、①身体的な運動をして健康を維持すること、②人と話をする機会をつくること、③仲間づくりをすること、が必要だと認識した。

　　またセンターでは、Dさんが若いころ、小学校の先生として働いていたことを知り、Dさんの家の近くにある**E共生型サービス**事業所を紹介することにした。

　　E共生型サービスは、介護保険法等の改正により平成30（2018）年4月からスタートした「共生型サービス」に加えて、独自に制度外サービスも行っているところであった。新たな共生型サービスは、要介護者の訪問介護、通所介護、短期入所生活介護のサービスと障害福祉サービスの生活介護、自立支援、児童発達支援、放課後等デイサービスが一体的に運営できるというものである。E共生型サービスでは、それに加え、介護保険で対象外になった虚弱な高齢者に対しても独自に「生きがい対応型デイサービス」を展開していた。小規模、多機能、地域密着をコンセプトとしており、家庭的な雰囲気をもち、地域との交流も盛んであった。

　　センターでは、Dさんの社会関係を再度構築し、心身を健康にしていくためには、E共生型サービスが適しているのではないかと考え、Dさんに「生きがい対応型デイサービス」に通うことを提案した。Dさんは「子どもたちもいるようなところであれば行きたい」と乗り気になり、E共生型サービスに通うことになった。

　　介護予防を考える際には、「利用者それぞれが今までどのような生活をしてきたか」について知らなければならない。利用者が求めているものは、単に身体を健康にするというだけではなく、友人との絆や自分の能力が発揮できる場に参加することにより、結果として身体も元気になることかもしれない。その場合、利用者が社会に参加し、地域の中で生活を支え合うことが結果的に介護予防を促進させることになるだろう。

　　例えば、Dさんが運動不足だからといって、運動機能向上の介護予防プログラムのみを提供してもよい結果につながらない可能性が高い。なぜなら現在、Dさんには外に行く気力も目的もなくなっているからである。介護予防は生活と切り離して行われるものではなく、生活に即して行われることでより効果を発揮できるものである。地域包括支援センターでは、Dさんが小学校の先生をしていたことがあることから、高齢者

第4章

だけが集まる場所よりも、高齢者・障害児者のサービスが一体的に運営されている共生型サービスの方が合っているのではないかと考え、共生型サービスの利用を提案することにした。Ｄさんの今までの生活、今の状況をよく把握した上での支援だといえよう。

（3）支援の実施とその後

事例２−③

> ＤさんはＥ共生型サービスに、すぐになじむことができた。その「生きがい対応型デイサービス」には俳句サークルがあり、Ｄさんは週に１回、それぞれつくってきた俳句を披露することが楽しみになった。Ｄさんは季節を感じながらよい俳句をつくろうと、外に出て散歩することも多くなった。
>
> また、Ｄさんは、小学校の先生をしていただけあって、施設に来ている子どもたちとのかかわりがとてもじょうずであった。子どもたちに頼られ、職員たちにも「Ｄさんがいてくれて助かります」と感謝されることで、自分の役割を見つけて、生活にも前向きになっていった。
>
> 共生型サービスに通っていない日には、シルバーカーで買い物にも出かけ、自分で料理もするようになった。週末に長男夫婦が遊びに来たときには、手料理をふるまうようになった。

Ｄさんは共生型サービスで、友人たちと話をしたい、子どもたちとかかわりたいという目的をもつことで、より積極的になっていった。俳句をつくるという目的で外に出るようになり、生活も前向きになっていった。

このように、人間の健康・身体機能面だけを切り離して考えるのではなく、その人の精神・心理面、社会・環境面を総合して考えていかなければ、介護予防が一時的なものにとどまってしまう。その人の生活全体を見て、その人にあった介護予防を提示していくことが大切である。

引用文献
1）白澤政和『介護保険制度とケアマネジメント−創設20年に向けた検証と今後の展望』中央法規出版、1998年、126〜127頁
2）白澤政和『ケースマネージメントの理論と実際−生活を支える援助システム』中央法規出版、1992年、17頁
3）介護予防マニュアル改訂委員会「介護予防マニュアル改訂版」三菱総合研究所、2012年、1頁

参考文献
● 田中　滋 監修『新版 地域包括ケアサクセスガイド』メディカ出版、2014年

第4節 地域包括支援センターの役割と実践

1 地域包括支援センターの役割

（1）地域包括支援センターの目的

　地域包括支援センター（以下、センター）は、「地域住民の心身の健康の保持及び生活の安定のために必要な援助を行うことにより、」地域住民の「保健医療の向上及び福祉の増進を包括的に支援することを目的とする施設」である（介護保険法第115条の46第1項）。第1号介護予防支援事業及び総合相談支援業務等の包括的支援事業等を地域において実施する役割を担う中核的機関として設置される。

（2）地域包括支援センターの業務

　センターは、❶介護予防ケアマネジメント業務、❷総合相談支援業務、❸権利擁護業務、❹包括的・継続的ケアマネジメント支援業務の、主に4つの業務を担う機関である。[*13]

＊13
地域包括支援センターの概要は、本書第3章第2節5の図3-5を参照。

❶介護予防ケアマネジメント業務

　介護予防ケアマネジメント業務（第1号介護予防支援事業）は、介護予防・日常生活支援総合事業において、基本チェックリスト該当者に対して、介護予防及び日常生活支援を目的として、訪問型サービス、通所型サービス等、心身の状況、環境その他の状況に応じて、適切にサービスを提供して援助を行う。

　介護予防ケアマネジメント業務の実施にあたっては、高齢者本人がどのような生活をしたいかという具体的な日常生活上の目標を明確にし、また、サービス事業者だけでなくその目標を本人、家族、事業者が共有することが大切である。ボランティアや地域活動組織の支援等も取り入れていくことが必要である。

　なお、前節であげた介護予防の事例は、センターの介護予防ケアマネジメント業務にあたるものである。

❷総合相談支援業務

　総合相談支援業務とは、地域の高齢者が、住み慣れた地域で安心して、その人らしい生活を継続していくことができるようにするため、どのような支援が必要かを把握し、地域における適切な保健・医療・福祉サービス、関係機関のネットワークを構築し、制度の利用につなげるなどの支援を行うものである。

　地域の高齢者が、安心してその人らしい生活をするためには、相談を受け、どのような支援が必要かを幅広く把握する必要がある。介護保険サービスにとどまらず、適切なサービス、機関または制度の利用につなげていくなどの支援が大切である。

❸権利擁護業務

　地域には、住民や民生委員・児童委員、介護支援専門員（ケアマネジャー）などの支援だけでは十分に問題が解決できない、あるいは適切なサービス等につながる方法が見つからないなどの困難な状況にある高齢者がいる。**権利擁護業務**は、それらの者を対象として、地域において、安心して尊厳のある生活を行うことができるように、専門的・継続的な視点から支援を行うものである。

　業務の内容としては、成年後見制度の活用促進、老人福祉施設等への入所の支援、高齢者虐待への対応、困難事例への対応、消費者被害の防止に関する諸制度を活用し、高齢者の生活の維持を図るものである。

　権利擁護業務においては、以下のような視点が必要である。

①地域からもたらされる広範な相談や情報から判断して、緊急性が高いと思われる場合には迅速に支援すること。

②必要に応じた訪問による実態把握と状況確認を行うこと。

③生活全体を視野に入れ、1つのサービスや制度の適用のみでなく、それらの間をつないだり、必要な社会資源を開発したりすることを含め、幅広い観点からの支援を行うこと。

④地域の実情に応じた連携とネットワークにより、できる限り社会資源を有効利用すること。

⑤一人ひとりの生きる力を引き出す対人支援を行うこと。

　権利擁護業務を行うには、上記の点を常に意識しながら支援することが大切である。

❹包括的・継続的ケアマネジメント支援業務

　包括的・継続的ケアマネジメント支援業務は、高齢者が住み慣れた地域で暮らし続けることができるように、介護支援専門員、主治医、地域の関係機関等の連携、在宅サービスや施設サービスの連携など、地域において、多職種相互の介護予防ケアマネジメント、指定介護予防支援及び介護給付におけるケアマネジメントとの相互の連携を図ることにより、個々の高齢者の状況や変化に応じた包括的・継続的なケアマネジメントを実現するため、介護支援専門員に対する後方支援を行うものである。

　業務の内容としては、「地域ケア会議」等を通じた自立支援に資するケアマネジメントの支援、包括的・継続的なケア体制の構築、地域における介護支援専門員のネットワークの構築・活用、介護支援専門員に対する日常的個別指導・相談、地域の介護支援専門員が抱える支援困難事例等への指導・助言を行うものである。

（3）地域包括支援センターの職員

　センターが、担当する区域における第1号被保険者の数が概ね3,000人以上6,000人未満ごとに置くべき職員の数は、保健師、社会福祉士、**主任介護支援専門員**[*14]について、それぞれ各1人を配置することが必要である。3職種の確保が地域の人材確保や要請状況等により困難であるなどの事情があるとき、複数拠点で合算して3職種を配置することや、これらに準ずる者として、次の者を配置することができる。

①保健師に準ずる者として、地域ケア、地域保健等に関する経験があり、かつ高齢者に関する公衆衛生業務経験を1年以上有する看護師であり、准看護師は含まない。

②社会福祉士に準ずる者として、福祉事務所の現業員等の業務経験が5年以上、また介護支援専門員の業務経験が3年以上あり、かつ高齢者の保健福祉に関する相談援助業務に3年以上従事した経験を有する者。社会福祉士に準ずる者については、将来的に社会福祉士の配置を行うこととする。

③主任介護支援専門員に準ずる者として、厚生労働省が規定するケアマネジメントリーダー研修を修了し、介護支援専門員としての実務経験を有し、かつ介護支援専門員の相談対応や地域の介護支援専門員への支援等に関する知識及び能力を有している者。主任介護支援専門員に準ずる者については、主任介護支援専門員が1名以上配置されているセンターに限り、センターが主任介護支援専門員の育成

*14
介護支援専門員（ケアマネジャー）の上級資格として位置付けられており、地域包括支援センターでの業務や、居宅介護支援事業所等でのスーパーバイザー的役割を果たすことが期待される。

第4章

計画を策定しており、将来的な主任介護支援専門員研修の受講意思を有する者を認める。

（4）地域包括支援センター運営協議会

センターは、市町村が設置した**地域包括支援センター運営協議会**の意見をふまえて、適切、公正かつ中立な運営を確保することになっている。

原則、市町村ごとに、地域包括支援センター運営協議会を1つ設置する。複数の市町村により共同でセンターを設置・運営する場合には、地域包括支援センター運営協議会についても共同で設置することができる。

地域包括支援センター運営協議会の構成員は、介護保険サービス関係者、介護保険以外のサービス関係者、権利擁護・相談を行う関係者、地域の医師会や福祉関係団体、利用者や被保険者などである。

地域包括支援センター運営協議会では以下のことにかかわる。

①センターの設置等に関する事項の承認に関すること

②センターの行う業務にかかる方針に関すること

③センターの運営に関すること

④センター職員の確保に関すること

⑤その他の地域包括ケアに関すること

2 地域実践事例で見る総合相談・権利擁護実践と社会福祉士の役割

ここでは、センターで社会福祉士が行った総合相談・権利擁護実践の事例を考えてみよう。

（1）相談の経緯と初回訪問

事例 3−①

　Gさん（85歳、男性）は、半年前に脳梗塞を発症し、左半身にまひが残り、歩行に不自由を感じるようになった。近くに住む弟がGさんの世話をしていたが、関係が悪化しかかわることがなくなった。Gさんと元々知り合いであった民生委員・児童委員が訪問したが、「家が汚いから」と居室に上げてもらえなかった。民生委員・児童委員がセンターに、「Gさんには親の遺産があり経済的には困っていないと思うが、元々軽度の知的障害の疑いがあり、日常生活ができていない」という心配を伝えたため、センターの社会福祉士

がかかわることになった。

　センターの社会福祉士は、Gさんの生活実態を明らかにすべく、実態把握を行うことにした。初回は、すでに知り合いである民生委員・児童委員にも協力してもらい、一緒に訪問をした。Gさんは民生委員・児童委員の紹介もあって、社会福祉士と世間話には応じたが、「一人でも大丈夫です」とサービスを受けることに拒否的であり、玄関先での対応であった。入浴は行っているというが、服にシミがついており、整容が満足にできていない状況も確認された。

　社会福祉士は無理強いはせず、「また伺ってもよいですか」と次につながる約束をして初回訪問を終えた。

　地域で支援が必要な利用者を発見するのはセンターの力だけではむずかしい。専門職ネットワーク、一般市民、民生委員・児童委員、ボランティア団体などから情報を得て発見し、サービスにつなげていくことが必要になる。そのために日頃から、専門職だけでなく、民生委員・児童委員やボランティアなどとも連携を取り、地域で困っている高齢者の情報をセンターに集めるようにすることが大切になる。

　また、利用者が支援を受け入れる気持ちが希薄な場合、いきなりセンターが訪問しても、警戒されることも多い。すでに良好な関係を保っている民生委員・児童委員や親類などに同行を依頼したり紹介してもらったりする方法も有効である。

　このケースのように、利用者は「一人でも大丈夫です」などと言う場合もあるが、実際には支援が必要な状態であることも多く、表面的な柔らかな拒否の言葉に惑わされずに支援の糸口を見つけることが必要である。拒否されたとしても、そこであきらめず、また次につながる約束をし、少しずつ信頼関係を深めながら、生活状態の把握をしていくことが大切である。

（2）利用者とのかかわり

事例3-②

　その後、社会福祉士は、繰り返し訪問しながら、Gさんとの信頼関係を築いていった。Gさんの在宅での自立した生活を継続するためにセンターがかかわっていきたいことなどを理解してもらい、ようやく居室に上がることができた。

　居室はゴミが散乱しており、足の踏み場がない状態であった。社会福祉士は、そのままゴミの上に座って話をした。「部屋は汚いのだけれど」とGさ

んも居室が不衛生であることを気にしていた。

Gさんは義歯が合わないため使用しておらず、近所のコンビニエンスストアで買った軟らかいレトルト食品などを食べており、低栄養が心配された。脳梗塞後遺症により左半身のまひも残っており、杖歩行でコンビニエンスストアに行く以外は、ほぼ外出もしていない。

社会福祉士は、居室の不衛生さ、低栄養、運動不足などが気になったが、Gさんのサービスに拒否的な気持ちも尊重し、まずはその思いに沿って支援できることは何かということに焦点を当てて探っていった。

社会福祉士は、亡くなった両親の思い出話などを聞き、「亡くなったご両親と向かい合えるように、仏壇の前にスペースをつくりませんか?」と提案した。社会福祉士は、Gさんに了承を得て、気にかけていた民生委員・児童委員とGさんの昔からの知り合いに協力してもらうことにした。ただ、居室をいっぺんに片付けようとはせずに、本人にとって大切なものとそうでないものに分けてもらい、まずは仏壇前のスペースを確保するようにした。そして、Gさんは仏壇にお供えができたことをとても喜び、部屋の片付けにも積極的になった。

また社会福祉士は、Gさんから義歯がないことに不便を感じていることを聞いた。そこで、保健師と話し合い、健康管理のために口腔内のケアが大切であることを確認し、地域で訪問診療をしてくれる歯科医院とつなげた。訪問歯科で、口腔ケアを行い、義歯も調整できたことから、Gさんの咀嚼力が増し、好きなものを食べられるようになったことで表情も明るくなった。

次第に社会福祉士との関係も深まり、Gさんは自分の思いや考えも話すようになっていった。病気になって体が不自由になったことで落ち込み、意欲がなくなっていたこと、他人には頼りたくないが今の状況のままではいけないと思っていることもわかった。お金の細かい計算や手続きの関係がむずかしいこと、もの忘れにより、お金をなくしてしまうことがあるなどの心配を抱えていることもわかった。

社会福祉士は、その思いを受け止め、サービスを受けることでGさんの望む自立した生活に近くなるのだと話した結果、Gさんは納得して本格的に支援を受け入れることになった。

支援者がとらえる困りごとは、利用者本人の困りごとと一致しないことも多い。本人がサービスに拒否的であれば、まずは、本人がなぜそのような思いをもっているのかを知ることが大切である。また、本人が「何に困っているのか」「何に関心があるのか」を見つけ出し、そこを糸口にして、支援を受けることは心地よいと思ってもらうことも有効である。

利用者に支援を受け入れる気持ちがなければ、無理に支援しても上手

くいかない。また支援者の思いだけで進めると利用者からの信頼を得ることができないだろう。信頼関係がなければ、どのような支援も逆効果になることが多い。信頼関係を築くことで、利用者は自分の思いや悩みを支援者に話すことができ、それが支援の糸口につながる。

　Gさんの場合、病気の後、居室のゴミを捨てに行くのがおっくうで、結果としてゴミが溜まっていた状態であった。本人も多少の不便さは感じていたものの、人に頼りたくないという思いも強く、支援には拒否的であった。社会福祉士が「ゴミを捨てましょう」と言うのではなく「亡くなったご両親と向かい合うために仏壇の前にスペースをつくりませんか？」と提案したことで、Gさんは片付けを受け入れたと考えられる。

　また、義歯がないことの不便さを聞き、社会福祉士が訪問診療を行っている歯科とつないだことで、Gさんも次第に心を開き、本格的な支援につなぐことができたと考えられる。

（3）支援の経過

事 例 ３-③

　社会福祉士は、Gさんの希望を聞き、どのようなところを改善すべきかをともに考えることになった。Gさんとの話し合いの中で、①住環境を清潔に保つ、②食事面の改善、③本人の外出の機会の確保、④金銭管理の不安解消を図る、⑤住宅内で転倒の危険性が高い場所への対応などを行うことになった。

　Gさんは介護保険の認定を受け、要支援１と判定され、諸サービスを利用しながら、在宅生活を継続することになった。

　①掃除・洗濯などの生活全般の支援ができるように訪問型サービスを利用すること、②栄養面の改善や見守りのために生活支援サービスを利用すること、③外出の機会の確保のために通所型サービスを利用すること、④金銭管理の不安解消のために日常生活自立支援事業による金銭管理の支援を受けること、⑤浴室と玄関に手すり等の設置を行うことになった。

　社会福祉士は、サービス事業者を集め、ケアカンファレンス（サービス担当者会議）を開催した。会議にはGさんも参加し、今後はサービスを利用しながら前向きに生活していきたいという思いも語られた。

　サービス実施後は、訪問型サービスや生活支援サービスによって、Gさん宅の環境も整い、食事の改善も図られた。また、通所型サービスにおいては、同じ趣味をもつ友人もできた。日常生活自立支援事業による金銭管理の支援を受けることで、サービス事業者への支払い等も支援してもらえることになった。住宅改修によって、転倒の危険が少なくなり、安心して生活できるよ

第4章

うになった。
　社会福祉士は、サービス実施後もときどき電話をし、順調にサービスが進んでいることを確認した。１か月後に訪問し、Ｇさんから生活を楽しんでいる状況を聞いた。
　社会福祉士は、自らの訪問だけでなく、民生委員・児童委員やサービス提供事業者に、Ｇさんに何かあったときには知らせてもらう体制を構築し、サービスを利用しながら安定的に生活できているのか、状況を見守っていくことになった。

　地域には、支援を必要としていてもサービスにつながる方法が見つからないなどの困難な状況に置かれている高齢者がいる。センターの社会福祉士は、そのような高齢者にていねいにかかわり、本人の思いや生きる力を引き出し、ネットワークを活用することで高齢者の生活の維持を図っていかなければならない。権利擁護の視点をもち、総合的な相談に応じていくことが必要なのである。

　また、その際には、支援にかかわる多くの人と連携し、調整の役割を担っていくことが大切である。

　複数のニーズをもっている利用者は、さまざまな社会資源から援助を受けるが、それぞれの社会資源は、自らの提供できるサービスの範囲で利用者のことを理解しようとする傾向がある。こうしたことは、アセスメントが共有されていなかったり、利用者の現在の状態がケアプランに位置付けられているすべての機関で共有されていなかったりするために起こると考えられる。

　それぞれの機関がそれぞれの観点から利用者をとらえ、それぞれがよいと考えるケアを提供することが、かえって相互のサービスの効果を減少させてしまうことも起きかねず、利用者にとって不利益が生じかねない。このような事態は防がねばならないことであり、そのためには、サービス担当者会議において、社会福祉士が相互の連携を促進する役割を果たすことが求められているのである。

　サービス実施後は、サービスによって利用者がどのように変化したのかを把握し、必要であれば、プランを修正していかなければならない。サービス提供者には、予測されるリスクや利用者の状態の改善によって起こると予測される変化など、しっかりと押さえておいてほしいポイントを説明し、変化が起こったときには速やかに連絡がもらえるように依頼しておくことが大切である。

3 地域包括支援センターの実践の課題と今後の方向性

　平成26（2014）年の介護保険法改正では、センターを強化していきながら地域の中核に置き、「在宅医療・介護連携の推進」「生活支援サービスの体制整備」「認知症施策の推進」「地域ケア会議の推進」を視野に入れながら、地域包括ケアシステムの拠点をつくり上げていくことが示された（**図4−11**）。

　高齢者が住み慣れた地域で暮らしていくためには、認知症になっても、看取りが必要になっても、地域で支えられなければならない。そのためには、医療的なサービスと介護サービス、どちらも必要になり、「在宅医療・介護連携」が必要である。

〈図4−11〉 **地域包括支援センターの機能強化**

○高齢化の進展、相談件数の増加等に伴う業務量の増加およびセンターごとの役割に応じた人員体制を強化する。
○市町村は運営方針を明確にし、業務の委託に際しては具体的に示す。
○直営等基幹的な役割を担うセンターや、機能強化型のセンターを位置づけるなど、センター間の役割分担・連携を強化し、効率的かつ効果的な運営を目指す。
○地域包括支援センター運営協議会による評価、PDCAの充実等により、継続的な評価・点検を強化する。
○地域包括支援センターの取組に関する情報公表を行う。

在宅医療・介護連携
地域医師会等との連携により、在宅医療・介護の一体的な提供体制を構築

生活支援コーディネーター
高齢者のニーズとボランティア等の地域資源とのマッチングにより、多様な主体による生活支援を充実

認知症初期集中支援チーム　認知症地域支援推進員
早期診断・早期対応等により、認知症になっても住み慣れた地域で暮らし続けられる支援体制づくりなど、認知症施策を推進

地域包括支援センター
※地域の実情を踏まえ、基幹的な役割のセンター（※1）や機能強化型のセンター（※2）を位置づけるなどセンター間の役割分担・連携を強化

地域ケア会議
多職種協働による個別事例のケアマネジメントの充実と地域課題の解決による地域包括ケアシステムの構築

今後充実する業務については地域包括支援センターまたは適切な機関が実施
＜例＞
・基幹的な役割のセンターに位置づける方法
・他の適切な機関に委託して連携する方法
・基幹的な役割のセンターと機能強化型のセンターで分担する方法　　　　等

包括的支援業務　介護予防ケアマネジメント
従来の業務を評価・改善することにより、地域包括ケアの取組を充実

介護予防の推進
多様な参加の場づくりとリハビリ専門職の適切な関与により、高齢者が生きがいをもって生活できるよう支援

市町村
運営方針の策定・新総合事業の実施・地域ケア会議の実施等

都道府県
市町村に対する情報提供、助言、支援、バックアップ等

※1 基幹的な役割のセンター（直営センターで実施も可）たとえば、センター間の総合調整、他センターの後方支援、地域ケア推進会議の開催などを担う
※2 機能強化型のセンター 過去の実績や得意分野を踏まえて機能を強化し、他のセンターの後方支援も担う

（出典）厚生労働省資料

　また地域にはさまざまなサービスがあるが、それらだけでは不十分であることも多く、拡充していく必要がある。NPO、民間企業、社会福祉法人、協同組合、ボランティアなどが行っている生活支援・介護サービスの提供体制をバックアップしていくことも必要である。そのために「生活支援コーディネーター（地域支え合い推進員）」を配置し、「生活支援サービスの体制整備」を推進していくことが必要である。

　また認知症高齢者も増えていることから、より初期に集中してチームで支援を行う「認知症施策の推進」も大切である。そのような地域でのさまざまな取り組みを地域包括支援センターが把握し、市町村と協力しながら「地域ケア会議」を効果的に推進することによって地域ケアの中核システムをつくり上げていかなければならない。

　地域ケア会議は、平成24（2012）年の地域支援事業実施要綱で、以下のように明記されている。

　「地域包括支援ネットワークの構築のための一つの手法として、例えば、地域包括支援センター（または市町村）が、行政職員、地域包括支援センター職員、介護支援専門員、介護サービス事業者、医療関係、民生委員等を参集した'地域ケア会議'を設置・運営すること等が考えられる。」

　これにより、センターや市町村が設置主体となり地域ケア会議を進めていく役割が明らかになった。

　平成25（2013）年の「地域ケア会議運営マニュアル」（長寿社会開発センター）では、地域ケア会議に次のような5つの機能があることが示された。

①個別課題解決機能：個別ケースについて多機関・多職種が多角的視点から検討を行うことにより個別課題の解決を行うこと。
②地域包括支援ネットワーク構築機能：地域の関係機関等の相互の連携を高めること。
③地域課題発見機能：個別ケースの背後に潜在している同様のニーズを抱えた要援護者やその予備軍を見出し、地域の現状等を総合的に判断して、解決すべき地域課題を明らかにすること。
④地域づくり・資源開発機能：インフォーマルサービスや地域の見守りネットワークなど、必要な地域資源を地域で開発していくこと。
⑤政策形成機能：狭義には、市町村による地域に必要な施策や事業の立案・実施につなげることであり、広義には、県や国への政策の提言までを含む。

〈図4−12〉地域ケア会議がもつ機能

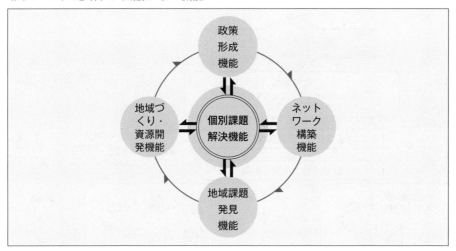

（出典）厚生労働省「『地域ケア会議』に関するＱ＆Ａ」2013年をもとに一部改変

　これらの5つの機能は、相互に関係し合い、循環していくものである（**図4−12**）。地域ケア会議において「①個別課題を解決」しようとすると、サービス提供主体が集まり解決を考えるため、「②地域包括支援ネットワーク構築機能」が高まる。また、個別課題を考えていくことによって、その背後に同様のニーズを抱えた要介護者やその予備軍を見つけ出し、「③地域課題発見機能」を展開させていく。それにより、必要な地域資源を開発していく「④地域づくり・資源開発機能」を機能させ、地域の施策につなげていくような「⑤政策形成機能」が展開される。

　地域包括支援センターや市町村が地域ケア会議を効果的に運営し、地域ケアの中核システムを構築していくためには、個別事例の対応から資源開発まで、5つの機能を発揮させていく必要がある。

　平成26（2014）年の介護保険法改正では、役割として、①個別課題の解決機能、②地域包括支援ネットワーク構築機能、③地域課題の解決機能、に関しては、地域包括支援センターレベルの会議で担い、④地域づくり・資源開発機能、⑤政策形成機能、に関しては、市町村レベルの会議で担うことが示された（**図4−13**）。

　地域には多くの問題が存在する。ひとり暮らしの認知症高齢者をどう支えるか、介護者が孤立しないようにどう支援すればよいのか、在宅で充実した看取りを可能にするにはどうすればよいのかなど、さまざまである。

　例えば、地域ケア会議で、徘徊をして家に帰る道がわからなくなってしまう利用者のケースが話し合われたとする。その利用者をどのように

〈図4-13〉地域ケア会議における実務者レベルと代表者レベルの会議の役割

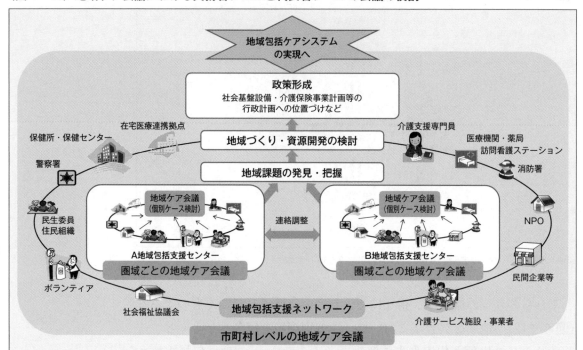

（出典）厚生労働省資料

支援すればよいのかを関係者が集まって考えることで、ネットワークは構築される。また、徘徊で行方不明になる問題は、その利用者だけの個人的な課題ではなく、ほかの多くの認知症高齢者も同じ悩みを抱えていることがわかる。それらを解決するためには、地域において認知症高齢者が徘徊しても支援ネットワークで発見できる可能性を探らなければならない。徘徊している認知症高齢者に地域の人が声をかけることができるように、講習会などを実施し、地域の人の意識を高めていく必要もある。また、認知症カフェなど、認知症高齢者が安心して外出できる居場所づくりを考えていく必要もある。こうした地域課題を整理して解決していくために、生活支援コーディネーターと連携し、資源開発をすすめることも大切である。また、その結果によっては、市町村の計画や施策にも反映させていかなければならないだろう。

　地域包括支援センターは、地域の身近な相談機関として、日々、高齢者や家族の問題を把握できる立場にある。また、地域のさまざまなサービス提供機関とのネットワークを構築している。こうしたことを活かし、地域包括支援センターには、地域の資源とネットワークを最大限活用しながら、地域にあるさまざまな問題を解決していくことが求められる。

BOOK 学びの参考図書

● 福富昌城　編『利用者の思いを映すケアプラン事例集』中央法規出版、2011年。
　　利用者の思いをどう把握し、支援に活かせばよいのか、相談援助職としてのかか
わり方とケアプラン作成の秘けつを学ぶことができる。

参考文献
● 地域包括支援センター運営の手引編集委員会　編『地域包括支援センター運営の手引』
　中央法規出版、2008年

第5節 高齢者に対する保健・医療・福祉の連携

　地域社会の課題は、人口構造の変化や少子高齢化からもたらされたものでもある。すなわち、高齢者の単身世帯や夫婦世帯の増加による、孤独死や「老老介護」の問題、医療や介護が必要な高齢者の増加による、地域での医療・介護の受け入れ不足の課題、また、地域の人々とのつながりが希薄化し、孤立した高齢者の増加などの課題がある。

　こうした地域社会の変化に対応するために、国は平成23（2011）年の介護保険法改正の目的を「高齢者が住み慣れた地域で自立した生活を営めるよう、医療、介護、予防、住まい、日常支援サービスが切れ目なく提供される地域包括ケアシステム」の構築に向けた取り組みを進めることとした。その中には、①医療、②介護、③予防、④住まい、⑤生活支援という5つの要素を含むことが示されている。また、地域の「医療」は「介護」と一体化した支援として提供される必要性が高まっている。

　ここでは、特に高齢者の医療ニーズの動向、それに対応できる医療や介護の連携体制の構築に関連する法制度、政策の動向について確認したい。また、保健・医療・福祉の連携の実際と課題について検討する。

1 高齢者の医療ニーズの動向と課題

（1）高齢患者の割合の増加

　高齢者の医療ニーズの特徴の1つめは、高齢化の進展に伴う、高齢患者の割合の増加である。65歳以上の者の受療率が高い主な傷病を見ると、[15]入院では、「脳血管疾患」「悪性新生物（がん）」であり、外来では、「高血圧性疾患」「脊柱障害」である。

　また、65歳以上の者の死因を見ると、令和3（2021）年においては、死亡率（65歳以上人口10万人当たりの死亡数）は「悪性新生物（がん）」が934.2と最も高く、次いで「心疾患（高血圧性を除く）」554.8、「老衰」422.0の順になっている（**図4−14**）。これら3つの疾病で65歳以上の者の死因の半分を占めていることになる。[16]

　令和2（2020）年の患者調査によると、患者全体に占める高齢者の割合は、入院患者の74.6%、外来患者の50.7%となっている。さらに75歳[17]

＊15
内閣府『令和5年版 高齢社会白書』2023年、第1章「高齢化の状況」、第2節「高齢期の暮らしの動向」（2）より。

＊16
内閣府『令和4年版高齢社会白書』2022年、第1章「高齢化の状況」、第2節2「健康・福祉」より。

＊17
厚生労働省「令和2（2020）年患者調査の概況　結果の概要」。

〈図4−14〉 主な死因別死亡率の推移（65歳以上の者）

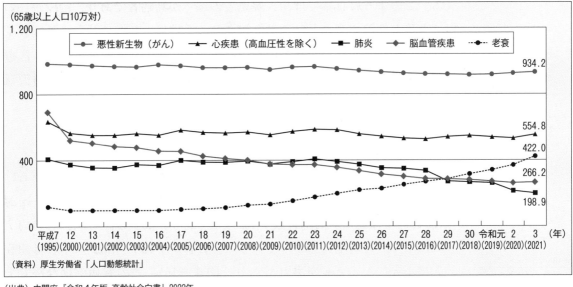

（資料）厚生労働省「人口動態統計」

（出典）内閣府『令和4年版 高齢社会白書』2022年

〈図4−15〉 年齢階級別にみた受療率（人口10万対）の年次推移

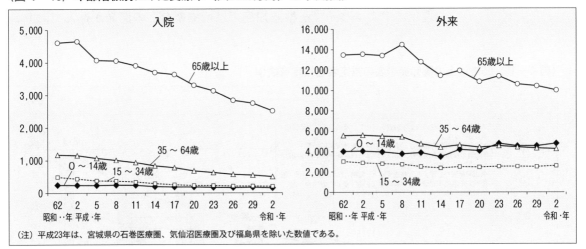

（注）平成23年は、宮城県の石巻医療圏、気仙沼医療圏及び福島県を除いた数値である。

（出典）厚生労働省「令和2年患者調査」

以上は、入院患者の54.8%、外来患者の29.1%となっている。この現象
は、高齢化の進展とともに年々増加傾向にある。このように若年世代に
比べて、高齢者は疾病リスクが高い上、医療機関への受診率や入院率も
高い（**図4−15**）。

　高齢者の入院率は、近年の政策により減少傾向にあるが、一方で、在
院日数の長さが指摘されており、なかなか短縮できない課題を抱えてい
る。病院報告によると、患者1人当たりの平均在院日数は27.5日であっ
た。介護療養病床では327.8日、また、療養病床は131.1日となっている。

*18
厚生労働省「令和3
（2021）年医療施設（動
態）調査・病院報告の
概況」病院報告。

いずれにしても、これらは諸外国と比較しても依然として高い傾向にある。このように日本では、入院患者の多くが高齢者であり、治療が終わった後も病院を選ぶという傾向があり、受け皿としての社会福祉施設やサービスなどが整備できていないことから、その肩代わりとして、医療がその役割を担ってきた。このような現象から、医療費の高騰と財源難を招く結果を生み出している。

（2）認知症高齢者の増加

高齢者の医療ニーズの特徴の2つめは、認知症高齢者の増加があげられる。65歳以上の認知症高齢者数と有病率の将来推計は、平成24（2012）年は認知症高齢者数が462万人であり、65歳以上の高齢者の約7人に1人（有病率15.0％）であった。これが令和7（2025）年には約5人に1人になると推計されており[19]（**図4－16**）、この有病率は今後も上昇するといわれている。このような認知症高齢者数の増加は治療を必要とする患者の増加につながることになる。

近年、アルツハイマー型認知症では治療薬などの開発が進んでおり、

*19
内閣府『平成29年版 高齢社会白書』2017年、認知症高齢者数の推計。

〈図4－16〉65歳以上の認知症患者の推定者と推定有病率

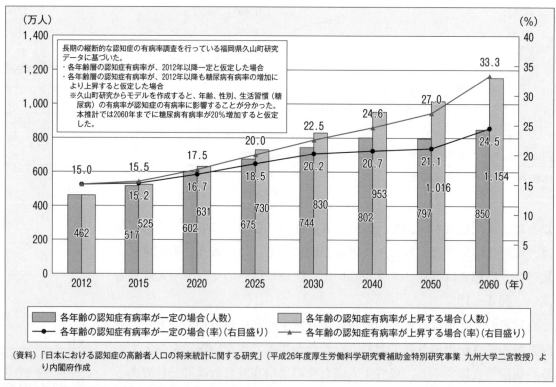

（資料）「日本における認知症の高齢者人口の将来統計に関する研究」（平成26年度厚生労働科学研究費補助金特別研究事業 九州大学二宮教授）より内閣府作成

（出典）内閣府『平成29年版 高齢社会白書』2017年をもとに一部改変

軽度の段階で治療を開始することで認知症の進行速度を遅くすることもできる。このように適切な時期に専門医に受診・治療することが必要になる。認知症はその原因となる疾患を減らすことも重要である。血管性認知症であれば、脳血管性障害の予防や生活習慣病の予防の重要性が指摘されている。また、アルツハイマー型認知症の発症には多くの要因が関係しているとされているが、その中には、普段の生活である食事、運動、活動、ライフスタイルなどに留意することが認知症予防につながることも指摘されている。

　要介護高齢者になった主な疾患の原因は、「認知症」が18.1％と最も多く、次いで、「脳血管疾患（脳卒中）」15.0％、「高齢による衰弱」13.3％、「骨折・転倒」13.0％となっている（**図4－17**）。こうした疾患をもつ高齢者には、適切な医療と必要な介護が一体的に提供される支援が求められる。そのため、医療機関で治療を終えた後に高齢者が地域生活に移行しても、必要な医療と介護のサービスが切れ目のないように、総合的に提供される仕組みが必要になる。さらに、生活の場の確保を目的とした福祉施設の量質の拡充を図ることや、地域で保健医療ニーズが充足でき、生活のための福祉ニーズに対応できるネットワークづくりがますます求められている。

（3）健康寿命と平均寿命の差

　高齢者の医療ニーズ特徴の3つめは、高齢になっても健康であることが、医療費の抑制や介護予防にもつながる。しかしわが国では、**健康寿命**[20]（健康上の問題で日常生活が制限されることなく生活できる期間）と平均寿命との間に差があることが課題となっている。

＊20
本双書第14巻第1部第3章第1節1参照。

〈図4－17〉65歳以上の要介護者等の性別にみた介護が必要となった主な原因

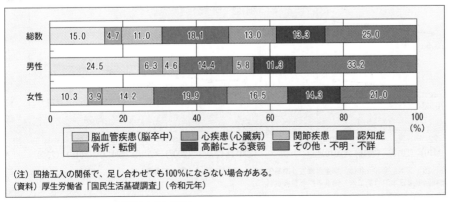

（注）四捨五入の関係で、足し合わせても100％にならない場合がある。
（資料）厚生労働省「国民生活基礎調査」（令和元年）

（出典）内閣府『令和4年版 高齢社会白書』2022年

　健康寿命は、令和元（2019）年では男性が72.68年、女性が75.38年となっており、それぞれ平成22年（2010）年と比べて延びている（平成22年→令和元年：男性2.26年増、女性1.76年増）。さらに、同期間における健康寿命の延びは、平均寿命の延び（平成22年→令和元年：男性1.86年増、女性1.15年増）を上回っている（**図4−18**）。しかしながら、その差は男女とも10歳前後ある。疾病予防、健康増進、介護予防などによって、平均寿命と健康寿命の差を短縮できれば、結果的に医療費削減につながる可能性もある。また、これにより人々が健やかで心豊かに生活できる活力ある社会をつくるとして、国が取り組んでいるところである。

　わが国では、平成12（2000）年には厚生労働省により、生活習慣病の一次予防に重点を置いた「健康日本21」が策定された。これは、9分野（栄養・食生活／身体活動・運動／休養・こころの健康づくり／たばこ／アルコール／歯の健康／糖尿病／循環器病／がん）について数値目標を定め、国民健康づくり運動を推進することである。また、平成20（2008）年には新たに、内臓脂肪蓄積を基盤とした複合リスク病態であるメタボリックシンドローム及びその予備群を、平成27（2015）年までに25％減少する目標が追加された。さらに、より強力な生活習慣病撲滅対策として特定健診・特定保健指導が進められた。生活習慣病は個人の生活習慣だけではなく、社会の生活環境要因も関与するという観点から、「健康日本21（第2次）」（平成25〔2013〕年から10年間の計画）では、

〈図4−18〉健康寿命と平均寿命の推移

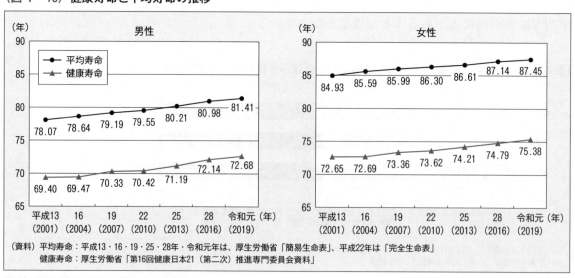

（資料）平均寿命：平成13・16・19・25・28年・令和元年は、厚生労働省「簡易生命表」、平成22年は「完全生命表」
　　　　健康寿命：厚生労働省「第16回健康日本21（第二次）推進専門委員会資料」

（出典）内閣府『令和5年版 高齢社会白書』2023年

「健康を支え、守るための社会環境の整備」という項目が加えられた。このような予防の観点は、医療費の適正化を図る上でも重要になっている。

　近年、フレイル予防の重要性が指摘されている。**フレイル**は「高齢期に生理的予備能が低下することでストレスに対する脆弱性が亢進し、生活機能障害、要介護状態、死亡などの転機に陥りやすい状態」と定義づけられている。また、「健常な状態から要介護状態に陥る中間的な段階」と考えられている。[*21]このフレイルの考え方には、必要な支援介入により再び健常な状態に戻るという可逆性が包含されており、フレイルに陥った高齢者を早期に発見し適切に支援介入することで、生活機能の維持・向上を図ることが期待できることから、社会参加を含むフレイル対策を視野に入れた取り組みを実践し、高齢者の健康づくりへの参加をめざすとともに、フレイル状態の高齢者を適切な医療・介護サービスにつなげることが必要となる。

2 高齢者の医療に関する法制度、関係機関

　高齢者の医療の確保に関する法律は、平成18（2006）年の医療制度改正の一つとして成立した。この法律に基づき設けられた制度として、平成20（2008）年に**後期高齢者医療制度**（長寿医療制度）が施行された。ここでは、その背景とその内容について述べる。

（1）高齢者の医療に関する制度の変遷と課題

　わが国の高齢者の医療制度については、周知のとおり、国民健康保険法が昭和33（1958）年に制定された後、高度成長期を迎える1970年代には高齢者一般に対して「老人医療費無料化」が昭和48（1973）年に実現され、公費を前提とした医療保障がなされた。しかし、オイルショック後の経済は、低成長期に入り、社会保障制度や社会福祉制度の見直しや再編が図られた。それまでの「老人医療費無料化」は、老人医療費の増大を招いたことから、大幅な見直しが行われた。

　その一方で、将来的な高齢化社会への対応や疾病構造の変化をふまえて、昭和57（1982）年に老人保健法が制定された。これにより老人保健制度が導入された。また、生活習慣病対策として、40歳以上を対象とした健康増進活動や健康教育、検診活動などが実施された。その後、医療と福祉の中間の施設として老人保健施設（現介護老人保健施設）が設置

＊21
フレイルは多面性をもった概念としてとらえられており、日常生活（歩行、食事等）に関連した身体能力が衰える身体的フレイル、外出減少や独居など社会性や社交性が希薄になる社会的フレイル、認知機能低下や抑うつなどに関連した精神心理的フレイルといった3つの関連性からいずれも重要であるとしている。日本におけるフレイルの診断は、CHS基準（Cardiovascular Health Study基準）を修正した日本版CHS基準（J-CHS基準）が代表的な診断法として位置づけられている。①体重減少、②筋力低下、③疲労感、④歩行速度、⑤身体活動の5項目のうち3項目以上が該当する場合をフレイルと分類し、1〜2項目が該当する場合をプレフレイル（フレイルの予備状態）、該当なしを健常と分類している。日本老年医学会「フレイルに関する日本老年医学会からのステートメント」。

された。

　従来の高齢者医療制度は、老人保健法に基づく老人保健制度と国民健康保険制度に基づく退職者医療制度の2つの制度が設けられていた。このうち、老人保健制度は75歳以上の高齢者等を対象として、その医療費は保険者からの拠出金（老人保健拠出金）と公費、高齢者の患者自己負担でまかなわれ、市町村が運営する仕組みであった。一方、退職者医療制度は、被用者年金の加入期間が原則として20年以上の長期にわたる退職者を対象にし、被用者保険から市町村国保に移った後も、老人保健制度が適用されるまでの間は、その医療費を自ら払う保険料と被用者保険の拠出金によりまかなわれる制度であった。

　しかし、高齢者の増加とともに、高齢者の医療費の増大の中で、老人保健制度では問題点が指摘された。①老人保健拠出金の中で、高齢者と現役世代の保険料が区別されておらず、高齢者と現役世代の負担割合が不明確であること。②老人保健制度の運営主体は市町村であるが、高齢者に対する医療給付は市町村が行う一方、その財源が公費と保険者からの拠出金によってまかなわれ、制度運営の責任が不明確である。このような問題を改善するために、後期高齢者医療制度が新たに創設されることになったのである。

（2）高齢者の医療費の増加

　わが国における令和4（2022）年度の一般会計の歳出は33.7％（36.3兆円）が社会保障費になっており、一般会計歳出総額約107.6兆円の3分の1を占めている。その内訳を見ると、医療給付が12.9兆円、介護給付費が3.6兆円となっており、社会保障費全体の約4割を占めている（国・一般会計予算の歳出歳入の予算）。

　高齢者の医療費の増加傾向による国民医療費の高騰は、わが国の大きな課題であるが、令和4（2022）年度の国民医療費は、約46.0兆円であった。1人当たりの医療費の推移をみると、75歳以上は95.6万円であり、75歳未満は24.5万円となっている（**表4−8**）。

　わが国の高齢者医療の特性の一つとして、都道府県別医療費の格差があげられる。1人当たりの医療費を都道府県別に見ると、年齢に関係なく西日本が高く、東日本が低い傾向にある。医療費の地域差の要因としては、人口の年齢構成、病床数等医療提供体制、健康活動の状況、健康に対する意識、受診行動、住民の生活習慣、医療機関側の診療パターンなどが指摘されている。この格差の問題から、国は各自治体の実情に応

〈表4-8〉 1人当たり医療費の推移

(単位：万円)

	総　計	医療保険適用						75歳以上
		75歳未満				国民健康	(再掲)	
			被用者					
			保険	本　人	家　族	保険	未就学者	
平成30年度	33.7	22.2	16.9	16.0	16.6	35.3	21.9	93.9
令和元年度	34.5	22.6	17.3	16.5	16.8	36.4	21.8	95.2
令和2年度	33.5	21.9	16.7	16.2	15.5	35.8	18.1	92.0
令和3年度	35.2	23.5	18.2	17.4	17.2	37.9	22.1	93.9
令和4年度	36.8	24.5	19.4	18.4	18.8	38.9	24.5	95.6

(注1)「医療保険適用」「75歳未満」の「被用者保険」は、70歳未満の者及び高齢受給者に係るデータであり、「本人」及び「家族」は、高齢受給者を除く70歳未満の者に係るデータである。
(注2) 1人当たり医療費は医療費の総額を加入者数で除して得た値である。加入者数が未確定の制度もあり、数値が置き換わる場合がある。
(出典)厚生労働省『令和4年度　医療費の動向』2023年

じた対策を講じる必要性を示した。高齢者の医療の確保に関する法律では、都道府県単位で実情に合った医療費適正化計画を図り、都道府県の役割を強化していくことが大きな柱として位置付けられている。

(3) 高齢者の医療の確保に関する法律（高齢者医療確保法）

　将来的に持続可能な医療保険制度を維持していくために、わが国の喫緊の課題として、抜本的な医療制度の見直しが図られた。平成18（2006）年に「健康保険法等の一部を改正する法律」及び「良質な医療を提供する体制の確立を図るための医療法等の一部を改正する法律」（医療制度改革関連法）が成立した。これにより、従来の老人保健法は、「高齢者の医療の確保に関する法律」（**高齢者医療確保法**）に改称・改正され（平成20〔2008〕年から施行）、都道府県単位で全市町村が加入する広域連合が後期高齢者医療制度を運営することが規定された。[22]

　高齢者医療確保法では、①医療費の適正化を推進するための計画の作成、②保険者による健康診査等の実施に関する措置を講ずるとした。また、高齢者の医療について、国民の共同連帯の理念等に基づき、③前期高齢者（65歳以上75歳未満）に係る保険者間の費用負担の調整、④後期高齢者（75歳以上）に対する適切な医療の給付等を行うために必要な制度を設けるとした。この法律は、これらを通して、国民保健の向上及び高齢者の福祉の増進を図ることを目的としている。

　ここでは、「医療費適正化の推進」と「高齢者の医療制度（後期高齢者医療制度）」、「特定健康診査・特定保健指導」の3つを取り上げて説

*22
本双書第6巻第7章第2節4参照。

明する。

❶医療費適正化の推進

　医療費の適正化の推進では、厚生労働大臣は、国民の高齢期における適切な医療の確保を図る観点から、医療に要する費用の適正化を総合的かつ計画的に推進するため、医療費適正化に関する施策についての基本的な方針を定めるとしている。また、これは5年を1期として、医療費適正化を推進するための計画を定めるものとしている。厚生労働大臣が医療費の適正化を総合的に行うこととされ、この方針で、医療費適正化基本方針が示されている。

　全国医療費適正化計画に基づき、都道府県医療費適正化計画を策定し、生活習慣病対策や長期入院の是正に積極的に取り組むこととされた。具体的には、入院日数の短縮、機能別病床の整備、生活習慣病の予防、後発医薬品の使用促進、重複投薬や多剤投与の適正化などの推進により、増加する医療費の抑制が目的の一つとされた。これにより、5年ごとに各都道府県の広域連合が医療費適正化計画を策定し、厚生労働大臣がそれを評価し公表することになった。

　この計画は、第1期の計画（2008年～2012年）では、①生活習慣病の有病者・予備軍の減少、②平均在院日数の短縮に関する具体的な数値目標をあげていた。PDCAサイクルを用いて、中間評価を行い実効性のある計画を進めていくこととされた。

　第2期の計画（2013年～2017年）では、第1期の評価をふまえて、医療費適正化計画に向けた目標として、住民の健康の保持の推進に関する目標（特定健康診査実施率、特定保健指導実施率、メタボリックシンドロームの該当者・予備軍の減少率、たばこ対策）、医療の効率的な提供の推進に関する目標（医療機能の強化・連携などを通じた平均在院日数の短縮、後発医薬品の使用促進）が掲げられた。

　その間、平成27（2015）年に成立した「持続可能な医療保険制度を構築するための国民健康保険法等の一部改正の法律」において、医療費適正化計画の見直しが示された。これにより、都道府県ごとの地域医療構想と整合的な形で、都道府県ごとに医療費の水準や医療の提供に関する目標を設定する医療費適正化計画を策定することが盛り込まれていた。医療費適正化計画では、平均在院日数などの医療提供体制に関しては、都道府県が策定する医療計画、介護保険事業支援計画、健康増進計画の3計画に密接に関連しており、相互に調和を図ることが定められている。

　第3期の計画（2018年〜2023年）からは、計画期間がこれまでの5年から6年に変更された。また、平成30（2018）年には、第7次医療計画と第7期介護保険事業計画が開始されたことから、相互に調和を図ることが求められた。すなわち、各都道府県が保健・医療・介護・福祉の一体的な取り組みを推進することで、良質かつ適切な医療や介護サービスを効率的に提供する体制（地域包括ケアシステム）を構築し、医療費の適正化を図ることが期待されている。

　第3期の医療費適正化計画では、入院医療費は、都道府県の医療計画（地域医療構想）に基づく病床機能の分化・連携の推進の成果を反映させて推計される。外来医療費は、糖尿病の重症化予防（40歳以上の糖尿病の1人当たりの医療費の平均を上回る都道府県の平均との差を半減）、特定健診（70％目標）・保健指導（45％目標）の推進、後発医薬品の使用促進（80％目標）、医薬品の適正使用（3医療機関以上、15種類以上の薬剤投与についての是正）による、医療費適正化の効果を織り込んで推計し、医療費の見込みを算出するものとされている。

　入院医療費の見込みは、病床機能の分化・連携の推進の成果をふまえることとし、外来医療費の見込みは、適正化の取り組みによる効果額（各都道府県の積み上げ値）6,000億円との試算が示された。この医療費適正化計画には、都道府県の達成状況や施策の進捗状況を評価し、年度ごとに公表することや、計画の最終年度に進捗状況を分析・公表し、第4期計画作成に活用すること、計画終了の翌年度に実績評価を公表すること、目標達成が困難と見込まれた場合、要因分析し取り組む施策内容を見直し、対策を講じるなど、具体的に達成状況の評価をすることが盛り込まれている。

　また、国、都道府県、保険者などの役割が示された。国は都道府県及び保険者等に必要な支援を行い、施策を推進する役割である。都道府県は地域医療構想策定による医療提供体制の整備、保険者協議会を通じた必要な協力の要請など、目標達成に向けた主体的取り組みを行う役割や、保険者機能の発揮の役割も担うとされている。保険者の役割は、医療保険の運営主体の役割や、保健事業等を通じた健康管理や、医療の質・効率性向上のための医療提供体制へのはたらきかけなど、保険者機能の強化を図るものとして、それぞれの役割が明確に位置付けられた。

❷後期高齢者医療制度（長寿医療制度）

　高齢者の医療制度は、高齢化の進展と医療費の増加の中で、国民皆保

険を持続可能なものとしていく仕組みとして、75歳以上の高齢者を対象とした独立した医療保険制度である後期高齢者医療制度（長寿医療制度）が創設された。その理由には、従来の老人保健制度の行き詰まりを受けて、高齢者の医療費をまかなう方法として、給付と負担の運営に関する責任の明確化や、高齢者に応分負担を求めるとともに、高齢者の医療費の負担関係の明確化を図ることで、医療費が高く負担能力が低い高齢者に対する現役世代からの支援について国民の理解を得ることなどがあげられる。

　また、65歳から74歳までの前期高齢者には、これまでの国民健康保険、あるいは被用者保険に加入したまま、前期高齢者の偏在による保険者間の医療給付費負担の不均衡を調整する財政調整制度が設けられた。ただし、退職者医療制度は、平成26（2014）年度までの間に退職した者が65歳に達するまでの間は経過措置として存続することとなった。

〈表４－９〉 後期高齢者医療制度の仕組み

運営主体	・都道府県単位ですべての市町村が加入し設立された後期高齢者医療広域連合
被保険者	・広域連合の区域内に住所を有する75歳以上の者 ・広域連合の区域内に住所を有する65歳以上75歳未満の者であって、一定の障害の状態にある者
適用除外	・生活保護法による保護を受けている世帯 ・前記のほか、適用除外とすべき特別の理由がある者
資格の取得ならびに喪失	・広域連合の区域内に住所を有する者が75歳に達した日、75歳以上の者が広域連合の区域内に住所を有するに至った日から被保険者となる ・広域連合の区域内に住所を有しなくなった日から、被保険者でなくなる
医療給付	ア.療養の給付、イ.入院時食事療養費、ウ.入院時生活療養費、エ.保険外併用療養費、オ.療養費、カ.訪問看護療養費、キ.特別療養費、ク.移送費、ケ.高額療養費、コ.高額介護合算療養費、サ.葬祭費支給または葬祭給付、シ.傷病手当金その他の給付
被保険者の一部負担	・原則として１割 ・現役並み所得者は３割 「現役並み所得者」とは、課税所得145万円以上で世帯収入が520万円以上（被保険者のみの単身世帯の場合は383万円以上に該当する者） ・一定以上の所得者は２割 課税所得28万円以上かつ「年金収入＋その他の合計所得金額」が単身世帯200万円以上、複数世帯320万円以上（令和４〔2022〕年10月から）
保険料	・保険料の額は、被保険者全員が等しく負担する均等割額（頭割）と被保険者の所得に応じて課せられる所得割額（応能割・所得比例部分）を50：50の割合とし、個人単位で算定・賦課される。最高限度額は、年間62万円である。 ・所得割並みに均等割額は各広域連合がそれぞれの医療給付に応じて２年ごとに決める。 ・低所得世帯の被保険者に対しては、所得水準に応じて保険料の軽減措置がとられる。 ・被用者保険の被扶養者であった者に対しては、老人保健制度のもとでは保険料を負担していなかったが、後期高齢者医療制度では保険料負担が発生することになった。このため制度加入時から２年間は所得割額が課せられることはなく、均等割額のみ５割軽減されて課される。

（筆者作成）

　後期高齢者医療制度では、被保険者はすべての75歳以上の者と65歳以上75歳未満の一定の障害の状態にある者であり、これらの者から保険料を徴収し医療給付を行う「社会保険方式」の仕組みである（**表4-9**）。後期高齢者医療制度の運営主体は、都道府県単位ですべての市町村が加入して設立された後期高齢者医療広域連合（以下、広域連合）であるが、保険料の徴収、被保険者の資格・医療給付に関する届出の受付などの事務は市町村と広域連合が分担して行う。

❸特定健康診査・特定保健指導

　平成20（2008）年の高齢者医療確保法では、40〜74歳の者（妊産婦その他の厚生労働大臣が定める者を除く）を対象として、特定健康診査・特定保健指導の実施が、各保険者（各健保組合・国保等）に義務付けられた。わが国の主要死因別にみた死亡率は、結核による死亡が高かったが、公衆衛生の向上や医学の発展により昭和20年代以降大きく減少した。

　このように、日本の死因の構造の中心は従来の感染症から、糖尿病、高血圧などの、いわゆる生活習慣病に大きく変化した。この生活習慣病は、食事や運動・喫煙・飲酒・ストレスなどの生活習慣が深く関与して、発症の原因となる疾患の総称である。特に近年の生活習慣病は、さまざまな疾病を引き起こすため、わが国の医療費高騰に影響している。

　このようなことから、「**特定健康診査**」は、生活習慣病の予備群といわれるメタボリックシンドローム（内臓脂肪症候群）に着目して、健康診査を行うものである。また、「**特定保健指導**」とは、特定健診の結果から、生活習慣病の発症リスクが高く、生活習慣の改善による生活習慣病の予防効果が多く期待できる者に対して、保健師、管理栄養士などの専門スタッフによる保健指導を通して、生活習慣を見直すことである。これにより、生活習慣病が重症化しないように、その前段階で、本人が健康状態を自覚し、生活習慣改善の必要性を理解した上で、日常生活につなげられるようにする。そのためには、各保険者は健診結果から、リスクが高い者を的確なタイミングで選定し、専門職が個別に介入する必要がある。また、各保険者は、法律に基づき、特定健診・保健指導を実施し、その結果を国に報告することが義務付けられた。こうした取り組みは、国民の健康保持・増進と医療費の削減や適正化の観点から重要である。

*23
広域連合は、さまざまな広域的ニーズに柔軟かつ効率的に対応するとともに、権限委譲の受け入れ体制を整備するため、平成7（1995）年6月から施行されている制度である。広域連合は、都道府県、市町村、特別区が設置することができ、これらの事務で広域にわたり処理することが適当であると認められるものに関し、広域計画を作成し、必要な連絡調整を図り、総合的かつ計画的に広域行政を推進する。「高齢者の医療の確保に関する法律」により、後期高齢者医療制度に関する事務は、都道府県の区域ごとにすべての市町村で構成される広域連合が行うものとされている。

第4章

3 保健・医療・福祉の連携

　平成26（2014）年には、「地域における医療及び介護の総合的な確保を推進するための関係法律の整備等に関する法律」（**医療介護総合確保推進法**）が制定された。この施行に伴い、医療法の一部改正が行われ、地域における効率的かつ効果的な医療提供体制の確立をめざすことが示された。そのことにより、地域における質の高い医療の確保、質の高い医療を確保するための基盤の整備、医療機関の医療機能の分化・連携、在宅医療の充実、医師・看護師等の確保対策、医療機関の勤務環境改善、チーム医療の推進、医療事故調査の仕組みの創設などが推進された。

　また、令和7（2025）年に向けた地域包括ケアシステムの構築をめざして、保健・医療・福祉の連携、認知症ケアの推進、地域ケア会議の開催なども推進されている。

　ここでは、事例を通して、具体的な取り組みを紹介する。

（1）高血圧症から脳梗塞を発症した高齢者とその家族への支援

❶支援の視点

　脳血管性疾患を発症した場合、その多くは急性期治療を終えた後も、何らかのまひや嚥下障害などの後遺症が発生する頻度が高く、リハビリテーションなど、医療機関の連携が必要になる疾患とされている。このような疾患の場合、急性期病院と回復期病院の連携、また医療から介護サービスまでの継続した連携体制が必要となる。

> **事例 4**
>
> 〔概要〕
> 　Aさん（75歳、男性）は、68歳の妻のBさん（人工透析を受けている）と二人暮らし。右脳梗塞を発症し、救急車で急性期病院に搬送、軽度の左片まひあり。ベッドから車いすに移乗の際に誤って転倒し、左足の大腿骨頸部を骨折したため、人工骨頭置換術を行った。
> 　もともと高血圧症があり、かかりつけ医で投薬治療を受けていたが、運動量と塩分摂取や食事量のバランスを取ることがむずかしく、血圧コントロールが不良であった。今回は、急性期治療を終え、脳梗塞発症から2か月後に、リハビリテーションが可能な回復期病院に不安ながら転院した。
> 　入院中のAさんは妻のためにも早く退院して長年住み慣れた自宅に早く帰りたいと願っていた。一方、妻のBさんは人工透析のため、非常に疲れやす

い。また、週3回の通院が必要であったことから、夫が自宅に退院してきた後の介護ができるかどうか不安に思っていた。

○　家族情報：夫婦、二人暮らし。娘は、遠方に嫁いでいて、受験生の子どもを抱えている。これまでは月に1度のペースで両親に会いに来ていた。今後のサポートにも限界がある。

○　家屋情報：2階建ての持ち家。これまでは、2階に寝室があり、玄関、居間、廊下、トイレ、浴室などに段差がある。就寝はベッドを使用していた。

〔経過〕

　リハビリテーション治療を受けた当初の理学療法士や作業療法士からのAさんの評価は、判断力や注意力がやや低下していることや、歩行が安定していないことなどから、転倒の危険性が高いという情報であった。その後、3か月の訓練の結果、危なっかしいが、杖を使って屋内歩行ができるようになってきた。

　本人がそろそろ退院したいと希望したことから、社会福祉士（医療ソーシャルワーカー）は、病院の担当スタッフに退院前カンファレンスを提案した。そこで、本人、妻、娘、主治医、看護師、理学療法士、作業療法士、介護支援専門員が集まり、Aさんの退院後の療養の方法や、Bさんが人工透析を受けながら夫の介護との両立ができる生活について検討がなされた。介護保険を申請し、Aさんは「要介護2」の認定を受けた。

　退院後は、居室を1階に移動し、介護用ベッド、手すり、段差解消などの改修が行われた。妻が人工透析を受けに行く週3回はデイサービスを利用することや、週2回の訪問介護を導入することで、妻の介護負担の軽減を図るケアプランがつくられた。

　しかし、Aさんは、退院後、デイサービスに行くことを嫌がり、自宅でテレビを見るなどで一日を過ごすことが多くなった。かろうじて通院はするものの、徐々にADLの低下がみられた。妻からは「このままでは寝たきりになるのではないか」「老老介護で倒れるのではないか」と不安の声が聞かれるようになった。できる限り二人で生活をするためにも、Aさんがリハビリテーションを受けて、安定した生活を送らせたいという希望も聞かれた。

　そこで、本人を含めて、妻、娘、介護支援専門員、社会福祉士が自宅で話し合いをもった。Aさん自身もできる限り自宅で生活したいという希望があることから、ADLの再獲得を目的とした訪問リハビリテーションの導入と、妻の負担を減らすために訪問介護を週4回に増やすこと、妻が体調不良等の場合にはショートステイを利用することなどの案が出され、本人も家族も納得した。その後、本人、妻、娘、介護支援専門員、介護福祉士、主治医、訪問リハビリテーションを行う理学療法士が集まり、サービス担当者会議を実施し、その中で現状の問題点を明確にし、支援方法や方針を共有し、必要な

サービスの導入が図られた。

❷事例解説

　昨今の病院機能の分化の推進に伴い、患者は医療ニーズに合った病院に転院することが要請される。その場合、まだ後遺症があるのに、違う病院に移動することは、本事例のように、本人も家族も不安感をもつ場合が多い。その際に、送り出す側と受ける側の病院の社会福祉士は、入院する目的（この場合はリハビリテーションによる機能回復）を明確に伝え、患者が入院中に不安なく治療に専念できる配慮が必要になる。

　また、本人だけではなく、家族も後遺症を抱えた家族成員を自宅に迎え、新たに生活を営むことに、戸惑いや不安を覚える場合がある。この場合は、入院中から家族の不安に耳を傾け、課題を整理し、ともに解決していくプロセスが重要である。入院中から介護支援専門員をはじめとする地域や施設の専門職や担当者をカンファレンスなどに参画させ、連携・協働を促すことや、退院後も必要な情報を共有するために、地域ケア会議などを開催し、切れ目のない連続的な支援が行えるように、常に病院と地域の橋渡しを行うことが求められている。

（2）在宅高齢がん患者への支援にみる保健・医療・福祉の連携と社会福祉士の役割

❶支援の視点

　人生の最期を支える終末期ケアはターミナルケア、エンドオブライフケアともいわれる。現在は医療の進歩や家族構成の変化等により、医療機関での死亡が約7割以上を占めている[24]。また、高齢者の場合、住み慣れた家での「在宅死」を希望する者が5割以上あるが[25]、実際には医療機関や施設で最期を迎える現状にある。また、延命を望まず、自然にまかせてほしいと望む高齢者は91.1%であった[26]。患者本人の意向を尊重することが重要であり、エンドオブライフケアを支えるためには、地域の包括的な支援・サービス提供体制が重要になる。

　これから期待される社会福祉士の役割は、患者と家族の希望や意向に応じて、チームメンバーの役割と活動を理解することである。

*24
厚生労働省「令和3年
(2021) 人口動態統計の
年間推移（死亡数、性・
死亡の場所・死因〔死
因簡単分類〕別）」

*25
内閣府『令和元年版 高
齢社会白書』2019年。

*26
内閣府『平成29年版 高
齢社会白書』2017年。

事例 5

〔概要〕

　Cさん（76歳、女性）は、ひとり暮らし。乳がんと診断され、肺に転移が

あり、がんの末期（余命3か月）と診断された。在宅療養支援病院になって[*27]いるこの病院の医師と本人が話し合った結果、Cさんは、これからの積極的な治療は体に負担がかかることや副作用のほうが大きいことを知り、抗がん剤治療をしない無治療を選択した。痛みのコントロールをしたところで、早く退院することを希望した。

　しかし、ひとり暮らしであることから、自宅に帰ってからの食事づくりや家事もできないことなど、今後の病状悪化した場合に不安があった。身寄りがないこともあり、同病院に設置されている在宅ケア部門のソーシャルワーカー（社会福祉士）は、かかりつけ医からCさんの退院後のサービス調整などの支援を依頼された。

　CさんのADLは食事、排泄は自立しているが、時々ふらつきがみられることから、今後の家事は全面的にホームヘルパーなど外部の支援が必要であることをCさん自身も自覚していた。

○　家族歴・生活歴：Cさんは結婚歴がなく、これまで一人で生活してきた。両親、そして姉も5年前に他界し、頼れる身内は存在しない。Cさんは、大学を卒業してから小学校の教諭として定年まで勤めた。退職後も嘱託で勤務し、特別支援学級で65歳まで仕事を続けていた。

　完全に仕事から離れた後は、長年やってきた生け花の師範の免許を取り、自宅で生け花教室を開いていた。教室には多くの生徒がお稽古に通っており、Cさんの生き甲斐にもなっていた。老齢年金と生け花教室などで経済的に問題はない。

○　家屋情報：2階建ての持ち家。高台にあり、坂が多い地域である。就寝はベッドを使用していた。

〔経過〕

　在宅ケアの担当のソーシャルワーカーは、介護保険の申請をするために担当医師に診断書の作成を依頼し、要介護2と認定された。訪問看護の依頼、訪問介護などが必要であることから、居宅介護支援事業所の介護支援専門員を選定し、退院後の生活の調整を一緒に行うことになった。在宅ケア担当ソーシャルワーカーが、Cさんの意向を確認した上で、退院前カンファレンスを開催した。Cさん本人、在宅療養支援病院の担当医師、薬剤師、訪問看護師、介護支援専門員、ホームヘルパー、福祉用具専門相談員、訪問リハビリ（理学療法士）、地域包括支援センターの相談員、社会福祉協議会の職員が参加した。また、Cさんの古くからの親友2人も参加し、退院後の自宅療養のための話し合いがもたれた。

　担当医師からは、今後の身体的症状の悪化や変化の予測が説明された。それを受けて、看護師からは痛みの発生時や病状の悪化の場合に、医師や薬剤

[*27] 在宅療養支援病院は、平成20年度の診療報酬改定で新設され、200床未満の病院、または、その病院を中心とした半径4km以内に診療所が存在しないものであること、在宅医療を担当する常勤の医師3名以上の配置等の条件がある。24時間体制で往診や訪問看護を実施することができ、保健医療サービスと福祉サービスとの連携調整を担当する者と連携している、在宅医療を支える病院である。在宅療養支援診療所の制度もある。

第4章

師と協働して、いつでも対応することが説明された。またホームヘルパーからは、対応できる身の回りのことや、家事全般を行うことなどが説明された。Ｃさんの親友２人からは、毎日訪問できるように、訪問の曜日を設定し、話を聞くことや精神的な支えになりたいという希望が出された。また、地域包括支援センターと社会福祉協議会の職員からは、権利擁護に関する相談や対応をすることが提案された。

　このように、自宅に戻った場合に想定されるさまざまな課題に対して、「誰が」「どのように対応するのか」などが具体的に計画された。また、ひとり暮らしであるＣさんが一番不安に思っていたのが、緊急時の対処であった。緊急の場合には24時間、医師や訪問看護師が対応することや、むずかしい場合は病院に入院できることを確約した。痛みのコントロールのために訪問薬剤師もサポートすることになった。病状が悪化し介護量が増えたので、要介護度の区分変更を行い、ホームヘルパーと訪問看護師が毎日訪問することになった。

　Ｃさんを訪問して支援を提供する者は必要な記録を残し、それを共有することで「小さな変化を見逃さないきめ細かい体制」がとられた。Ｃさんは息を引き取る最期まで自宅で生活することができた。

❷事例解説

　後期高齢者の増加により、今後、死亡者数は増加することが予想されている。それと同時に、医療機関以外の場所での死亡も増加することが見込まれている。このような中、人生の最終段階を送る人々をどのように支えていくのかについて、医療・介護従事者の果たす役割は、今後ますます大きなものになってくる。これは、医療機関だけで対応するものではなく、地域包括ケアシステムに対応したものとする必要がある。これは、保健・医療・福祉の領域が一体となって、その人の望む生き方を支えることに尽きる。社会福祉士は、本人の価値観や好みを理解し、ある時には代弁者、仲介者となることもある。

　また、本人の身体、精神、心理、社会、スピリチュアルなど多様なニーズをとらえ、フォーマル資源だけではなく、家族、親戚、友人、宗教家、近隣住民、ボランティアなどのインフォーマルサポートも活用し、刻一刻と変化する状態やニーズに適時・適切・的確に対応する必要がある。そのため、社会福祉士には、地域の連携する機関の特性、利点、限界などを分析することや、チームメンバーの役割や機能を理解すること、さらには、本人や家族の意向をくみ取り、それをチームに反映できるコミュニケーション力、コーディネート力、リーダーシップ力を発揮する

ことが望まれる。

（3）保健・医療・福祉の連携の課題と今後の方向性

　複数の慢性疾患をもち、治療を受けながら生活する高齢者や、ADL
の低下が懸念される高齢者の増加が予測されている昨今、これは、言い
換えれば、保健・医療・福祉や予防などの支援が複合的に必要となる高
齢者が地域に多く存在することを示している。病気になっても地域の医
療機関に受診ができることや、食事や家事などの日常生活での支援が、
「生きる」を支えることになる。身体に障害があっても、認知症があっ
ても、安全に、安心して暮らせる居住空間は必要である。

　このように、住まい、医療、介護、予防、生活支援を一体的に提供す
る地域包括ケアシステムを有機的に稼働させるためにもチームケアが必
要であり、多機関・多職種による連携・協働が求められている。社会福
祉士は、さまざまな機能をもつ機関が連携し、それぞれの職種が専門性
を発揮し、有効なケアを提供できるように、連携調整を担うことが期待
されている。また、地域住民のニーズや地域課題を抽出する力も求めら
れている。以上のことから、社会福祉士には、個人や家族単位（ミクロ
レベル）だけではなく、地域（メゾレベル）を見据えた支援が求められ
ている。

　また、地域の医療機関や自治体や行政機関、福祉サービス機関との連
携を強化するための役割が期待されており、医療制度と福祉や介護の制
度間で分断されているものを連携と統合するためには、地域の保健医療
福祉のネットワークの構築を図るスキルも求められよう。医療制度や社
会福祉制度の改正や変更は、機関や組織、そしてそこで働く者に影響を
与える。またそれは、高齢者の生活へも影響することになる。このよう
に制度・政策（マクロレベル）から受ける影響を分析することから、具
体的な対応策を検討することができるかもしれない。

　社会福祉士は、地域の保健・医療・福祉などの社会資源をネットワー
キングすることにより、それを活用して複合的な地域システムを構築す
る。また、組織や地域レベルからの介入や、制度・政策の動向を理解し
必要があればソーシャルアクションを起こし、ミクロレベルで生じる問
題にも対処できる環境をつくることになる。地域連携や地域のネットワ
ーキングは目に見えるものではないが、職種間ネットワーク、組織間ネ
ットワークを通して支援することにより、地域を動かすほどの力を生み
出すこともあるだろう。また、協働することで達成できるものがある。

第4章

そのためには、地域ケア会議の開催、組織間を越えた勉強会、地域課題に対するプロジェクトの推進などを通して、地域連携力・協働力を育んでいくことが必要になる。

4 感染症と高齢者福祉

＊28
本双書第14巻第1部第4章第4節4参照。

　高齢者は加齢に伴って、感染に対する抵抗力が弱くなっており、特に免疫力が衰えている高齢者は、**感染症**[28]にかかりやすい。また、感染症にかかると重症化するリスクがあることから、これまでもさまざまな取り組みがなされてきた。ここでは、高齢者の感染症とその対策を概観する。また、特に新型コロナウイルス感染症における高齢者への影響やコロナ対策についても解説する。

（1）高齢者と感染症対策

　感染症にはさまざまな種類があるが、ここでは、高齢者がかかる感染症のなかでも、インフルエンザ、肺炎、結核、そして新型コロナウイルス感染症を説明する。

＊29
接触感染とは、感染者がくしゃみや咳を手で押さえた後、その手で周りの物に触れるとウイルスがつき、それに触るとウイルスが手に付着し、その手で口や鼻を触ると粘膜から感染する。また、飛沫感染とは、感染者の飛沫（くしゃみ、咳、唾液など）と一緒にウイルスが放出され、そのウイルスを口や鼻などから吸い込んで感染する。空気感染とは、空気中を漂う病原体を吸い込むことによって生じる感染経路で、結核、はしか、水ぼうそうなどの感染経路である。

　季節性インフルエンザにおいては、秋の終わり頃から春の初めにかけて、全国的に流行する。インフルエンザウイルスによる感染症である。また、新型インフルエンザとは、季節性インフルエンザと抗原性が大きく異なるインフルエンザであって、一般に国民が免疫を獲得していないことから、全国的かつ急速なまん延により国民の生命および健康に重大な影響を与えるおそれがあると認められるものをいう。いずれも、感染経路は接触感染と飛沫感染である[29]。発症すると高熱、のどの痛み、倦怠感、関節痛などの症状を引き起こす。高齢者は気管支炎や肺炎などの合併症を生じやすく、重篤な状態になることもある。インフルエンザの死亡率は年齢を重ねるごとに上昇すると報告されている[30]。高齢者等に対するインフルエンザの予防接種が、発病や重症化の防止に有効であるとして、平成13（2001）年に定期予防接種の対象疾病となっている。

＊30
野田龍也「日本の医療データベースから算出された季節性インフルエンザの重症化率」奈良県立医科大学医学部、2022年。

＊31
厚生労働省「令和4年（2022）人口動態統計月報年計（概数）の概況統計表」2023年、15頁。

　肺炎は気道に細菌やウイルスが感染することによって発症する病気で、現在、肺炎は日本人の死因5位であり、死因全体の4.7％を占めている[31]。高齢者の肺炎は、飲食物や唾液が気管に流れ込むことによって生じる「誤嚥性肺炎」が多く、風邪が悪化して肺炎に進行する場合もある。高齢者は肺炎を発症すると死亡に至ることもあることから、予防対策を徹底することが望まれる。高齢者の肺炎対策として平成26（2014）年には、

高齢者の重篤な肺炎を引き起こしやすい「肺炎球菌」のワクチンが65歳以上を対象とした定期接種に定められている。

　結核は発病すると、発熱、咳、血痰、呼吸困難感、体重減少、活動性低下などの症状が引き起こされる。感染経路は空気感染だが、感染してから症状が現れるまでに長い時間がかかるのが結核の特徴である。日本では治療法が確立するまで日本人の死因の1位であったが、今では、過去の病気というイメージがある。しかし、いまだに1万人以上が新規結核患者となっている。[*32] 新規感染者の各年齢階級別で全体に占める割合は、80〜89歳が30.9％と最も大きくなっており、90歳以上でも割合は13.9％となっており、80歳以上が全体の4割以上を占めている。新規の潜在性結核感染症の者の数は5,025人であり、特に、高齢者は若い頃に結核菌に感染している人が、加齢とともに免疫力が低下することをきっかけに結核を発病することもあり、このような潜在性結核感染症は70歳以上の高齢者では増加している。平成18（2006）年に結核予防法が廃止されたが、平成19（2007）年（最終改正平成28〔2016〕年）に「結核に関する特定感染症予防指針」が示され、予防のための総合的な施策を推進する必要がある結核について、国、地方公共団体、関係団体等が連携して取り組むべき課題に対し、高齢者に対する対策として結核に係る定期の健康診断などを推奨している。

（2）新型コロナウイルス感染症（COVID-19）と高齢者への影響

　新型コロナウイルスの感染は、令和2（2020）年1月15日に国内で最初の感染者が確認されて以降、急速に拡大した。日本では、令和2（2020）年1月に「新型コロナウイルス感染症対策本部」を立ち上げ、3月に「新型コロナウイルス感染症対策の基本的対処方針」を打ち出した。[*33] 新型コロナウイルス感染症は、当初の「指定感染症」から令和3（2021）年には「新型インフルエンザ等感染症」へと変更している。前述した基本的対処方針では、感染拡大速度の抑制、重傷者・死亡者の発生抑制、社会・経済機能への影響阻止、段階的に社会経済の活動レベルを向上させることや、新しい生活様式の社会経済全体への安定的な定着などの、状況に応じた対応策が提示された。

　特に新型コロナウイルス感染症による死亡者や重症者の発生をできる限り減らし、結果として新型コロナウイルス感染症のまん延の防止を図るという接種目的に照らして、高齢者を接種順位の上位に位置付けてワクチン接種を進めてきた。また、高齢者施設等での重点的な検査の実施

*32
厚生労働省「2022年 結核登録者情報調査年報集計結果について」。

*33
この法律は、新型インフルエンザ等対策特別措置法（平成24年法律第31号）。第18条第1項に規定する基本的対処方針として、今後講ずべき対策を実施するに当たって準拠となるべき統一的指針を示すものであるとしている。地方公共団体の責務は、本方針に基づき、自らその区域に係る対策を的確かつ迅速に実施し、及び当該区域において関係機関が実施する対策を総合的に推進することにあるとしている。政府は、本方針に基づき、指定行政機関、都道府県及び指定公共機関が実施する対策に関する総合調整を行うことができるとしている。

＊34
厚生労働省「新型コロナウイルス感染症と社会保障」『令和3年版厚生労働白書』第1部、2021年。

＊35
厚生労働省「新型コロナウイルス感染症の拡大による影響について」『令和3年版 高齢社会白書』第3節5)、2021年。

＊36
新型コロナウイルス感染症において、クラスターとは患者集団を指す。クラスターの発生により、連続的に集団発生が起こり（感染連鎖の継続）、大規模な集団発生（メガクラスター）に繋がる可能性がある。クラスター対策とは、日本の新型コロナウイルス感染対策の一つの柱であり、疫学情報の収集・分析を通してクラスターの早期発見と対応を支援するだけでなく、市民に対してはクラスターの発生しやすい場所、環境、行動を避けるよう啓発することで、クラスターの形成を防止することを目的としている。

や、新型コロナウイルス対応の病床確保等の取り組みへの支援を行ってきた。しかしながら、外出の自粛、人と人との接触を減らすことの影響として、身体活動量の低下、交流機会の減少が見られ、認知機能の低下、うつ傾向の割合が増加する傾向が生じており、フレイルの状態や要介護状態になる可能性があり、適切な支援介入の必要性が課題とされている。[34]一方、メール、電話、オンライン等による連絡など新たなコミュニケーションツールの活用増加が報告されているが、今後の普及が課題である。[35]

その他、医療機関への受診控えや、介護保険サービスについても利用者や家族からの希望による介護保険サービスの利用控え、利用者の受入れやサービス提供の制限・縮小、さらにはサービス事業者の休業等の影響が見られた。このような状況においては、対面診療の代替となるオンライン診療や電話診療などの普及も課題である。また、高齢者介護施設等の入所施設においては、1人の感染からクラスターになることもあり、[36]日頃から感染症への予防策・対応策の徹底は、リスクマネジメントという観点から必要不可欠である。

今後は、感染対策を講じて交流の場を設ける、オンライン利用が可能な体制作りをする、高齢者が自己の状態を把握でき、自分に合ったプログラムを選択できるようにするなど、個別性に応じた支援が必要である。高齢者にとって住み慣れた地域が、安心・安全な場所となるよう、今後も社会全体で取り組む必要がある。

第6節 地域における認知症ケアの実践と課題

1 認知症とは何か

認知症は加齢とともに有病率が増加し、わが国では年を追って有病者数が増加してきている。

日本における認知症の人の数は平成24（2012）年に約462万人と推計されていた。一方、長期縦断研究を行っている福岡県久山町でのデータをこの数に当てはめて数理モデルを作成すると、令和7（2025）年における認知症の有病率は700万人を超えるとされる。[*37]

そういった状況の中で、政府は令和元（2019）年6月に「認知症施策推進大綱」を発表し[*38]、各種の施策を推進してきており、令和5（2023）年には「共生社会の実現を推進するための認知症基本法」（認知症基本法）が制定され[*39]、より強固に認知症施策を進めることになった。

認知症基本法では「共生社会」を、「認知症の人を含めた国民一人一人がその個性と能力を十分に発揮し、相互に人格と個性を尊重しつつ支え合いながら共生する活力ある社会」と定義されており、社会福祉分野の人たちが、こういった社会の実現に向けた政策の履行に携わる機会は非常に多く、また期待もされている。そのためにも認知症自体をよく理解しておく必要がある。

（1）認知症と軽度認知障害

❶認知症

認知症の定義、診断基準については米国精神医学会の「精神障害の診断と統計の手引」診断統計便覧（DSM）がよく知られていて、平成25（2013）年には第5版（DSM-5）が発表された。

DSM-5はあくまでも米国精神医学会の基準であるが、世界保健機関（WHO）では、平成30（2018）年に公表した国際疾病分類第11版（ICD-11）[*40]の中で、DSM-5を参考にしつつ、認知症を神経認知障害群（neurocognitive disorders）の一つとした（**図4−19**）。

そして、認知症（dementia）は単独の疾患名ではなく、「2つ以上の認知領域における障害により認知機能が以前のレベルより低下した状

*37
二宮利治 他「日本における認知症の高齢者人口の将来推計に関する研究」報告書（平成26年厚生労働科学研究費補助金特別研究事業）2015年3月。

*38
本節2（2）参照。

*39
本節2（3）参照。

*40
国際疾病分類（ICD）は、WHOで定めた疾患の国際分類で、日本の保健医療における病名の基礎になっている。ICD-11はその第11版で、2018年にWHOから公表され2019年に承認された。日本の医療への適用については、現在厚生労働省で検討されている。

第4章

〈図4－19〉ICD-11における認知症と軽度認知障害の位置付け

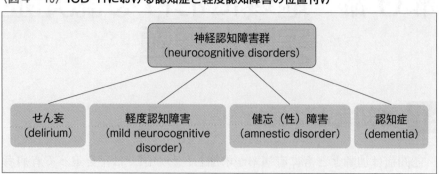

（出典）世界保健機関（WHO）国際疾病分類（ICD-11）から筆者作成（日本語は筆者による仮訳）

態」で、「生活の自立を明らかに妨げ」、「意識障害、せん妄、知的障害、精神発達障害、単なる老化」によるものではないとしている。

　ここでいう認知領域とは、①記憶、②遂行（実行）機能、③注意、④言語、⑤社会的認知及び判断、⑥精神運動速度、⑦視覚及び視空間認知能力である（日本語は筆者による仮訳）。

❷軽度認知障害（MCI）

　認知機能の低下はあるが、日常生活や社会生活に支障をきたさない状態をMCI（軽度認知障害）という。[*41]

　平たくいえば、認知機能低下があり、日常生活や社会生活に支障があれば認知症、支障がなければMCIということである。

　MCIは認知症と正常の中間に位置するという考えもあるが、ICD-11では認知症と対等に位置付け、あくまでも病的状態であるとしている。

　MCIの中には、経過とともに認知症、すなわち日常生活に支障を来す状態に移行する例があり、その割合は1年で10%程度とされる[1]。したがって、MCIのうち約半数が5～6年で認知症に移行すると考えられる。

（2）認知症の症状

　認知症の症状は、大きく認知症状（中核症状）と行動・心理症状（BPSD）に分けられる。

❶認知症状

　認知症と診断するために欠かせない症状で、前述のWHOの説明に従えば、「認知領域」の障害であり、日本では**中核症状**とよばれることが多い。

*41
MCIは、Mild Cognitive Impairment の略であるが、ICD-11 では、impairment ではなく、disorderとして、はっきり障害と位置付けた。

それぞれについて簡単に記す。

①記憶障害

いわゆる「もの忘れ」である。

かつては認知症の必須症状とされたが、認知症の中には必ずしも記憶障害が前面に出ないものもあり、DSM-5でもICD-11でも他の認知症状と対等に取り扱われる。とはいえ、認知症の症状として最も頻度の高いものであることには違いない。

記憶は一般に即時記憶（短期記憶）、近時記憶、遠隔記憶に分類され、認知症で障害されやすいのは近時記憶である。その内容は、体験の一部ではなく、体験そのものを忘れてしまうのが特徴である。朝食の内容を思い出せなかったり約束の時間を忘れてしまったりするのは誰にでも起こり得る一時的な「失念」、あるいは単に「もの忘れ」であるが、朝食をとったこと自体、約束をしたこと自体を忘れてしまうのは認知症にみられる記憶障害といってよい。エピソード記憶障害ともいう。

病院や診療所などで行う簡易知能検査等で、聞いた言葉をすぐに繰り返す「即時記憶（短期記憶）」は正常であっても、数分後にもう一度尋ねると答えられないことが多く、これが近時記憶障害である。一方、昔、家族旅行をしたことや小学校のころに友だちと遊びまわったことなどの遠隔記憶はよく保たれている場合が多い。

②遂行機能障害

適切な段取りで作業を行う能力の障害であり、認知症では頻繁にみられる症状である。

実際、認知症の人と家族の会の調査でも、認知症を疑うきっかけと[42]

〈表4−10〉認知症を疑うきっかけとなるような変化の上位5項目

(n=465)

忘れ物・もの忘れ・置き忘れを頻繁にするようになった	347名 (74.6%)
時間や日にちがわからなくなった（忘れるようになった）	246名 (52.9%)
仕事や家事が以前のようにできなくなり、支障をきたすようになった	217名 (46.7%)
クレジットカードや銀行通帳の取り扱いができなくなった	137名 (29.5%)
服薬がきちんとできなくなった	132名 (28.4%)

（出典）認知症の人と家族の会「認知症を疑うきっかけとなるような変化」『認知症の診断と治療に関するアンケート調査 調査報告書』（2014年9月）から筆者作成

[42]
認知症の人と家族の会「認知症を疑うきっかけとなるような変化」『認知症の診断と治療に関するアンケート調査 調査報告書』（2014年9月）。

なった変化として、記憶障害に次いで「仕事や家事が以前のようにできなくなり、支障をきたすようになった」という遂行機能障害を示唆する症状が多い（**表4−10**）。

遂行機能障害の例としては、みそ汁をつくるとき、具材をそろえても、どんな手順でつくればよいかがわからず、途中で作業が止まってしまうなどがよく引き合いに出される。

③注意障害

物事に対する集中力の欠如のことで、聞き逃しや見逃しなどの形で現れる。人の話をきちんと聞くことができないのもこの一種である。

④言語障害

言葉が思い出せなかったり、聞いたことの意味がわからなかったりする現象で、失語症とよばれる。

物（はさみ、えんぴつなど）を見せ、その名前を尋ねても答えられない。あるいはこちらの問いかけの意味がわからなかったりするため、「目を閉じてください」などという指示に従えなかったりする。

⑤社会的認知及び判断障害

自分が現在置かれている立場を理解することができず、独自の行動をとったり、相手を怒ったりする。会話の途中で、「じゃあ、失礼します」などと言い立ち去ることもある。

隣の家の花を自分の思いのまま取ってしまったり、コンビニエンスストアで気に入ったものを悪気もなく持ち去ったりするなど、社会的には適切といえない行動を取ることもある。

⑥精神運動速度低下

他覚的には「反応の鈍さ」、「流ちょう性の障害」ととらえられる。問いかけに対してすぐに反応しなかったり、ゆっくりした言語表現であったり、円滑に話を続けることができなかったりする。

⑦視空間認知障害

自分自身の身体や身体の一部の空間的位置がうまく把握できず、歩行時には転倒につながることがある。半側空間失認とよばれる状態では視野の左右（主に左）どちらかが認知できず、時に障害側を無視してしまう。

テーブルに置いたカップに指をひっかけてお茶をこぼしてしまうなどの行為は、視空間認知障害によることもあるし、一方、前述の注意障害によることもあるので、一つの行為だけでそれがどの障害にあたるかを判断するのは慎重でなければならない。

❷認知症の行動・心理症状（BPSD）

　認知症では、前述の認知症状（中核症状）に加え、幻覚や妄想、興奮、不安といった症状がみられることがあり、これらを認知症の行動・心理症状（behavioural and psychological symptoms of dementia：**BPSD**）とよんでいる。

　認知症状（中核症状）は認知症であればそのどれかが必ず出現するが、BPSDは認知症の人すべてに現れるわけではない。BPSDを病初期から呈する場合もあれば、途中から現れる場合もある。また、全く現れない場合もある。

❸認知症状と行動・心理症状

　認知症状（中核症状）は直接脳の病変によって現れる。言い換えれば、直接脳の病変によらない認知症状はない。逆に、直接脳の病変による症状がすべて認知症状（中核症状）というわけではない。

　BPSDは環境要因によって誘発されるものが多いが、直接脳の病変によって現れる症状もある。そもそも、BPSDはその発生機序（メカニズム）に対して付けられた名称ではないので、BPSDをみた場合には、疾患そのものの症状か、環境要因かなど、その原因を探ることが必要である。

　例えば、幻覚（幻視）の場合、レビー小体型認知症の症状（直接脳の病変による）として現れたものか、アルツハイマー型認知症の人が飲んでいる薬によって誘発されたもの（直接脳の病変によるものではない）か、などを判断する。

〈図4－20〉認知症状（中核症状）と認知症の行動・心理症状（BPSD）

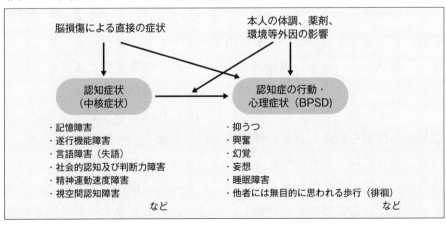

（筆者作成）

同様に、アルツハイマー型認知症の抑うつ状態も抗精神病薬による抑うつ状態もBPSDではあるが、発症機序が違うため対応は異なる。

要するに、中核症状とBPSDは症状による分類であり、発生メカニズムによる分類ではないことを押さえておく必要がある（**図4−20**）。

また、BPSDを考えたとき、それは認知症の人や家族、介護者等が「困る」症状だけをいうのではないことも確認しておきたい。

さらに、認知症状（中核症状）は脳の障害による直接の症状であるといっても、その人の体調や環境の影響で程度は変わり得る。

それは、自分自身が高熱でうなされている状態を考えれば容易に想像できるであろうし、好きな人と話す場合と嫌いな人と話す場合とでは、思考の速さや、喜怒哀楽の現れ方と程度が違うことは日常よく経験することであろう。

その意味では認知症状であっても行動・心理症状であっても、その程度と持続は環境要因の影響を受けるといってよい。

（3）認知症の原因疾患と特徴

認知症はそれ自体が一つの疾患をさすわけではなく、さまざまな原因によって起こされる。

主な原因疾患について以下に述べる。

❶アルツハイマー型認知症

アルツハイマー型認知症は認知症の原因として最も多い疾患で、脳神経細胞が変性（正常な細胞の脱落、異常物質の沈着）に陥ることによって起こる。平たくいえば、脳神経細胞が自ら壊れてしまうことによって起こる。

特に側頭葉、頭頂葉、前頭葉といったところにβアミロイドとよばれる蛋白が集まり老人斑という異常構造物をつくり、それがタウ蛋白の異常リン酸化をもたらし、神経細胞の中に神経原線維変化とよばれる特殊な変化を引き起こす。そのことによりやがて神経細胞は死滅する。

ドイツの医師、アルツハイマーが1906年に46歳という若さで発症した認知症の症例を報告し、長い間「初老期認知症」の一型とされたが、その後、老人にみられる認知症とアルツハイマーの報告した疾患とが同じ病理所見を呈することがわかった。したがって、現在ではアルツハイマー型認知症は通常高齢者に発症し、ときに若年で発症する場合は若年性アルツハイマー病などとよばれる。

　症状は認知機能障害が主で、特に記憶障害（近時記憶障害）が目立つ。日常的には同じことを何回も聞く、あるいは同じことを同じ相手に何度も繰り返し言う、物を置いた場所を忘れて、しょっちゅう探し物をするなどの形で現れることが多い。遂行機能障害もよくみられる。

　経過はゆっくりと進行し、記憶障害、言語障害等のため介護の必要性が徐々に増し、やがて全介助状態となる。

　診断は臨床症候[*43]により、頭部MRI等の画像が補助診断として用いられる。疾患が進行すれば頭部MRI上、海馬その他の部位の萎縮がみられるようになるが、初期には萎縮は目立たない。また、MRIで萎縮があるからといって、そのことが必ずしも機能の異常を示しているわけではないので、画像だけで診断することはできない。

*43
疾患を有する人自らが表す病的現象を症状、診察等で第三者（医師）が見出す現象を徴候という。両者を合わせた言葉が症候である。

❷血管性認知症

　血管性認知症は、脳梗塞、脳出血等の脳血管障害に認知機能障害が続発した場合によばれる病名であり、日本ではアルツハイマー型認知症の次に多い認知症である。

　血管障害に関連して出現するため、一般に発症は急激で、進行は連続的でなく、階段状であるのが血管性認知症の基本的なパターンである。

　ただ、多発性脳梗塞のように、小さな梗塞が脳のあちこちにパラパラと現れるような場合には、認知機能低下の進行も緩やかで変性疾患と類似の経過をとる。中にはほとんど症状の進行がない場合もある。

　血管性認知症では認知機能障害に加え、片まひ、感覚障害など何らかの身体症状を有する場合が多い。

　特殊な家族性脳血管疾患や、MRIで脳室周囲に虚血性病変のみられるビンスヴァンガー病とよばれる疾患も存在し、それらでは身体症状があまりみられないものも多い。

❸レビー小体型認知症

　レビー小体型認知症は、異常なタンパク質であるレビー小体という物質が、大脳に現れる疾患で、神経変性による認知症ではアルツハイマー型認知症の次に多い。

　レビー小体が脳幹部に現れる疾患としてパーキンソン病が古くから知られていて、レビー小体型認知症とパーキンソン病とは近縁の関係にあるといえる。

　実際、レビー小体型認知症では認知機能障害に加え、パーキンソン病

と同様ないし類似の運動障害や起立性低血圧、高度の便秘などの自律神経症状もよく現れる。特に起立性低血圧は転倒や失神発作につながることがあり、特段の注意が必要である。中には認知機能障害以外の症状（運動障害や自律神経障害）が先行する例もある。

　BPSDの一つである幻覚、特に幻視や睡眠時の異常行動（レム睡眠行動障害）もよく知られた症状である。

　一般に症状の日内変動や日による変動が大きく、症状の軽いときと強く現れるときとがはっきりしている。

　また、薬、特に向精神薬に対する過敏性もよくみられ、催眠薬による過眠や抗精神病薬による悪性症候群も起きやすいので、服薬時には特に注意が必要である。

❹前頭側頭型認知症

　前頭側頭型認知症は、細胞脱落が脳の前頭葉、側頭葉を中心にみられる疾患で、認知機能としては記憶障害より行動障害や言語障害が目立つ。病理学的にはいくつかの異なった疾患が含まれていて、かつてピック病とよばれた疾患もその一つである。

　障害部位と症状から行動変異型前頭側頭型認知症（bv-FTD）、意味性認知症、進行性非流暢性失語の3型に分類される。

　bv-FTDでは前頭葉障害により、社会的認知障害として相手のことを考えない行動をとったり欲求がコントロールできず他人の物を自分の物のように扱ったりといった、抑制が欠如した症状を示す。また、無気力・無関心といったことも現れる。

　同じ動作を繰り返したり、同じ道を行ったり来たりという常同行動が見られることも多い。

　前頭葉症状の身体所見としては、手に触れた物をつかんでしまう（強制把握）、物が唇に接するとそれを吸ってしまう（吸嗽反射）などの原始反射がよくみられる。

　主として側頭葉の障害が全面に出る意味性認知症や進行性非流暢性失語では、単語の意味がわからなかったり、文章の助詞が抜けたり流暢性を欠いたりといった言語障害が目立つ。

　脳の変性による前頭側頭葉変性症は国の難病に指定されているので、支援にあたってその制度を利用するのもよい。

　以上の4疾患は発生頻度も高く、よく「4大認知症」とよばれる。

❺その他の認知症及び認知症類似の症状を来す疾患

①ハンチントン病

　常染色体顕性遺伝を示す疾患で、認知機能障害に四肢、体幹をくねくねと動かす「舞踏様運動」という不随意運動を伴う。

　進行性疾患で、終末期には無動状態となることが多い。

②進行性核上性麻痺

　前頭葉機能障害を中心とした認知機能障害に、パーキンソン症状を伴う進行性疾患である。前頭側頭型認知症の一型であるともいえる。眼球運動障害、特に上下方向の障害が目立つ。転倒傾向も強い。

③皮質基底核変性症

　大脳皮質と運動にかかわる脳深部の基底核の病変を有する疾患で、身体症候では左右差が目立つ。認知機能障害としては前頭側頭型認知症との類似が多い。

④慢性硬膜下血腫

　頭部外傷後、数日から数か月後に頭蓋内の硬膜とくも膜の間に血腫を生じ、脳を圧迫することにより起こる。

　認知機能障害のほか、血腫と反対側のまひや感覚障害などの身体症状を伴うこともある。

　高齢者では、もともと多少なりとも脳が萎縮しているため、症状の発現が目立たず、診断が遅れることも多い。

　血腫除去術により症状が劇的に改善される場合も多く、決して見落としてはいけない疾患である。

⑤正常圧水頭症

　大脳でつくられる髄液の循環が悪くなり、脳室内に液が留まってしまう疾患で、認知機能障害に加え、歩行障害、排尿障害が特徴的である。脳室内に管を入れ、髄液を直接外（腹腔）へ誘導するシャント術が行われるが、歩行障害の改善に比べ認知機能障害に対する効果は乏しい。

⑥一般内科疾患

　甲状腺機能低下症、ビタミン（特にB群）欠乏症、肝性脳症等の内科疾患でも認知機能の低下を来しうるので、しっかりした診断が必要である。診断は医師の役割である。

（4）認知症の治療

認知症の中で最も多いのがアルツハイマー型認知症であり、市販され

ている、あるいは開発中の認知症治療薬の適応疾患は原則的にアルツハイマー型認知症である。

　アルツハイマー型認知症は、前述のように、βアミロイドによる老人斑が、結果的に神経細胞を死滅させる。細胞が死滅することにより、神経伝達物質であるアセチルコリンの減少を招き、それが認知症の症状を引き起こす。そのため、現在は主としてアセチルコリンの減少を抑える、ドネペジル、ガランタミン、リバスチグミンといった抗コリンエステラーゼ薬が中心的に使用されているが、あくまでも神経細胞が死滅した後の、いわば補充療法であり、病気の進行を食い止めるものではない。

　一方、病気の進行を食い止めようとする治療開発も行われていて、ここ数年で大きな進歩を遂げた。

　2021年には米国でアデュカヌマブという薬が部分採用され、2023年にはその後継ともいえるレカネマブが正式採用された。わが国でも、同じ年にレカネマブの正式採用が決定され、診断に至る検査も含め保険適用が認められ、令和５（2023）年12月に臨床の場での使用が始まった。

　両者とも、脳内でβアミロイドが集積するのを妨げるはたらきがあり、それにより、神経細胞死そのものを阻止しようとしていて、治療対象は限定されるものの、より根本的な治療に近いといえる。

　使用にあたっては、少数にみられる脳浮腫や微小脳出血等の副作用があること、２週に１度の点滴注射を行う必要があり、さらには、治療前に脳内にβアミロイドの蓄積があることの証明を含めた高度で専門的な診断が必要であることなど、これまでの治療とは異なる難しさを含んでいる。また、医療費も高額になることが考えられ、保険診療にどう適合させるかも大きな課題である。

　ただ、今後は、こういった方向が認知症治療の主流になっていくと思われる。

（5）認知症の行動・心理症状（BPSD）への対応

　前述の治療薬は、アルツハイマー型認知症の認知症状（中核症状）の進行を一定度抑えるものであるが、BPSDに対してはまた別の視点が必要である。

　前でも述べたように、BPSDの中には脳病変そのものの症状である場合もあるが、認知症の人自身の体調や環境（人的、物理的）の影響を受けて出現することが多いため、そういった背景に対する対応が必要である。

そのためには、まず、なぜそのBPSDが出現するのかを考えて原因を探り、その原因に対する対応を考慮すべきである。

安易に薬、とりわけ向精神薬を使用すると、その薬剤がBPSDを引き起こしたり重症化させたりすることもある。したがって、BPSDに対しては薬によらない、「非薬物介入」が第一選択である。向精神薬は非薬物介入で有効性がみられない場合に慎重に投与すべきで、厚生労働省の研究班では「かかりつけ医のためのBPSDに対応する向精神薬使用ガイ[*44]ドライン」を作成し、第一選択は非薬物対応であることを強調している。

どうしても向精神薬を使わざるを得ない場合、服用した場合の効果と副作用（転倒傾向、傾眠等）について十分に説明し、本人、家族等が理解した上で同意することが必要である。

（6）認知症の予防

認知症の根本的な予防は、症状の発生そのものを防ぐことであるが、現時点で完璧な方法はない。

しかし、認知症はある日突然なるわけではなく、とりわけアルツハイマー型認知症などの神経変性疾患では、日常生活や社会生活に支障のないMCIの段階を経て認知症へ移行する。したがって、MCIの人がその段階で留まれば、認知症の予防といえる。

このような予防法でも十分な根拠のあるものは多くないが、運動療法がMCIから認知症への進展を遅らせる可能性が示唆されている[2]。

回想法、絵画療法、いわゆる脳トレ、ポリフェノールを含む食品等が認知症予防あるいは重症化防止に有効であるとする記述もあるが、どれもエビデンスが不十分である。

認知症基本法では、「国及び地方公共団体は、希望する者が科学的知見に基づく適切な認知症及び軽度の認知機能の障害の予防に取り組むことができるよう、予防に関する啓発及び知識の普及ならびに地域における活動の推進、予防に係る情報の収集その他必要な施策を講ずるものとする」としている。

2 地域における認知症ケア体制

（1）認知症ケアを取り巻く動向と方向性

❶認知症ケア施策の経緯

認知症高齢者は年々増加する傾向にあり、内閣府『平成29年版 高齢

---

*44
「かかりつけ医のためのBPSDに対応する向精神薬使用ガイドライン（第2版）」平成27年度厚生労働科学研究費補助金（厚生労働科学特別研究事業）認知症に対するかかりつけ医の向精神薬使用の適正化に関する調査研究班（主任研究者：新井平伊）（2016年3月）。

BOOK 学びの参考図書

●長谷川和夫『基礎から学ぶ介護シリーズ─わかりやすい認知症の医学知識』中央法規出版、2011年。
　データがやや古く、近年の解釈とは異なる面はあるが、医学的知識を包括的に学ぶには基本的、標準的でわかりやすい。

第4章

社会白書』によれば、65歳以上の認知症高齢者数は、有病率が上昇した場合、令和７（2025）年には730万人（65歳以上の５人に１人）、2060年には1,154万人（65歳以上の３人に１人）と推計されている。

　わが国においては、これまでに、平成元（1989）年の「老人性痴呆疾患センター」、平成４（1992）年の「認知症対応型デイサービスセンター」、平成９（1997）年の「認知症対応型グループホーム」、平成12（2000）年の「認知症対応型共同生活介護」や「認知症介護研究・研修センター」、平成17（2005）年の「認知症サポーター養成研修」、平成18（2006）年の「認知症対策等総合支援事業」などによって認知症ケア体制が整備されてきた。

　このうち「老人性痴呆疾患センター」は、今日「認知症疾患医療センター」に移行され、都道府県及び指定都市により指定を受け、一般の医療機関（かかりつけ医など）や地域包括支援センター、介護サービス事業者などとの連携を図りながら認知症医療の中核機関としての役割を担うものとなっている。

　また、平成17（2005）年には「認知症を知り　地域をつくる10カ年」キャンペーンが開始され、住民・企業・学校での学習会、利用者本位のケアプランを作成する取り組み、町づくりの実践例の集約・広報などを通じて認知症の人への理解を深め、支援者の輪を広げていくことをねらいとして展開されている。「認知症サポーター養成講座」においては、認知症や認知症の人を正しく理解し、地域において認知症の人や家族を手助けする人としての**認知症サポーター**の養成を「認知症サポーターキャラバン」として全国各地で展開している。

　さらに平成26（2014）年からは、都道府県等により「認知症施策等総合支援事業」が実施されている。本事業は平成29（2017）年度から、①認知症総合戦略推進事業、②認知症疾患医療センター運営事業の２事業で構成されている。

　①の認知症総合戦略推進事業は、「認知症施策推進総合戦略」（新オレンジプラン）に基づき、認知症高齢者等にやさしい地域づくりを推進していくための事業を実施することを目的としており、それまで実施されていた４つの事業（認知症施策普及・相談・支援事業、都道府県認知症施策推進事業、認知症医療・介護連携の枠組み構築のためのモデル事業、若年性認知症施策総合推進事業）を統合した上で、新たに広域の見守りネットワークの構築や、認知症の本人が集う取り組みの普及等に関する事業が追加されている。

＊45
当時の名称は、それぞれ「痴呆性老人毎日通所型デイサービスセンター（E型）」「痴呆性老人グループホーム」「痴呆対応型共同生活介護」「高齢者痴呆介護研究・研修センター」だった。厚生労働省の「『痴呆』に替わる用語に関する検討会」報告（平成16〔2004〕年12月24日）に基づき、その日以降、同省は行政用語には「認知症」を用いている。

＊46
認知症サポーター養成講座を受講し修了した者を認知症サポーターとよび、「認知症に対する正しい知識と理解をもち、地域で認知症の人やその家族に対してできる範囲で手助けする」（厚生労働省）人として活躍してもらうことが期待されている。

＊47
本節２（３）❸参照。

＊48
厚生労働省老健局長通知「『認知症施策等総合支援事業の実施について』の一部改正について」（令和５〔2023〕年３月30日／老発0330第12号）。

❷認知症ケア体制の課題と方向性

　わが国において認知症の人が置かれているこれまでの実態や課題について、次のことがあげられている。①早期受診や早期対応が遅れることにより認知症の症状が悪化するケースがあり、早期受診・対応化を図る、②精神科病院において認知症患者の長期入院化の傾向が認められ、入院の短期化や在宅への移行を図る、③一般病院において認知症患者の入院が拒否されるケースがあり、適切な入院ができるよう改善する、④認知症の人が住み慣れた地域で可能な限り生活を続けていくための介護サービスの量が不足しており、量的な充足を図るとともに質的な向上をめざす、⑤地域での認知症の人とその家族を支援する体制が不十分であることから、支援する体制を強化していく、⑥医療と介護の分野での従事者において連携が取れた対応ができていないケースがあることから両者の連携体制を図る。

　このような実態や課題をふまえ、平成24（2012）年、厚生労働省認知症施策検討プロジェクトチームにおいては「今後の認知症施策の方向性について」をまとめ、これまでの認知症ケアの流れを大きく転換していくことを提言した。それは、行動・心理症状（BPSD）などにより「危機」が発生してからの事後的な対応に主眼が置かれていたこれまでの認知症ケアの流れを変えて、新たに「早期支援機能」と「危機回避支援機能」を整備し、これにより「危機」の発生を防ぐ「早期・事前的な対応」を図ろうとするものであった。

　「認知症の人は、精神科病院や施設を利用せざるを得ない」という考え方を改め、「認知症になっても本人の意思が尊重され、できる限り住み慣れた地域のよい環境で暮らし続けることができる社会」の実現をめざし、その実現のため新たな視点に立脚した施策の導入を積極的に進めることにより、標準的な**認知症ケアパス**（状態に応じた適切なサービス提供の流れ）を構築することを基本目標とした。

（2）認知症国家戦略

❶「認知症施策推進総合戦略」（新オレンジプラン）の策定と推進

　平成24（2012）年の「今後の認知症施策の方向性について」（厚生労働省認知症施策検討プロジェクトチーム）に基づいて、この方向性を実現していくために平成25（2013）年度から平成29（2017）年度までの5か年計画として「認知症施策推進5か年計画」（オレンジプラン）がスタートし、平成27（2015）年1月には、同計画を見直し、「認知症施策^{*49}

＊49
本戦略は、厚生労働省が、内閣官房、内閣府、警察庁、金融庁、消費者庁、総務省、法務省、文部科学省、農林水産省、経済産業省及び国土交通省と共同して策定したものである。平成29（2017）年7月改定。

推進総合戦略〜認知症高齢者等にやさしい地域づくりに向けて〜」（新オレンジプラン）が策定され、次の7つの柱について推進された。

①認知症への理解を深めるための普及・啓発の推進

②認知症の容態に応じた適時・適切な医療・介護等の提供

③若年性認知症施策の強化

④認知症の人の介護者への支援

⑤認知症の人を含む高齢者にやさしい地域づくりの推進

⑥認知症の予防法、診断法、治療法、リハビリテーションモデル、介護モデル等の研究開発及びその成果の普及の推進

⑦認知症の人やその家族の視点の重視

　以上、7つの柱をベースとして展開される新オレンジプランは、平成29（2017）年5月に成立した「地域包括ケアシステムの強化のための介護保険法等の一部を改正する法律」による改正介護保険法（平成30〔2018〕年4月施行）にも反映され、国や自治体の責務として認知症にかかる具体的な施策が実施されるようになった。あわせて、同年、同プランが改定され、当面の数値目標の設定年度を、当初の平成29（2017）年度から令和2（2020）年度末へと改め、数値目標なども変更された。

❷「認知症施策推進大綱」による施策の推進

　令和元（2019）年6月には新オレンジプランによる取り組みをさらに推進し、「認知症の発症を遅らせ、認知症になっても希望を持って日常生活を過ごせる社会」をめざした具体的な施策として**認知症施策推進大綱**」が令和元（2019）年6月、政府の認知症施策推進関係閣僚会議で決定された。

　本大綱は「共生」と「予防」をキーワード（車の両輪）として、認知症になっても住み慣れた地域で自分らしく暮らし続ける「共生」をめざして、認知症バリアフリーの取り組みを進めるとともに、「通いの場」の拡大などにより予防の取り組みを強化していこうとするものである。ここでいう「予防」とは、「認知症にならない」という意味ではなく、「認知症になるのを遅らせる」「認知症になっても進行を遅らせる」という意味で用いられている。

　具体的な施策としては次の5つの柱があげられている。

①普及啓発・本人発信支援

　認知症に関する正しい知識と理解をもって地域や職域で認知症の人や家族を手助けする認知症サポーターの養成を進めるとともに、小売

業・金融機関等の従業員向けの養成講座の拡大や学校教育等における認知症の人などを含む高齢者への理解の推進、地域の高齢者等の保健・医療・介護等に関する総合相談窓口である地域包括支援センターや認知症疾患医療センターの周知の強化に取り組む。

　認知症に対する画一的で否定的なイメージを払拭するため、認知症の人本人とともに普及啓発を進め、認知症の人本人が自らの言葉で語り、認知症になっても希望をもって生きている姿を発信する。

②予防

　運動不足の改善、生活習慣病の予防、社会的孤立の解消や役割の保持等が認知症予防に有効であるとされていることから、地域において高齢者が身近に通える場を拡充するとともに、一般の高齢者を含めて高齢者の社会参加活動・学習等を推進する。また、認知症の発症遅延や発症リスクの低減、早期発見・早期対応に向けて、かかりつけ医、保健師、管理栄養士等の専門職による健康相談等の活動を推進する。

　認知症予防に向けてのエビデンスを収集・分析した上で認知症予防のための活動の進め方に関する手引きを作成し、認知症予防に資すると考えられる民間の商品やサービスの評価・認証の仕組みを検討する。

③医療・ケア・介護サービス・介護者への支援

　認知機能が低下している人や認知症の人に対して早期発見・早期対応が行えるよう、かかりつけ医、地域包括支援センター、認知症地域支援推進員、認知症初期集中支援チーム、認知症疾患医療センター等の連携を強化する。また、医療・介護従事者の認知症対応力を向上するための研修を実施する。

　ICT化、作成文書の見直し等による介護事業所における生産性の向上や、介護現場の業務効率化や環境改善等を進め、介護人材の確保・定着を図ったり、BPSD対応ガイドラインを作成して周知するなどBPSDの予防や適切な対応を推進する。そして、認知症の人及びその介護者となった家族等が集う**認知症カフェ**や家族教室、家族同士のピア活動等の取り組みを推進し、家族等の負担軽減を図る。

④認知症バリアフリーの推進・若年性認知症の人への支援・社会参加
　支援

　認知症の人の多くが外出や交流の機会が少ないことから、移動、消費、公共施設など生活のあらゆる場面で、認知症になってからも住み慣れた地域で暮らし続けていく上での障壁を減らしていく「認知症バリアフリー」の取り組みを推進する。また、交通安全、地域支援の強

第4章

化、成年後見制度の利用促進、消費者被害防止、虐待防止等の施策を
推進する。

　若年性認知症支援コーディネーターの充実等により、若年性認知症
の人への支援や相談に的確に応じるとともに、企業やハローワーク等
と連携した就労継続の支援を行う。

⑤研究開発・産業促進・国際展開

　認知症はいまだ発症や進行の仕組みの解明が不十分であり、根本的
治療薬や予防法は十分には確立されていないことから、認知症の発症
や進行の仕組みの解明、予防法、診断法、治療法、リハビリテーショ
ン、介護モデル等の研究開発など、さまざまな病態やステージを対象
とした研究開発を進める。特に、認知症の予防法やケアに関する技
術・サービス・機器等の検証、評価指標の確立をめざす。

　全国規模で認知症の実態を把握するための研究を実施するとともに、
既存のコホート（住民の追跡調査を行い、疾病の発症率やその理由等
を分析する研究）の役割を明確にした上で、認知症の人等の研究・治
験への登録の仕組みの構築等を進める。これらの成果を認知症の早期
発見・早期対応や診断法の確立、根本的治療薬や予防法の開発につな
げていく。

　なお、これら認知症施策を総合的かつ計画的に実行していくために認
知症基本法の制定が検討されており、認知症施策を国の責務と定め、政
府による「認知症施策推進基本計画」の策定義務（都道府県、市区町村
は努力義務）や、首相を本部長とする推進本部の設置なども盛り込まれ
ている。

（3）認知症ケアを支える法制度

❶認知症ケアと介護保険制度

　平成12（2000）年に施行された介護保険法では、認知症高齢者を対象
とした日常生活上のサポートをするためのサービスが用意されるととも
に、地域において早期に対応できる体制をつくり、生活の継続性を図る
ための取り組みなどが進められている。

　認知症ケアの専門的なサービスとしては、介護認定に基づく要支援者
を対象に提供される介護予防認知症対応型通所介護や介護予防認知症対
応型共同生活介護（グループホーム）、要介護者を対象に提供される認
知症対応型通所介護や認知症対応型共同生活介護（グループホーム）を
あげることができる。

　認知症対応型通所介護は、居宅の認知症要介護者（要支援者）に対して、老人デイサービスセンターや特別養護老人ホームにおいて入浴・排泄・食事等の介護その他の日常生活上の世話及び機能訓練が行われるものであり、**認知症対応型共同生活介護**（グループホーム）は、認知症要介護者（要支援者）に対して、共同で生活する住居において、入浴・排泄・食事等の介護その他の日常生活上の世話、機能訓練を行うものである。認知症対応型通所介護、認知症対応型共同生活介護（グループホーム）ともに市町村が指定・監督を行う地域密着型サービスとして位置付けられている。

　これらの認知症高齢者を専門とするサービス以外でも、すべての介護保険サービスは認知症高齢者を含めて支援を必要とする高齢者を対象として提供されるものとなっており、対象者のニーズに応じて、居宅サービス、施設サービス、地域密着型サービスそれぞれの形態から構成される複数のサービスの中から選択できるようになっている。

　また、介護保険においては地域全体で認知症高齢者のサポート体制をつくるために認知症総合支援事業が実施されるようになっている。[*50]

＊50
本節2（4）参照。

　なお、令和3（2021）年4月の介護報酬改定に伴い、無資格で認知症ケアに携わる介護職員の**認知症介護基礎研修**の受講が義務付けられた。令和6（2024）年3月までは経過措置期間として未受講でも働くことができたが、令和6（2024）年4月以降は無資格で当該研修の受講もしていない場合は、働くことはできないこととなった。

❷認知症ケアと権利擁護システム

　介護保険サービスを認知症高齢者が利用する上では、自らの意思や判断のもとにサービスを選択し、利用するということに限界が生じてしまう。したがって、認知症高齢者にはその限界を補完し、有する権利を守り、尊厳を確保する支援が必要となる。認知症の人をはじめ判断能力の不十分な人たちなどに対して、それらの人たちの権利を擁護し、ニーズの実現を支援することを権利擁護（アドボカシー）という。当事者の権利主張を支援し、代弁・弁護する権利擁護を図る法制度として成年後見制度や日常生活自立支援事業などがある。

①成年後見制度
　成年後見制度は、判断能力が不十分な人などに対して法的援助者を[*51]つけることにより、財産管理などの自己の財産や、生活、療養上の管理をする民法に基づく法律上の制度である。同制度は不動産の売却など

＊51
本書第3章第2節10（1）及び、本双書第13巻第2部第1章及び同第2章第1節を参照。

法律行為を含む法的管理機能をもって権利擁護に作用することとなる。

成年後見制度は、法定後見制度と任意後見制度に大別される。このうち法定後見制度は、能力の低下の程度に応じて適切な法的援助者をつけることにより本人の社会生活を支援するものであり、後見、保佐、補助の３つの類型によって構成される。

判断能力の低下した状況において支援の内容などが決められる法定後見制度に対して、判断能力を有している間に自らの意思で、誰に、どのような支援をしてもらうのかを決めておくのが任意後見制度である。即効型（契約締結後ただちに効力が発生）、将来型（将来的に判断能力が低下したときに効力が発生）、移行型（判断能力低下の前後を通じての継続的支援）の３つの類型によって構成される。

②日常生活自立支援事業

＊52
日常生活自立支援事業は、判断能力が不十分な人に対してサービスの利用などを援助する制度である。同事業は金銭管理や書類預かりなど毎日の生活の範囲で行われる援助として日常生活的管理機能をもって権利擁護に作用することとなる。

各都道府県・指定都市社会福祉協議会が実施主体となり（事業の一部を市区町村社会福祉協議会等に委託）、原則として利用者本人と事業実施者との契約に基づいて実施される。事業実施者としての社会福祉協議会等に配置される専門員が本人に必要な支援計画を策定し、同計画に基づいて生活支援員が具体的な支援を行う。成年後見制度が家庭裁判所の審判に基づく法的制度であるのに対して、日常生活自立支援事業は社会福祉施策としての公的サービスとして位置付けられる。簡便な手続きによって、より日常的な範囲の中で生活上のサポートを行うものといえる。

❸認知症サポーター

厚生労働省が提唱した「認知症を知り 地域をつくる」キャンペーン（平成17〔2005〕年）の一環として「認知症サポーター100万人キャラバン」が開始され、認知症サポーター養成講座が行われている。同養成講座の修了者が**認知症サポーター**であり、認知症や認知症の人を正しく理解し、地域において認知症の人や家族を温かく見守り、応援する役割が期待されている。

認知症サポーター養成講座では、認知症の定義、中核症状とBPSD、診断と治療、予防、接するときの心構えと介護者の気持ちの理解、認知

症サポーターの役割などについて学習し、修了した証としてオレンジリングが渡されるようになっている。企業、スーパー、金融機関等の職員、学校の児童・生徒など幅広い人たちが受講生として参加し、令和5（2023）年6月末で約1,464万人の認知症サポーターが誕生している（地域共生政策自治体連携機構）。認知症施策推進大綱においてもさらに拡充することを掲げている。

なお、認知症サポーター養成講座の講師となるのが認知症サポーターキャラバン・メイトであり、自治体等が実施する認知症サポーターキャラバン・メイトの養成研修を受講し、修了した医療従事者、介護従事者、民生委員・児童委員、行政職員などがその役割を担う。

❹共生社会の実現を推進するための認知症基本法

令和5（2023）年には認知症の人が尊厳を保持しつつ希望をもって暮らすことができるよう、認知症施策を総合的・計画的に推進することを目的として「共生社会の実現を推進するための認知症基本法」が制定された。認知症基本法は予防を強調した「認知症施策推進大綱」（令和元〔2019〕年）に対し、当事者との共生を前面に押し出したのが特徴であり、認知症の人を含めた国民一人ひとりが、その個性と能力を十分に発揮し、相互に人格と個性を尊重しつつ支え合いながら共生する活力ある社会（共生社会）の実現に向けて国や地方公共団体が一体となって認知症施策を講じていこうとするものである。

基本理念として、認知症の人が個人として自らの意思により日常生活を営むことができるようになること、そして、あらゆる分野の活動に参画し、その能力を発揮できるようになること、また、認知症の人のみならず、家族等に対する支援により、地域で安心して暮らすことができるようになることなどが掲げられるとともに、国民にむけても認知症に関する正しい知識と認知症の人に対する正しい理解を深めることなどが求められるようになっている。基本的施策は次のとおりである。

①認知症の人に関する国民の理解の増進等

国民が共生社会を実現の推進のために必要な認知症に関する知識および認知症の人に関する正しい理解を深められるようにする。

②認知症の人の生活におけるバリアフリー化の推進

認知症の人が自立し、安定して他の人々と共に暮らすことができる安全な地域づくりを推進する。

③認知症の人の社会参加の機会の確保等

　　認知症の人が生きがいや希望を持って暮らすことができるよう、また、若年性認知症（65歳未満で認知症になった人）の人などの意欲や能力に応じた雇用の継続や就職することができるようにする。

④認知症の人の意思決定の支援及び権利利益の保護

　　認知症の人の意思決定の適切な支援および権利利益の保護を図る。

⑤保健医療サービス及び福祉サービスの提供体制の整備等

　　認知症の人が居住する地域にかかわらず、良質かつ適切なサービスを適時に切れめなく提供できるようにする。

⑥相談体制の整備等

　　認知症の人や家族等の相談に対して総合的に応じることができる体制を整備し、孤立することがないようにする。

⑦研究等の推進等

　　認知症の予防、診断、治療、リハビリテーション、介護方法などの基礎研究や臨床研究、認知症の人の社会参加や共生できる社会環境を整備するための調査研究などをすすめる。

⑧認知症の予防等

　　希望する者が科学的知見に基づく予防に取り組むことができるようにするとともに、早期発見、早期診断、早期対応を推進する。

　　これらの基本的施策の実施に向けて認知症基本法では、国や地方公共団体は認知症施策を策定・実施する責務を有すること、そして国民は正しい知識や理解を深め、共生社会の実現に寄与するよう努めることが規定されている。また、政府に対して認知症施策を実施するために必要な法制上または財政上の措置を講じるとともに、認知症の人や家族等により構成される関係者会議を設置して意見を聴き、認知症施策推進基本計画を策定すること、都道府県や市町村に対しても認知症の人や家族等に意見を聴き、それぞれの都道府県計画・市町村計画を策定すること（努力義務）が求められている。なお、内閣に内閣総理大臣を本部長とする認知症施策推進本部を設置し、認知症施策推進基本計画の案の作成を行い、同計画の実施の推進をつかさどることとされている。

　　認知症基本法の目的とする認知症の人の尊厳を保持しながら生きていくことができる共生社会を確立するための具体的政策の決定と実行が、これから進められることになる。

（4）地域における認知症ケア体制

❶早期対応システムづくり

　平成26（2014）年6月に成立した医療介護総合確保推進法により、介護保険法が改正され、認知症総合支援事業[*53]が地域支援事業の包括的支援事業に位置付けられた。

　認知症総合支援事業は、①認知症初期集中支援チームを設置し、早期に認知症の鑑別診断を行い、速やかに適切な医療・介護等を受けられる初期の対応体制を構築するなど、地域においてできるだけ早い段階からの認知症の人への支援に取り組む認知症初期集中支援推進事業、②認知症地域支援推進員を配置し、認知症になっても住み慣れた地域で生活を継続するために認知症の容態に応じてすべての期間を通じて支援ができる体制を構築し、認知症ケアの向上を図るために取り組む認知症地域支援・ケア向上事業、の2つの事業から構成されている。

　認知症ケアの基本的な考え方として、それまでの、危機が発生してか

*53
平成26（2014）年度から、それまで地域支援事業の任意事業として実施されていた認知症初期集中支援推進事業、認知症地域支援推進員等設置事業、認知症ケア向上推進事業を総合的に実施することとなった。

〈図4－21〉　認知症初期集中支援チームと認知症地域支援推進員

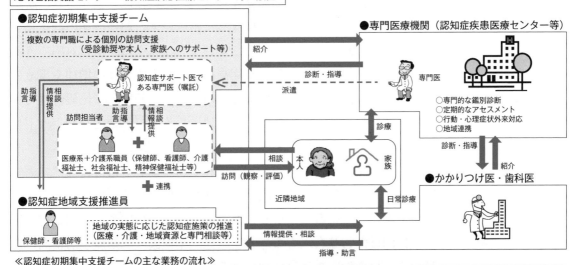

認知症専門医による指導の下（司令塔機能）に早期診断、早期対応に向けて以下の体制を地域包括支援センター等に整備
○認知症初期集中支援チーム（個別の訪問支援）—複数の専門職が認知症が疑われる人、認知症の人とその家族を訪問（アウトリーチ）し、認知症の専門医による鑑別診断等をふまえて、観察・評価を行い、本人や家族支援などの初期の支援を包括的・集中的に行い、自立生活のサポートを行う。
○認知症地域支援推進員（専任の連携支援・相談等）—認知症の人ができる限り住み慣れた良い環境で暮らし続けることができるよう、地域の実情に応じて医療機関、介護サービス事業所や地域の支援機関をつなぐ連携支援や認知症の人やその家族を支援する相談業務等を行う。

≪認知症初期集中支援チームの主な業務の流れ≫
①訪問支援対象者の把握、②情報収集（本人の生活情報や家族の状況など）、③観察・評価（認知機能、生活機能、行動・心理症状、家族の介護負担度、身体の様子のチェック）、④初回訪問時の支援（認知症への理解、専門的医療機関等の利用の説明、介護保険サービス利用の説明、本人・家族への心理的サポート）、⑤専門医を含めたチーム員会議の開催（観察・評価内容の確認、支援の方針・内容・頻度等の検討）、⑥初期集中支援の実施（専門的医療機関等への受診勧奨、本人への助言、身体を整えるケア、生活環境の改善など）、⑦引き継ぎ後のモニタリング

（出典）厚生労働省資料

らの事後的な対応から、危機の発生を防ぐ早期・事前的な対応に基本を置くことへと方針を転換し、このことを具体化するため、早期診断等を担う医療機関の整備や「かかりつけ医」の認知症対応力向上研修の受講促進、認知症サポート医の養成などが推進されている。

　本人や家族への早期対応として期待されるのが、認知症初期集中支援チームや認知症地域支援推進員である（**図4-21**）。

　認知症初期集中支援チームは、認知症専門医による指導のもとに早期発見・早期対応に向けて地域包括支援センターなどに配置される。このチームは、認知症専門医1名と、医療・保健、福祉に関する国家資格（保健師、看護師、精神保健福祉士、介護福祉士、社会福祉士等）をもち一定の要件を満たす者2名以上で構成される。認知症が疑われる人や、認知症の人とその家族の訪問には、医療系職員と介護系職員それぞれ1名以上であたる。専門医療機関の専門医による鑑別診断等をふまえて観察・評価を行い、本人や家族支援などの初期の支援を包括的・集中的に行って自立をサポートする。

　また、**認知症地域支援推進員**は、認知症の人ができる限り住み慣れた環境で暮らし続けられるように、地域の実情に応じて医療機関や介護サービス事業所などをつなぐ連携支援や相談業務などを行う。

❷認知症ケアコミュニティづくり

　身近な相談支援機能や早期発見の診断・対応の機能が強化され、新たな認知症施策が展開されることになったとはいえ、認知機能の低下による生活障害や行動障害などによるさまざまなリスクに完全に対応できるものではなく、地域における認知症高齢者の行方不明者の増加や事故の発生などが社会問題になっている。そのため、法制度上に位置付けて展開される認知症高齢者支援とともに、地域ぐるみで日常的なサポート体制を整備することも必要であり、その取り組みが進められている。

　認知症ケア施策と連動しながら、それぞれの地域（市町村等）で認知症ケアコミュニティづくりに向けた取り組みは、行政、民間団体、住民などの協働により行われるようになっている。その内容は、認知症の早期発見に向けた相談会（もの忘れ相談等）や検診、認知症予防に向けた各種教室、早期対応や連絡体制を図るためのネットワークづくり、啓発のための講演会やセミナーなどさまざまである。

　このうちネットワークづくりは、認知症の人を含めて高齢者等住民が住み慣れた地域で安心して暮らしていけるように、見守り、発見、相談、

〈図４−22〉認知症ケアネットワーク

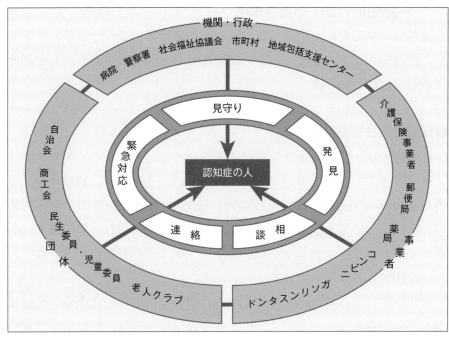

（筆者作成）

連絡、緊急対応などの機能を確保するシステムとして期待されるものである。それは、病院、警察署、消防署、社会福祉協議会、地域包括支援センター、市町村などの各機関や行政、自治会、商工会、民生委員・児童委員、婦人会、老人クラブなどの各団体、介護保険事業者、郵便局、薬局、コンビニエンスストア、ガソリンスタンドなどの各事業者が連携する体制をつくることによって形づくられる（**図４−22**）。ネットワークの構築により、認知症の人を早期に発見し、徘徊などリスクの軽減、治療や介護保険等サービスの利用などに結び付けることが期待できる。

　また、認知症の人を地域で支えていくためには、認知症の人とともに、その家族をサポートする体制をつくっていくことが重要である。家族には介護保険等のサービスの利用や介護にかかわる知識や技術の習得などによる身体的な負担の軽減とともに、精神的な負担を軽減できる支援が必要となる。「公益社団法人認知症の人と家族の会」は全国の都道府県に支部をもって組織化され、家族同士で励まし合いながら認知症になっても安心して暮らせる社会づくりのため、相談会や研修会の開催、相談・助言による支援などを行っている。

（5）認知症ケアと社会福祉士等の役割
－認知症カフェの実践事例から－

　認知症ケアにおいて社会福祉士等の専門職はどのようなかかわりをもち、役割を担うものとなるのか、認知症カフェの実践事例を通して考えてみることにしたい。

❶認知症カフェの目的と特徴

　認知症カフェとは、オランダのアルツハイマーカフェやイギリスでのメモリーカフェなどをモデルとして「認知症の人と家族、地域住民、専門職等の誰もが参加でき、集う場所」（厚生労働省「今後の認知症施策の方向性について」平成24〔2012〕年）として始められた取り組みである。オレンジプランや新オレンジプランの中でその普及が推進されており、全国的に数が増えている。

　認知症カフェの特徴は、認知症の人、家族、医療職や介護職、地域住民などさまざまな人たちがカフェという自由な雰囲気の場に気軽に集うことにある。その目的は、当事者の悩みを共有し、お互いを理解し合いながら、情報収集、相談・助言などを含めて認知症や認知症の人についての正しい知識を得て、家族の介護負担を減らし、地域でのつながりを深めていくことといえる。運営主体もさまざまで、市町村、地域包括支援センター、社会福祉協議会、介護サービス事業者、社会福祉法人、特定非営利法人、当事者、地域の有志などがあげられる。

　認知症カフェの内容としては、お茶やお菓子の提供をはじめ、食事の提供、音楽会・カラオケ、ゲーム、体操、園芸、散歩など憩いのメニューのほか、専門職による相談や勉強会、講話などバラエティに富む。あらかじめ設定されたものだけではなく、そのときどきに応じて取り入れられたりするなど自由で緩やかなものとなっている。

❷認知症カフェにおける社会福祉士等の役割

事例 6

社会資源としての認知症カフェの開設

　「認知症カフェ・いってみゅー」（以下、カフェ）は、佐賀県佐賀市にある地域包括支援センター金泉（以下、センター）が運営主体となって平成30（2018）年10月から開始された。センターには社会福祉士、主任ケアマネジャー、保健師のほか認知症地域支援推進員が配置され、4人の職員が所属す

る。

　センターが担当するエリアは、市内でも比較的に高齢化の高い地域で、認知症高齢者が年々増加する状況にあった。特別養護老人ホームやデイサービスセンターなど介護保険に基づく専門的なサービスを提供する施設は存在するものの、認知症の人を含めてさまざまな人たちが気軽に集い、相互に交流できるような場はなく、カフェの設置は地域のニーズに対応するものといえた。しかし、カフェを開設する場合、誰がそのスタッフの中心となって支えるのか、人材の確保が必要となる。佐賀市では以前から地域の高齢者などを支えるボランティアスタッフとして生活介護支援サポーターが養成されており、カフェはその人たちの活躍の場となることが期待された。カフェの設置は、住民が主体となって地域のニーズに対応する社会資源を開発することにつながる。

　カフェの開設に向けて、社会福祉士などセンターの職員たちは、スタッフの中心となることが期待される生活介護支援サポーターである住民ボランティアの人たち、専門職としてのサポートが期待される当該エリアに所在するグループホームの職員などに呼びかけ、設置委員会を立ち上げ、勉強会を進めていった。

　約半年をかけての準備を経て、平成30（2018）年10月にカフェを開設することができた。設置委員会は実行委員会に移行され、毎回、住民ボランティアを中心にスタッフ全員で地域の人たちへの案内、当日の内容、スタッフの調整などについて検討している。開催のたびにチラシを作成し、スタッフの関係者、民生委員・児童委員を通じて参加への呼びかけを行うとともに、自治会を通じて全世帯に回覧している。

　現在、カフェは2か月に一度の割合で午後から開催されている。参加者には100円の参加費を払ってもらい、お茶・コーヒー・ジュース、お菓子が提供される。認知症高齢者やその家族をはじめ、民生委員・児童委員、自治会の人、一般の住民たちが参加するとともに、スタッフとしての住民ボランティア、グループホーム職員などの専門職、そして、社会福祉士などセンター職員の20名ほどが集まり、気軽な語らい、ゲーム、相談会などが行われている。スタッフは参加者に語りかけ、話を聞き、情報を共有する。

　毎回、実施内容が記録され、実施後には活動を振り返り、自己評価する。また、定期的にアンケート調査を実施し、参加者の評価や要望が把握されるようになっている。

　これまでにカフェを開催してきたことによるさまざまな効果もみられるようになってきた。

認知症カフェの効果としては、「認知症の人と家族の会」によれば、
①認知症の人にとっては、心身を満たすことによる効果、社会とつながることによる効果、ケアと出会うことによる効果

②介護する家族にとっては、家族同士が出会うことによる効果、家族
　と認知症の人が改めて出会い直すことによる効果、家族と専門職が
　出会うことによる効果

③地域住民にとっては、住民と認知症の人とが出会うことによる効果、
　地域住民同士が出会うことによる効果

④これらの効果のほか、支援する医療・介護専門職への効果、支援す
　る市民ボランティアへの効果、社会や地域への効果

などがあげられている[3]。

　事例6で取り上げた実践事例のカフェにおいても同様の効果がうかがわれる。

　このようなカフェの取り組みにおいて、社会福祉士をはじめとするソーシャルワーク機能を果たすべき専門職はどのような役割を果たしたのだろうか。それは、カフェの設置において認知症ケアに関するニーズを把握し、地域に存在する人的資源を活用して新たな社会資源を開発したこと、カフェの実施や継続に向けて運営にかかわるマネジメントをしたこと、認知症高齢者や家族、住民、他の専門職を相互に結びつけ、認知症ケアのネットワークをつくっていったこと、そして、地域住民すべてに認知症ケアへの関心を高め、理解を深めるために啓発を行ったことなどをあげることができよう。

　社会福祉士等の専門職は、当事者である認知症高齢者やその家族と、ボランティア、住民、民生委員・児童委員、町内会・自治会、専門機関など、地域や社会に存在する人たちや関係機関の双方にはたらきかけ、両者を結びつけることによって認知症ケアにかかわる問題を軽減し、解決していくこととなる。そのはたらきかけ方は、相談し、助言するなど直接的な方法ばかりではなく、調査をしてニーズを把握したり、企画し、計画を立てたり、調整したり、開発したりするなど間接的な方法によってはたらきかけるものである。

　人は、社会という環境の中に存在し、社会環境との相互作用の中で生活を営み、生きている。専門職は、生活上の問題を社会的に解決するために、問題を抱えている人にはたらきかけ、社会にはたらきかけることとなる。

第
4
章

BOOK　学びの参考図書

● 佐藤雅彦『認知症になった私が伝えたいこと』大月書店、2014年。
　　認知症の人自身による体験の書。51歳で認知症の診断を受けたときの衝撃、次第に理解力が低下していく中での苦悩、そして、残された機能を活かしながら生きていこうとする意欲など、当事者としての姿がありのままにつづられている。

● 内門大丈『認知症の人を理解したいと思ったとき読む本』大和出版、2018年。
　　認知症の人が何を考え、行動しているのか、認知症の人が生きている世界を訪問診療を行う専門医がわかりやすく解説している。

引用文献

1）Bruscoli, M., Lovestone, S.（2004）' Is MCI realy just early dementia? ; A systematic review of conversion studies' *International Psychogeriatrics*, vol.16, No.2, pp.129－140.
2）鈴木隆雄「認知症予防の科学的根拠について」『老年期認知症研究会誌』第20巻5号（2017年1月）、老年期認知症研究会、36頁
3）認知症の人と家族の会 編『認知症カフェのあり方と運営に関する調査研究事業報告書』認知症の人と家族の会、2013年、30〜36頁

参考文献

● 原　勝則「日本の認知症施策」北海道認知症グループホーム協会、2013年
● 社会福祉の動向編集委員会 編『社会福祉の動向 2023』中央法規出版、2023年
● 社会保障入門編集委員会 編『社会保障入門 2023』中央法規出版、2023年

第7節 テクノロジーを活用した高齢者福祉推進の可能性と課題

1 テクノロジーの発展と新たな社会へ向けた変革

（1）人間中心の社会：「Society 5.0」の実現をめざして

　第4次産業革命の技術革新により、新たな社会である「Society 5.0」[54]の実現がめざされている。今までの情報社会では人間が情報を解析することで価値が生まれてきたが、Society 5.0では膨大なビッグデータを人間の能力を超えた人工知能（AI）[55]が解析し、その結果がロボットなどを通して人間にフィードバックされることで、これまでにはできなかった新たな価値が産業や社会にもたらされることになる。

　Society 5.0で実現する社会は、①IoT（Internet of Things）[56]ですべての人とモノがつながり、新たな価値が生まれる社会、②AIにより必要な情報が必要なときに提供される社会、③イノベーションによりさまざまなニーズに対応できる社会、④ロボットや自動走行車などの技術で人の可能性が広がる社会となり、少子高齢化、地方の過疎化、貧富の格差などの課題が克服されると論じられている。

（2）「AI-Readyな社会」の実現をめざして

　最先端技術はAIに限らないが、AIは重点的な領域であり、高齢者福祉実践にも大きな影響を与えることから、AIに関する理解を深めることが求められる。Society 5.0の実現に必要な社会変革として、社会全体が変革しAIの恩恵を最大限享受できる、または必要なときにいつでもAIを導入しその恩恵を受けられる状態である「AI-Readyな社会」（AI活用に対応した社会）の実現がめざされている。「人間中心のAI社会原則」[57]では、3理念（①人間の尊厳が尊重される社会、②多様な背景をもつ人々が多様な幸せを追求できる社会、③持続性ある社会）が掲げられ、7原則として、①人間中心の原則、②教育・リテラシーの原則、③プライバシー確保の原則、④セキュリティ確保の原則、⑤公正競争確保の原則、⑥公平性、説明責任及び透明性の原則、⑦イノベーションの原則が

*54

Society 5.0とは、サイバー空間（仮想空間）とフィジカル空間（現実空間）を高度に融合させたシステムにより、経済発展と社会的課題の解決を両立する人間中心の社会のことをいう。狩猟社会（Society 1.0）、農耕社会（Society 2.0）、工業社会（Society 3.0）、情報社会（Society 4.0）と変容しながら発展してきた（内閣府ホームページ）。

*55

知的とされる機能を実現しているシステムを前提とし、近年は、機械学習、特に深層学習（ディープラーニング）に基づくものが中心だが、後述の「AI戦略2022」では、機械学習に基づく技術に限定せずにAIを定義している。

*56

IoTとは、「モノのインターネット」。ありとあらゆるモノがインターネットに接続する世界のことである。

*57

平成31（2019）年3月の内閣府・統合イノベーション戦略推進会議で決定された。

示された。令和元（2019）年8月には、AIの利用者が利活用段階において留意することが期待される事項を10原則としてまとめた「AI利活用ガイドライン」[*59]が定められた。

「AI戦略2019」[*60]では、「人間中心のAI社会原則」の3つの理念を尊重してSociety 5.0を実現し、SDGs（持続可能な開発目標）[*61]に貢献することを基本の考えとして示した上で、3理念を実装する4つの戦略目標（人材、産業競争力、技術体系、国際）を設定した。「AI戦略2022」[*62]では、差し迫った危機への対処（パンデミックや大規模災害に対し、人々の生命と財産を最大限に守る体制と技術）が5つめの戦略として追加された。

「AIに関する暫定的な論点整理」[*63]では対話型生成AI（生成AI）[*64]を中心に課題と方向性などが示された。

今後、これらの戦略目標に基づく社会変革の推進がなされるが、「人間中心のAI社会原則」で示された理念や原則は、変容する社会でAIや他のテクノロジーを活用しながら高齢者を支援する上でも重要な倫理的指針といえる。

（3）誰一人取り残さないデジタル社会の実現をめざして

「デジタル改革基本方針」[*65]では、デジタル社会のめざすビジョンとして「デジタルの活用により、一人ひとりのニーズに合ったサービスを選ぶことができ、多様な幸せが実現できる社会」を掲げ、このような社会をめざすことは、「誰一人取り残さない、人に優しいデジタル化」を進めることにつながるとしている。また、デジタル社会を形成するための基本10原則を掲げた。

デジタル社会の実現に向けた重点計画[*66]においては、デジタル社会に必要な共通機能の整備・普及、アクセシビリティの確保、安全・安心の確保などに関する施策が示された。令和3（2021）年9月には、デジタル社会形成基本法が施行され、デジタル庁[*67]が発足した。誰一人取り残さないデジタル社会の実現のためデジタル社会に必要な共通機能の整備・普及などの取り組みがなされている。

[*58]
内閣府・統合イノベーション戦略推進会議「人間中心のAI 社会原則」2019年、5頁。

[*59]
総務省・AIネットワーク社会推進会議で決定。

[*60]
「AI戦略2019 −人・産業・地域・政府全てにAI」令和元（2019）年6月の内閣府・統合イノベーション戦略推進会議で決定。

[*61]
エスディージーズと読む。本双書第12巻第2部第8章第5節参照。

[*62]
「AI戦略2022」令和4（2022）年4月の内閣府・統合イノベーション戦略推進会議で決定。

[*63]
「AIに関する暫定的な論点整理」は令和5（2023）年5月のAI戦略会議で示された。

[*64]
対話型生成AI（生成AI）とは画像を生成する拡散モデル（diffusion model）や自然言語を扱う大規模言語モデル（large language model：LLM）などをさす。

[*65]
デジタル改革関連法案が令和3（2021）年5月12日に成立。デジタル改革基本方針の10原則は、①オープン・透明 ②公平・倫理 ③安全・安心 ④継続・安定・強靱 ⑤社会課題の解決 ⑥迅速・柔軟 ⑦包摂・多様性 ⑧浸透 ⑨新たな価値の創造 ⑩飛躍・国際貢献である。令和2（2020）年12月25日閣議決定。

2 高齢者福祉分野におけるテクノロジー活用に向けた動向

（1）健康医療・介護分野でのテクノロジー活用の推進

❶テクノロジー活用による医療・介護の革新

Society 5.0では、医療・介護の分野でビッグデータをAIで解析することにより、生活支援（ロボットによる生活支援・話し相手など）、健康促進（リアルタイムの自動健康診断、病気の早期発見）、最適医療（生理・医療データの共有による治療）、負担軽減（医療・介護現場でのロボットによる支援）が可能になる。

経済産業省は、未来の健康づくりに向けた「アクションプラン2023」において、デジタルヘルスの推進や、ICT・AI・ロボット等[*68]の新たな技術の普及啓発を掲げている。

❷健康・医療・介護分野におけるAI活用の推進

「AI戦略2022」では、社会実装の推進におけるAI適用領域の拡大に関する具体的目標（AIの利活用を促進する研究データ基盤、臨床データ基盤等の改善）の例として、保健医療・介護分野の公的データベースのAI開発における有用性の検討が掲げられた。また、わが国ならではの課題に対処するAIとわが国の強みの融合の追求に対する例として[*69]、予防、介護領域の実証事業の実施と、それをふまえた同領域でのAIスタートアップ等のネットワーク構築による支援が掲げられた。

（2）高齢者福祉分野におけるテクノロジーの活用

❶ジェロンテクノロジー

ジェロンテクノロジーが取り組む領域は、医療技術に抵触しない範囲[*70]での支援技術（アシスティブ・テクノロジー）である。ジェロンテクノロジーを活用し、人間の体自体を変えずに、人間の機能を補強したり、周辺を改造したりして高齢者の身体機能や生活を支援する。例えば、バーチャル・リアリティー（VR：仮想現実）などによる人工感覚を利用した機器での情報収集支援や、身に着けて支援するウェアラブルICTなどがある[1]。

❷ロボット技術の介護利用における重点分野

厚生労働省と経済産業省は、介護ロボット等[*71]の開発・導入を支援して

*66
「デジタル社会の実現に向けた重点計画」令和3（2021）年6月18日閣議決定。

*67
デジタル庁設置法の施行に伴い発足。

*68
ICT（Information and Communication Technology）とは、情報通信技術のことをいう。

*69
わが国の課題は①健康・医療・介護、②農業、③インフラ・防災、④交通インフラ・物流、⑤地方創生、⑥ものづくり、⑦安全保障の7分野である。

*70
ジェロンテクノロジー（Gerontechnology）とは、高齢者の生活や自立を支援する技術のこと。Gerontology（加齢学）とTechnology（技術）を合わせた用語で、ノバート・ウィーナーによって提唱されたサイバネティックス（ヒト、コミュニティ、自動機械に共通する情報循環）という概念が考え方の基礎となっている。

*71
ロボットとは、情報を感知（センサー系）し、判断（知能・制御系）し、動作する（駆動系）の3要素を有する知能化した機械システムのことで、「介護ロボット」とは、ロボット技術が応用され利用者の自立支援や介護者の負担の軽減に役立つ介護機器のことである。

〈表4－11〉 ロボット技術の介護利用における重点分野

分　野	項　目
（1）移乗支援	①装着、②非装着
（2）移動支援	③屋内、④屋外、⑤装着
（3）排泄支援	⑥排泄物処理、⑦トイレ誘導、⑧動作支援
（4）見守り・コミュニケーション	⑨施設、⑩在宅、⑪生活支援
（5）入浴支援	⑫入浴支援
（6）介護業務支援	⑬介護業務支援

（出典）厚生労働省ホームページをもとに筆者作成

おり、平成24（2012）年に「ロボット技術の介護利用における重点分野」を定めた。平成29（2017）年10月には、高齢者とのコミュニケーションなどの「生活支援」や「介護業務支援」などの5項目が追加され、**表4－11**の6分野13項目となった。

❸データ活用の推進と科学的介護の取り組み

　データ活用に向けた整備も進んでいる。介護データベース（DB）（要介護認定情報・介護レセプト等情報）、介護関連DBのほか、介護サービス情報公表システムや、地域比較が可能な「地域包括ケア『見える化』システム」[72]「介護離職ゼロポータルサイト」[73][74]などのシステムやサイトも開発された。

　令和2（2020）年6月には、「地域共生社会の実現のための社会福祉法等の一部を改正する法律」が成立し、医療・介護のデータ基盤の整備の推進が掲げられた。

　科学的介護とは科学的裏付けに基づく介護のことであり、エビデンスに基づいた自立支援・重度化防止等を進めるために、①エビデンスに基づいた介護の実践、②科学的に妥当性のある指標等の現場からの収集・蓄積及び分析、③分析の成果を現場にフィードバックすることで、さらなる科学的介護を推進するという循環の創出がめざされている。

　令和3（2021）年度から、通所・訪問リハビリテーションデータ収集システム（VISIT）と高齢者の状態やケアの内容等データ収集システム（CHASE）の一体的な運用が開始され、名称が「科学的介護情報システム（LIFE）」[75]となった。

　科学的に効果が裏付けられた自立支援・重度化防止に資する質の高いサービス提供の推進のため、LIFEを用いた厚生労働省へのデータ提出とフィードバックの活用による、PDCAサイクル・ケアの質の向上を

*72
都道府県・市町村における介護保険事業（支援）計画等の策定・実行を総合的に支援するための情報システムのこと。厚生労働省が運営しており、平成27（2015）年7月から本格稼働されている。

*73
厚生労働省ホームページ。

*74
厚生労働省ホームページ。

*75
厚生労働省が運用する科学的介護情報システム、LIFE（（Long-term care Information system For Evidence）ライフ）のこと。VISITは平成28（2016）年度から、CHASEは令和2（2020）年度から運用。

＊76
科学的介護推進体制加算（Ⅰ）・（Ⅱ）のほか、個別機能訓練加算（Ⅱ）、ADL維持等加算、リハビリテーションマネジメント加算、リハビリテーションマネジメント計画書情報加算、理学療法、作業療法及び言語聴覚療法に係る加算、褥瘡対策指導管理（Ⅱ）、褥瘡マネジメント加算、自立支援促進加算、排泄支援加算、かかりつけ医連携薬剤調整加算（Ⅱ）及び（Ⅲ）、薬剤管理指導加算、栄養マネジメント強化加算がある。

＊77
「LIFEの導入、入力と評価方法、利活用のマニュアル」2022年。

＊78
「福祉用具・介護ロボット実用化支援事業」「ニーズ・シーズ連携協調のための協議会設置事業」「介護ロボットを活用した介護技術開発支援モデル事業」の３事業を柱とする事業のこと。平成28（2016）年度から実施。

＊79
「福祉用具・介護ロボットの開発と普及2021」は、厚生労働省老健局高齢者支援課による「福祉用具・介護ロボット実用化支援事業」の一環でまとめられ、委託先の（公財）テクノエイド協会が取りまとめている。令和4（2022）年3月、厚生労働省ホームページに掲載。

＊80
経済産業省／日本医療研究開発機構（AMED）によるロボット介護機器に関する事業の広報や介護用ロボットの社

図る取り組みを推進すべく、令和３年度介護報酬が改定され、科学的介護推進体制加算などの加算が追加された。[76]

　令和３年度介護報酬改定では、テクノロジーの活用や人員・運営基準の緩和を通じた業務効率化・業務負担軽減の推進の取り組みとして、「見守り機器を導入した場合の夜間における人員配置の緩和」などの対応もなされた。さらに、『ケアの質の向上に向けた科学的介護情報システム（LIFE）の利活用に関する事例集』[77]が作成され、一層の推進がめざされている。

　これらの点からも、テクノロジーを活用した社会への移行は着実に進行しており、高齢者の生活、労働者の働き方、介護施設や行政の組織マネジメント・業務方法・データ管理などさまざまな点に影響し、相互に関連しながら変容していることがわかる。

（3）高齢者福祉分野でのテクノロジー活用の実践例

❶介護ロボットの開発と実用化の状況

　高齢者福祉分野でのテクノロジーの活用はICTを活用した情報共有システムやAIを活用した支援ツールなど多岐にわたる。研究開発・実施支援の動向を見ると、平成23（2011）年度から実施の「福祉用具・介護ロボット実用化支援事業」や、「介護ロボット開発等加速化事業」[78]など、さまざまな事業が展開されている。

　厚生労働省の「福祉用具・介護ロボットの開発と普及2021」[79]では、見守り支援、コミュニケーション・ロボットなどの実用化された福祉用具・介護ロボットの例が示されている。また、介護ロボットポータルサイト[80]では、開発・製品化された機器一覧や、予測型見守りシステム、移乗サポートロボットなどの事例の動画が閲覧可能である。

❷ケアプランへのAI活用の取り組みの状況

　介護分野の生産性向上対応として、ICT、ロボット、AI等の新技術の実装加速の対応の一つに「ケアマネジメントの質の向上、AIも活用した科学的なケアプランの実用化」[81]が検討され、すでに平成28（2016）年度から老健事業（調査研究事業）として複数のAIケアプランの開発・実証実験研究が進められている。また、複数の企業により商品化もなされている。

　さらに近年では、予測結果の根拠を説明することができるホワイトボックス型AIを活用した自立支援に資するケアプラン提案に関する試行

的な取り組みに関する調査研究が実施されており、ケアプラン作成支援^{*82}
AIとして社会実装にむけて研究が進められている。

❸高齢者福祉分野でのテクノロジー活用の実践例

　テクノロジー活用の実践例として、AIを活用したケアプラン点検支援の試行の事例（**事例7**）と、グループホームで排泄予測機器を活用した事例（**事例8**）を示す。

　両事例とも、「介護施設等における生産性向上に資するパイロット事業」による実践例であり、厚生労働省老健局が令和2（2020）年にまとめた、「より良い職場・サービスのために今日からできること（業務改善の手引き）」に掲載されている。両事例から、業務改善のツールとしてテクノロジーが活用され、成果が具体的に示されていること、ケアの質の向上のためにテクノロジーをどう活用できるか現場で議論し、皆で模索しながら対応していることがわかる。

　「介護ロボット導入評価マニュアル」^{*83}では、介護施設が介護ロボットを導入する目的や期待する効果を確認し、評価のプロセスの中で効果を確認することで、根拠をふまえた業務改善を行えることを説明し、介護ロボットの導入検討・準備・試用・運用の段階ごとの対応点を示している。また、なぜ介護ロボットの導入が必要なのか、導入したことでケアの質の向上や業務効率化・負担軽減につながったのかなど、現場スタッフが実践評価を行う際の方法の提示もある。これらの手引きやマニュアルは、高齢福祉実践現場で、どのようなテクノロジーを、何のために、どのように活用し、どう成果を判断するかを検討するのに役立つ。

会的認知・普及のために開発され、AMEDの監修の下で日本ロボット工業会が管理している。

＊81
「経済・財政一体改革における「主な課題」について（社会保障分野）」経済・財政一体改革推進委員会　社会保障ワーキング・グループ資料（令和2年11月12日）。

＊82
株式会社国際社会経済研究所『ホワイトボックス型AIを活用したケアプランの社会実装に係る調査研究報告書』（令和3年度老人保健健康増進等事業）。

＊83
三菱総合研究所「介護ロボット導入評価マニュアル」（令和元年度厚生労働省老人保健事業推進費等補助金　老人保健健康増進等事業）2020年。

第4章

事例 7

AIを活用したケアプラン点検支援の試行²⁾

〔神奈川県〕

【目的】
　ケアマネジャーが作成した「ケアプラン」とAIが作成した「ケアプラン」及び「利用者の将来の状況予測」について比較・検討を行い、ケアマネジャーの気づきを促し、ケアプランの質の向上を図る。

【実施概要】
　ケアプランの作成はケアマネジャーの経験や技術によるところが大きく、自立支援や重度化防止につながっているか、ケアプラン点検では判断がむずかしかった。
　そこで、AIを活用したケアプラン点検の試行を行った。ケアマネジャーの

「ケアプラン」とAIが作成した「ケアプラン」及び「利用者の将来の状況予測」について比較を行い、グループワーク形式で「なぜAIがこのプランを提案したか」を中心に話し合った。

ケアマネジャーからは、「利用者の背景（本人や家族の希望、家族構成、経済状況、疾患情報等）を知りすぎているからこそ、AIが提示するケアプランを見ることで、このような考え方もあるということに気づかされた」、「AIとケアマネジャーが協働することでケアマネジメントの質の向上や業務の効率化が期待できる」との意見があった。

今回の試行結果について市町村職員を対象とした研修で情報提供を行うなど、ケアプランの質の向上に向けて県全体の底上げを図っていく予定である。

【成果】

AIを活用したケアプラン点検を通じて、「気づき」を得られたと回答したケアマネジャーが半数を超え、1割以上のケースについてケアプランを見直すとの回答が得られるなど、プランを見直すきっかけにつながった。

事例 8

排泄予測機器をグループホームで活用した事例 [3)]

〔会津若松市社会福祉協議会在宅サービス推進室　グループホームみなづる〕

【目的】

日々の尿量や排尿データの把握によって、職員が利用者にとって最適な誘導タイミングを考える。

【課題】

排泄の定期誘導で、利用者がトイレを必要としていない"空振り"が多かった。職員が声かけした際、すでに尿漏れしている場合も多く、その後の尿漏れ対応に時間がかかっており、職員の排泄ケアの負担が大きかった。

【解決のステップ】

①介護ロボットの導入にあたり、ロボット選定や運用検討を担う担当者を、施設全体の課題を把握している管理者に決定し、現状の課題を抽出した。

②課題をもとにグループホームにおける介護ロボット導入を検討し、排泄予測機器の導入を決定した。

③尿漏れ等の心配がある利用者5名に対して導入することを決めた。職員に対して、介護ロボットメーカーが機器の説明とデモンストレーションを複数回に分けて実施した。

④導入1週間後、メーカーと管理者、職員で利用者の尿量データを分析し、トイレ誘導のタイミングを検討した。データをもとに議論を継続し、ケアの質の向上を図っている。

【成果】

＜質の向上＞日々の尿量や排尿データの把握によって、職員が利用者にと

って最適な誘導タイミングを考えるきっかけとなり、利用者に対するケ
アを向上する意識が芽生えた。
　＜量的な効率化＞機器からの通知に基づき利用者ごとの誘導タイミングを
見計らうことで、尿漏れによるパッド交換回数が利用者１名・１日あた
り1.3回減少し、誘導回数も7.1回から5.8回に約10％削減された。

3 テクノロジーを活用した高齢者福祉推進の可能性と課題

（1）テクノロジーを活用した高齢者福祉推進の可能性

❶高齢者や家族介護者などのテクノロジー活用

　高齢者や家族介護者自身がテクノロジーを活用して地域で暮らすこと
により、ニーズが変容し、テクノロジーという新たな資源の活用により
社会参加が促されるなど、両者の生活の質やウェルビーイングを高めら
れる可能性がある。特に、コロナ禍で施設の面会が困難になるなか、オ
ンライン面談が進むなど、高齢者も含めたテクノロジー活用が促進され
るようになった。マイナンバーカードの普及などによるデジタル化の推
進により、利便性が高まる可能性もある。

❷テクノロジーを活用した業務変革による高齢者福祉実践の変容

　高齢福祉の実践者がほかの対人援助職と協働しながらテクノロジーを
活用した実践を行うことにより、高齢者福祉実践の内容・スピード・連
携方法が変容し、専門的・本質的支援に注力できることで支援やケアの
質が向上する可能性がある。ICTを活用した介護データ管理による効果
的な介入、オンラインを活用した高齢者や家族介護者等への支援・研修、
将来的にはAI活用のアセスメントやケアプラン作成など、業務変革は
広範囲にわたる。テクノロジーの活用により、相談援助、高齢者虐待予
防、権利擁護の実践などの高齢者福祉のソーシャルワーク実践がより効
率的・効果的になり、専門性が高まることも期待できる。

❸テクノロジーを活用した社会となることによる高齢者福祉実践の変容

　社会全体がテクノロジーを活用して多様性を認め合う包摂的な社会と
なることにより、より多様な人や組織が高齢者福祉の担い手となり、地
域共生社会や地域包括ケアシステムにおける高齢者福祉実践のネットワ
ークが発展する可能性がある。また、自動走行車などの技術の発展やス

第
4
章

マートシティなどのテクノロジーを活用したまちづくりの促進により、いわゆる「買い物難民」の問題への対応など高齢者福祉の実践方法の幅が広がることも期待できる。高齢者福祉の実践者は、非営利組織やボランティア、職場、民間企業などと連携・協力しながら、認知症にフレンドリーな社会の構築や高齢者の孤立や高齢者虐待をなくす取り組みをより効果的に、より多様な人とともに行うことができるかもしれない。

（2）テクノロジーを活用した高齢者福祉推進の課題

❶高齢者福祉実践におけるテクノロジーの活用に関する倫理面への対応

第一の課題は、高齢者福祉実践におけるテクノロジーの活用に関する倫理面への対応であり、高齢者福祉にかかわる実践者は、倫理面の対応方法を理解し、適切に対応していく方法を確立することが重要である。

多くのクライエントは弱い立場にあることから、ソーシャルワーカーはデジタル化によるクライエント間の分断やその他のITのネガティブな影響に対処するという特別の役割があることや、ソーシャルワークの倫理綱領に基づいてクライエントのアドボカシーが求められることが指摘されている[84]。ソーシャルワーカーのテクノロジーに関する倫理原則は国際基準があり、アメリカではより具体的指針がある（コラム参照）。

令和3（2021）年3月に採択された社会福祉士の行動規範には、情報処理技術の適切な使用が明記された。高齢領域の社会福祉士はこれらの行動規範を遵守していく必要がある。

倫理面の重要性は高齢者福祉分野に限るものではないが、特に医療・介護分野でのテクノロジー活用が重点的に進められており、情報弱者の高齢者が利用対象者であることから、実践者の十分な対応が必要となる。特に高齢者はテクノロジーの利用に不安を覚えたり、不慣れで苦手に思ったりする場合もあり、情報弱者となりテクノロジーを利用した詐欺の対象となってしまう可能性がある。高齢者のプライバシーが守られるよう、高齢者福祉分野で働く社会福祉士等が十分に留意して対応しなければならない。また、認知症高齢者が日々の生活の中でどのようにテクノロジーとかかわることが尊厳をもったその人らしい暮らしにつながっていくのか、権利擁護やアドボカシーの観点からもきめの細かい対応をすることが必要となる。

AIの活用についても、責任の所在や活用範囲など、福祉領域での倫理上の対応について検討が必要である。「人間中心のAI社会原則」の7原則は、高齢者実践をしていく上でも遵守すべき点を示しているが、特

＊84
Schoech, D. (2013) 'Technology : Overview' *Encyclopedia of Social Work*, National Association of Social Workers and Oxford University Press, USA, DOI: 10.1093/acrefore / 9780199975839. 013. 625.

に「プライバシー確保の原則」と「セキュリティ確保の原則」は、社会
福祉士などの実践者が権利擁護の実践をする上で留意すべき点といえる。

COLUMN

＜ソーシャルワーク実践におけるテクノロジー活用に関する　倫理原則の国際動向＞

◎「技術とソーシャル・メディアの倫理的な活用」原則

　「技術とソーシャル・メディアの倫理的な活用」原則は2018年に国際ソーシャルワーカー連盟（IFSW）が採択した「倫理的原則に関するグローバルソーシャルワークの声明の9つの原則」の一つで2項目定められた。[85] 国際ソーシャルワーク学校連盟（IASSW）は、この原則をより詳細に8項目提示した。[86] 例えば、「ソーシャルワーカー（以下、SW）は、デジタル技術とソーシャル・メディアの活用が守秘とプライバシーの原則に特に脅威を与える可能性があることを認識し、これを防ぐために必要な予防対策を講じなければならない。インフォームド・コンセントは、守秘とプライバシーに対するこのような制限について明確にしなければならない」や、「実践の方法にかかわらず、倫理的な実践の根拠を示すことはSWの責任である」等、SWの役割や責務を示している。

◎「ソーシャルワーク実践におけるテクノロジーの基準」

　米国ソーシャルワーカー協会（NASW）は他の関連協会と共同し、2017年に「ソーシャルワーク実践におけるテクノロジーの基準」[87] を作成した。この中で、SWのテクノロジー利用に関し、①国民への情報提供、②サービスのデザインと提供方法、③クライエント情報に関する収集・管理・保管・アクセス、④SWの教育とスーパービジョンの4項に分類し、各項目に具体的な実践基準と説明を示した。これらの基準は、SWのテクノロジー利用の指針となるとともに、テクノロジー利用の際の倫理的責任に関してSWが自覚的であることを促し、SW・雇用主・国民にSWのテクノロジー利用に関して知らせることを意図している。例えば、第2項のサービスのデザインと提供方法では、「クライエントのテクノロジーとのかかわりの評価」「秘密保持とテクノロジーの利用」「ソーシャルメディアに関する方針」など27項目の基準を示し、説明している。

　どの基準も、日本の高齢者福祉に従事するSWにとっても自覚して認識すべき点であり参考になる。特に、「クライエントのテクノロジーとのかかわりの評価」において、テクノロジーに関してクライエント自身がどのような思いか、テクノロジーに関する強み（特定のテクノロジーの利

*85
International Federation of Social Workers (2018) 'Global Social Work Statement of Ethical Principles.'

*86
国際ソーシャルワーク学校連盟（IASSW）「ソーシャルワークにおける倫理原則のグローバル声明（仮訳）」。

*87
NASW, ASWB, CSWE, & CSWA (2017) 'Standards for Technology in Social Work Practic'

第4章

用、テクノロジー利用能力など）、ニーズ、リスク、問題点（テクノロジー購入の金銭的困難、オンライン上の詐欺のリスク、テクノロジーの利用拒否など）などについてアセスメントをする必要性が示されていたが、この点はとりわけ重要であろう。

❷ソーシャルワーカーのテクノロジー活用に関するコンピテンスの向上

　第二の課題は、高齢者福祉分野で働くソーシャルワーカーのテクノロジー活用に関するコンピテンスをいかに高めるかという点である。海外文献では、ソーシャルワーカーがテクノロジー利用のコンピテンスをもつべきこと、新たなテクノロジー利用の検討時は法的なリスクや懸念を十分調べた上でクライエントに最適なテクノロジー利用の判断をすべきことが論じられている[*88]。また、テクノロジー利用の際はリスクと利点を分析する必要があること、テクノロジーを活用した多職種とのさらなる協働が求められること、テクノロジーの利用可能性に関して社会正義という点から検討し、アクセスの有無のみならず利用する能力の点からも判断して対処する必要があることも指摘されている[*89]。

　日本の高齢者福祉分野では、すでに介護ロボットや介護データなどの活用が介護報酬にも反映されており、介護データの活用基盤の整備も急速に進められている。プライバシー保護などの倫理面の対応に関しても、まず援助者自身がテクノロジーを理解し、倫理的基準や原則に基づいて対応できるコンピテンスをもてるようなソーシャルワーク教育、現場研修・管理体制の整備が必要である。高齢者自身のテクノロジーに関するアセスメントをした上でていねいに説明する、テクノロジー活用に伴うリスクを判断して対処するなどのコンピテンスを高めなければならない。

　地域包括ケア推進のためにも、テクノロジーを活用した多職種や地域の人との情報共有や連携、テクノロジー活用による新たな福祉課題に対処することも必要となり、これらのコンピテンスをどのように高めて専門性を向上するかが課題といえる。AIやテクノロジーの活用による高齢者や家族などの排除や、詐欺被害をなくす必要がある。

　今後、高齢者福祉分野で実際にAI活用が推進されていくには、高齢者福祉の専門職がAI活用の利点と懸念点を多角的に評価すべきであろう。「人間中心のAI社会原則」で示された理念や原則に基づくAIに関する倫理面への対応や、AIを活用する現場におけるAIリテラシーの向上が不可欠である。医療、介護、ケアマネジメント領域では具体的にAI

*88
Elswick, S. E., (2017) *Informatics in Social Work Practice: Technology within the Field*, New York, Nova Science Publishers, Inc.

*89
*84に同じ。

の活用に向けて取り組みが進んでいることから、高齢者福祉の相談援助実践でも対応や検討が必要である。

　「人間中心のAI社会原則」の７原則の「教育・リテラシーの原則」は、高齢者福祉分野では特に重要であり、テクノロジーをツールとして活用する際には、高齢者の状況をアセスメントし、適したテクノロジーを適切に使用する、ビッグデータから得られたデータを掘り起こして有効活用するなど、テクノロジー活用のための教育・リテラシーの向上が欠かせない。テクノロジー活用に関する教育・研修体制の整備が喫緊の課題といえる。

❸高齢者福祉分野におけるデジタル・トランスフォーメーション

　第三の課題は、高齢者福祉分野がいかにしてデジタル・トランスフォーメーション（DX）*90 に向けて対応するかという点である。令和7（2025）年までに集中的に複雑化・老朽化・ブラックボックス化した既存のシステムの刷新が必要であり、この「2025年の壁」を乗り越えなければならない。しかし、DXの必要性を多くの経営者が理解できていても、業務自体の見直しや経営改革が求められ、現場の抵抗も大きく、どう実行するかが課題であるという。*91 これは全産業について論じられたことだが、福祉の分野、とりわけテクノロジーの活用がさまざまな場面で急速に進行している高齢者福祉の分野に当てはまる。

　これまで見てきたように、わが国では「AI-Readyな社会」や「デジタル社会」の実現がめざされているが、高齢者福祉実践に携わる対人援助者や高齢者・家族・市民がこれを認識して対応しているとは言い難い。「人間中心のAI社会原則」の３理念（「人間尊重」「多様性」「持続可能」）は、福祉実践においても大切な理念だが、多様性や包摂、社会正義という理念に照らして、高齢者福祉分野全体として業務・管理運営、教育・研修、働き方の変革が必要だろう。倫理や価値の重要性の認識が高齢者福祉実践者の原点であり、その点を遵守しつつ誰一人取り残さずに、テクノロジーを活用して新たな高齢者福祉サービスを創出できるのか。既存の分担や業務プロセスにとらわれず柔軟に創意工夫することにより、どのような新たな価値を生み出していけるのか、高齢者福祉分野でのDXの推進が課題である。新型コロナウイルスのパンデミック以降、社会全体のデジタル化が進んだ面があり、LIFEデータの活用やAIを活用したケアプランの具体化など急速に状況が変化している。直面する社会の変化にいかに対応するか喫緊の課題といえる。

＊90
DXとは、将来の成長、競争力強化のために、新たなデジタル技術を活用して新たなビジネス・モデルを創出し、柔軟に改変することをいう。

＊91
経済産業省デジタルトランスフォーメーションに向けた研究会「DXレポート－ITシステム『2025年の崖』の克服とDXの本格的な展開－」2018年。

＊92
日本経済新聞社 編『AI
2045』日本経済新聞出
版、2018年。

2045年にはAIが人間の知能を超えるシンギュラリティー（特異点）が到来すると予測されている。[92]令和7（2025）年、2040年、2045年の日本の将来を思い浮かべて、高齢者福祉分野のDXに向けた対応が求められる。

📖**BOOK 学びの参考図書**

●大野和基 編『未来を読む　AIと格差は世界を滅ぼすか』PHP研究所、2018年。
　　本著は、「サピエンス全史」の著者ユヴァル・ノア・ハラリ、「ライフシフト」の著者リンダ・グラットンなど世界の8名の知識人へのインタビュー集である。テクノロジーの進展により「役立たず階級」が大量発生するAI万能時代が訪れ、働き方は根本的に変革するなど、テクノロジーが社会にどのような影響を与えるのか、さまざまな角度からの指摘があり、将来のAIとのかかわりを考えるために役立つ。

●三菱総合研究所「介護ロボット導入評価マニュアル」2020年。
　　このマニュアルは、介護ロボット導入のプロセス（検討段階、準備段階、試用段階、運用段階）ごとにポイントが示され、テクノロジー活用の目的や方法を現場全体で議論・評価していくためのヒントがわかりやすく解説されている。移乗支援機器などの実証事例も含まれており、評価項目（活動の範囲、利用者への効果、職員・家族への効果、組織への効果、機器の利用）や方法の説明もある。また、さまざまな評価シートの利用例も参考になる。

引用文献

1）伊福部達「ジェロンテクノロジー」東京大学高齢社会総合研究機構 編著『東大がつくった高齢社会の教科書　長寿時代の人生設計と社会創造』東京大学出版会、2017年、284〜285頁

2）厚生労働省老健局「介護施設等における生産性向上に資するパイロット事業〔自治体向け手引き〕より良い職場・サービスのために今日からできること（業務改善の手引き）」2020年、33頁

3）厚生労働省老健局「介護施設等における生産性向上に資するパイロット事業〔施設・事業所向け手引き〕より良い職場・サービスのために今日からできること（業務改善の手引き）」2020年、41頁

第5章

高齢者と家族等への
支援の実際

学習のねらい

　高齢者の豊かな暮らしを支えるためには、介護ニーズ以外のニーズも視野に入れ、支援を展開する必要がある。

　高齢者の生活は、経済的困窮や社会的孤立によって脅かされることがある。あるいは、生活の土台となる住まいを得ることの困難さや、虐待や放任（ネグレクト）によって心身ともに安心できる暮らしが脅かされることもある。こうした深刻な状況に陥っている高齢者を支援する方法を学ぶことは、ソーシャルワーカーの実践として不可欠である。

　さらに、高齢者の問題は高齢者の家族の問題とも密接にかかわっている。高齢者の支援と同様に、その家族に目を向け、家族支援を展開することも近年では重要なことと認識されるに至っている。そして、高齢者が人生の終わりを迎える際、終末期ケアの提供とそこに本人の意思を反映させるための取り組み（ACP）、残された家族へのグリーフケアもまた、ソーシャルワーカーとして意識しておくべき事柄である。

　本章では、こうした取り組みや考え方を学ぶ。

第1節 高齢者の経済、就労、社会参加に対する包括的な支援

1 高齢者の生活困窮と社会的孤立の状況

（1）高齢者の生活困窮の状況

＊1
本書第1章第2節参照。

　高齢者の所得及び資産（貯蓄）の状況[*1]は、世帯によって格差があり、経済的に豊かな高齢者世帯がある一方で、低所得や資産（貯蓄）が少ない層も一定程度の割合で存在している。

＊2
内閣府「第9回 高齢者の生活と意識に関する国際比較調査」2020年。

　内閣府の国際比較調査[*2]によれば、「経済的な意味で、日々の暮らしに困ることがありますか」との問いに対して、日本では60歳以上の人の6割以上が、「困っていない」あるいは「あまり困っていない」と回答している。しかし、「少し困っている」の割合が前回調査（16.7％）より増加し（25.3％）、「困っている」「少し困っている」を合わせると33.8％となった。これは、アメリカ（22.1％）、ドイツ（21.4％）、スウェーデン（13.6％）よりも10ポイント以上高い割合である。また、老後資金の充足度について、「やや足りないと思う」と「まったく足りないと思う」を合わせて55.5％が「足りない」と回答している。これについても、アメリカ（20.0％）、ドイツ（18.7％）、スウェーデン（16.1％）などの他国と比べて日本では老後資金の不足を感じている割合が高い。

（2）高齢者の社会的孤立の状況

❶単身世帯の増加

　社会や経済の情勢が大きく変化し、地域や家族、職場等による高齢者への支えの機能が脆弱化するなかで、経済的な困窮と社会的孤立は多くのケースにおいて重複し複合的に発生している。そのため、問題がより見えづらくなっており、非常に深刻な状態になってから発見されることも少なくない。

＊3
厚生労働省「2022年国民生活基礎調査」。

　近年、高齢者の世帯構造は、かつての多世代同居から夫婦のみ世帯や単身世帯へと大きく変化している。令和4（2022）年の厚生労働省の調査[*3]によれば、65歳以上の高齢者のいる世帯は、2,747万4,000世帯で全世帯の50.6％であり、そのうち32.1％が「夫婦のみ世帯」、次いで「単独世帯」が31.8％にのぼっている。また、世帯主が75歳以上の高齢者世帯

のうち、単独世帯は平成27（2015）年の337万世帯から令和22（2040）年の512万世帯と1.52倍に増加すると予想されている。[*4]

❷「孤立死」の防止や身寄りのない人への支援の問題

こうした高齢者の単身化が進む中でさまざまな課題が表れている。例えば、誰にも気付かれることなく亡くなった後に発見される「孤立死」の問題があげられる。「孤立死」は正式な定義がなく、国としての調査は行われていないが、民間調査[*5]では、東京23区のデータ等から推計を行った結果、全国の65歳以上の孤立死者は年間で2万6,821人に上るとみられている。[*6]

また、現在も入院や施設入所、アパートの賃貸契約等に際して広く慣習として定着している「身元保証人」の問題がクローズアップされている。ひとり暮らし高齢者の中には、親族等がいても疎遠であったり全くかかわりがないなど、支援が受けられないという事例がしばしばみられる。そういった高齢者が病気やけがで入院したり、施設に入所する際に、病院や施設から「身元保証人」を立てることを求められて苦慮するケースも少なくない。

こうしたニーズに対して、入院・施設等入所時の身元保証、日常生活支援、死後の対応等のサービスを行う「身元保証等高齢者サポート事業」の需要が増加しているが、事業者の経営破綻にトラブル等も発生していることから、総務省行政評価局では、事業者への実地調査を含めた全国調査の結果を公表し、事業を監督する省庁や事業者団体の設置、ルール化等の対応の方向について課題提起を行った。[*7]

❸複合的な課題を抱える世帯

単身ではなく子どもと同居している場合でも、いわゆる「8050問題」[*8]が深刻化している。「8050問題」とは、高齢の親が、長期のひきこもりなどで仕事に就いておらず収入がない中高年の子の生活を支えている世帯の問題をさす。親の年金や就労収入が生計の柱となっており、親の病気や介護をきっかけに困窮状態に陥る世帯が見られる。社会とのつながりが弱く、子どもがひきこもっていることを表に出したくないといった意識などから支援につながりにくく、深刻な状態に至るケースが少なくない。内閣府が令和元（2019）年に公表した40歳から64歳までの5,000人を対象にした調査の報告書によれば、40歳以上の中高年のひきこもり者は、推計で61.3万人に上るとみられており、世帯全体をとらえた包括[*9]

[*4] 国立社会保障・人口問題研究所「日本の世帯数の将来推計（全国推計）」。

[*5] ニッセイ基礎研究所「セルフ・ネグレクトと孤立死に関する実態把握と地域支援のあり方に関する調査研究報告書（平成22年度老人保健健康増進等事業）」2011年。

[*6] 本調査では自宅で死亡し、死後2日以上経過して発見された事例を「孤立死」と定義した。

第5章

[*7] 身元保証等高齢者サポート事業における消費者保護の推進に関する調査（令和5〔2023〕年8月7日）。

[*8] 本書第1章第2節5参照。

[*9] 内閣府「生活状況に関する調査（平成30年度）」。

的な支援が求められている。

　また、地域におけるいわゆる「ごみ屋敷」は、個別の事例を見ていくと、孤立する高齢者の問題と深く関係しているケースが多い。家族が亡くなるなどの大きな喪失体験や認知症等をきっかけに、近隣との関係を断ち、生きる意欲も低下したセルフネグレクトの状態になっている場合には、ごみを片付けただけでは問題は解決しない。本人の思いに寄り添い、人とのつながりを再構築するなかで、その人らしい暮らしを取り戻していくことが必要である。

2 生活困窮や孤立の状態にある高齢者への支援

（1）生活困窮者自立支援制度

❶制度の概要

　生活困窮者自立支援法は、平成27（2015）年度より本格施行され、生活保護受給に至る手前の支援を行う第二のセーフティネットと位置付けられている。全国の福祉事務所設置自治体が実施主体となり、必須事業である自立相談支援事業、住居確保給付金の支給のほか、任意事業として就労準備支援事業、一時生活支援事業、家計改善支援事業、子どもの学習・生活支援事業等による支援が行われている。

　生活困窮者自立支援制度では、包括的な相談窓口である自立相談支援機関において相談を受け付け、ていねいなアセスメントに基づいて一人ひとりに応じた支援プランを作成する。自立相談支援機関には、主任相談支援員、相談支援員、就労支援員が配置されており、さまざまな制度を活用するとともに地域の社会資源と連携して伴走型の支援を行っている。

❷生活困窮者自立支援制度における高齢者への支援

　一般社団法人北海道総合研究調査会の調査によると、平成31（2019）年4月～令和2（2020）年3月の1年間の自立相談支援機関における新規相談者に占める高齢者の割合を聞いたところ、「基礎自治体」では「20%以上30%未満」と回答した自治体の割合が33.1%と最も高く、次いで「30%以上40%未満」が21.5%、「10%以上20%未満」が19.3%となっており、平均は26.1%であった。

　自立相談支援機関における高齢困窮者への支援にあたっては、さまざまな社会資源との連携が図られている。同調査で、「自治体が実施する

＊10
北海道総合研究調査会「生活困窮者自立支援制度の実施状況の把握・分析等に関する調査研究報告書（厚生労働省令和2年度生活困窮者就労準備支援事業費等補助金　社会福祉推進事業）」2021年9月。

自立相談支援事業における支援や、ほかに活用・連携することができる高齢困窮者等に向けた支援策・支援メニュー等としてどのようなものがあるか」を聞いたところ、「基礎自治体」では、「各種支援制度の申請援助」の割合が74.6％と最も高く、次いで「金銭管理等の支援が必要な場合の日常生活自立支援事業や成年後見制度との連携・つなぎ」が68.4％、「ハローワークやシルバー人材センター等と連携した就労支援」が68.2％であった。

　また、フォーマルな支援だけでなく、「サロン等の居場所の紹介など孤立防止・社会参加に向けての支援」が42.6％と、地域福祉活動との連携が図られているほか、「消費生活部門や権利擁護事業等との連携による消費者被害への対応（予防も含む）」も42.6％となっており、福祉、就労、消費者保護、孤立防止や社会参加支援等も含めた包括的な支援が行われていることがうかがえる。

❸高齢困窮者に対する支援の強化

　高齢困窮者に対する支援の強化として、就労準備支援事業に関して、高齢期の自発的就労ニーズや社会参加の意識が高いことや生涯現役社会の実現の観点から、平成30（2018）年の生活困窮者自立支援法改正において、従来65歳未満としていた年齢要件が撤廃された。

　また、家計改善支援事業においては、認知機能の衰えなどが増える高齢者に対して、よりわかりやすい家計表を作成するとともに、支払いの仕方などをより細かくサポートする必要があることから、高齢者特有の支出項目などを盛り込んだ高齢者用の家計改善支援ツールの開発なども進められている。[11]

（2）孤独・孤立対策

　社会的不安に寄り添い、深刻化する社会的な孤独・孤立の問題について、政府全体として総合的かつ効果的な対策を検討・推進するため、令和3（2021）年2月、内閣官房に「孤独・孤立対策室」が設置され、内閣府特命担当相（少子化対策・地方創生）が孤独・孤立担当相に就任した。その後、孤独・孤立対策を議論するフォーラムや全省庁の連絡調整会議が開催され、孤独・孤立対策に向けたSNSの活用や実態把握について検討が進められている。また、令和5（2023）年5月には、孤独・孤立対策推進法が成立した。

*11
グリーンコープ生活協同組合連合会「家計改善支援事業実施のための教材作成及び困難事例の支援方法の開発に関する調査・研究事業＜後編＞－高齢者世帯の家計改善支援ツールの開発に関する報告」（厚生労働省 平成30年度生活困窮者就労準備支援事業費等補助金 社会福祉推進事業）、2018年。

（3）高齢者の雇用に関する法制度

　高年齢者雇用安定法（高年齢者等の雇用の安定等に関する法律）は、「定年の引き上げ、継続雇用制度の導入等による高年齢者の安定した雇用の確保の促進、高年齢者等の再就職の促進、定年退職者その他の高年齢退職者に対する就業の機会の確保等の措置を総合的に講じ、もって高年齢者等の職業の安定その他福祉の増進を図るとともに、経済及び社会の発展に寄与すること」を目的とした法律である。

　近年の改正では、令和元（2019）年に、65歳から70歳までの就業機会を確保するための改正が行われ、令和3（2021）年4月1日より施行されている。具体的には、事業主に対して、65歳から70歳までの就業機会を確保するため、高年齢者就業確保措置として、以下の①〜⑤のいずれかの措置を講ずる努力義務を設けている。

　なお、努力義務について雇用以外の措置（④及び⑤）による場合には、労働者の過半数を代表する者等の同意を得た上で導入される必要がある。

---

①70歳までの定年引き上げ

②定年廃止

③70歳までの継続雇用制度の導入（特殊関係事業主に加えて、他の事業主によるものも含む）

④高年齢者が希望するときは、70歳まで継続的に業務委託契約を締結する制度の導入

⑤高年齢者が希望するときは、70歳まで継続的に以下の事業に従事できる制度の導入

　a．事業主自ら実施する社会貢献事業

　b．事業主が委託、出資（資金提供）等する団体が行う社会貢献事業[*12]

（4）高齢者の多様な就業機会の確保

❶シルバー人材センター

　シルバー人材センター（以下、「センター」）は、定年退職者などの高年齢者に、各個人のライフスタイルに合わせた「臨時的かつ短期的又はその他の軽易な業務（その他の軽易な業務とは、特別な知識又は技能を必要とすることその他の理由により同一の者が継続的に当該業務に従事することが必要である業務をいう）」を提供し、高年齢者の健康で生きがいのある生活の実現と、地域社会の福祉の向上に取り組んでいる組織である。センターは、原則として市（区）町村単位に置かれており、「高年齢者等の雇用の安定等に関する法律」に基づいて事業を行う、都

*12
高齢者雇用安定法における社会貢献事業とは不特定かつ多数の者の利益に資することを目的とした事業のことで、社会貢献事業に該当するかどうかは事業の性質や内容等を勘案して個別に判断される。

〈表5-1〉シルバー人材センターで行っている主な仕事

技術分野	家庭教師、学習教室の講師、パソコン指導、翻訳・通訳、自動車の運転
技能分野	庭木などの剪定、障子・ふすま・網戸の張替え、大工仕事 ペンキ塗り、衣類のリフォーム、刃物とぎ、門松・しめ縄づくり
事務分野	一般事務、経理事務、調査・集計事務、筆耕・宛名書き、パソコン入力
管理分野	建物管理（ビル、アパート・マンション管理など）、施設管理 　（スポーツ、遊戯施設管理など）、駐車（輪）場の管理
折衝外交分野	販売員・店番、配達・集配、集金、営業、電気・ガスなどの検針
一般作業分野	除草・草刈り、屋外清掃、屋内清掃、包装・梱包（封入・袋詰めなど）、 調理作業（皿洗い、配膳など）、農作業（種まき、水やり、収穫など）、エ アコン・換気扇の清掃、チラシ・ビラ配り、荷造・運搬
サービス分野	家事サービス（掃除、洗濯、留守番など）、福祉サービス（身の回りの世 話、話し相手、介助など）、育児サービス（子守、送迎など）

（出典）全国シルバー人材センター事業協会ホームページをもとに一部改変

道府県知事の指定を受けた公益法人である。

　具体的には、センターが地域の家庭や企業、公共団体などから請負または委任契約により仕事（受託事業）を受注し、会員として登録した高年齢者の中から適任者を選んでその仕事を遂行する。令和3（2021）年度の全国の団体数は1,339団体、会員は68万人を超えている。仕事の内容は幅広く、技術、技能、事務、管理、折衝外交、一般作業の多分野にわたっている。

　現役世代の仕事を奪わないようにとの配慮から、従来、シルバー人材センターの取り扱う業務は、「臨時的・短期的」（おおむね月10日程度まで）または「軽易な業務」（おおむね週20時間程度まで）に限定されていた。しかし、高齢化の進行や人手不足等の状況をふまえ、地域の実情に応じ、高齢者のニーズをふまえた多様な就業機会を確保する観点から、平成28（2016）年4月より、業務の要件を緩和し、シルバー人材センターの業務のうち、派遣・職業紹介に限り、週40時間までの就業を可能とすることとされた。

　なお、要件緩和により、民業圧迫等が起きることのないよう、要件緩和は、①都道府県知事が、高年齢退職者の就業機会の確保に寄与することが見込まれ、厚生労働省が定める基準に適合すると認められる場合に、対象となる市町村ごとに業種・職種を指定することにより可能とすること、②要件緩和を実施する業種等を指定するにあたっては、あらかじめ地域の関係者の意見を聴取するとともに、厚生労働大臣に協議すること

とされている。

❷生涯現役地域づくり環境整備事業

高年齢者等の雇用・就業支援の取り組みと、地域福祉や地方創生等の分野で既に地域で機能している取り組みとの連携を緊密にし、また、多様な資金調達の取り組みも促していくことで、地域のニーズを踏まえて多様な働く場を生み出すとともに、地域における高年齢者等の雇用・就業支援の取り組みを持続可能にするモデルを構築し他地域への展開・普及を図ることを目的として、令和 4 （2023）年度より、生涯現役地域づくり環境整備事業が実施されている。

（5）日常生活自立支援事業・成年後見制度
❶日常生活自立支援事業の概要

認知症高齢者が増加するとともに単身化が進む中で、判断能力の低下により福祉サービスの利用契約や日常的な金銭管理を行うことがむずかしい高齢者が増加している。[13]日常生活自立支援事業は、介護保険制度の開始により福祉サービスが措置から契約に移行することに伴って平成11（1999）年に創設された事業で、判断能力が不十分な高齢者、知的障害者、精神障害者等との契約により、福祉サービスの利用手続きや預貯金の払い戻し、公共料金の支払いといった金銭管理の支援、通帳等の書類預かりを行うサービスである。

同事業の利用者は、令和 5 （2023）年 3 月末時点で約 5 万6,000人に上っており、そのうち認知症高齢者は38.0％となっている。[14]利用者の経済状況は厳しいケースが多く、生活保護受給者が新規契約者の約 4 割を占め、月の収入が「なし」もしくは「10万円以下」の世帯が67.2％となっている。また、契約した時点で公共料金の滞納や借金等があった利用者も28.9％にのぼり、経済的に行き詰った深刻な状況でサービスの利用に至るケースが多く見られる。繰り返し悪質な消費者被害に遭ったり、親族や知人など身近な人から金銭を搾取されている事例も見受けられる。[15]

❷事業の効果

本事業を利用することにより、通帳や印鑑の紛失を防ぎ、払い戻し等の支援と定期的な訪問によってお金を計画的に使うことができるほか、金銭搾取や消費者被害も防ぐことができるなど、生活の安定につながる。また、本事業では、専門員が利用者の相談に応じて支援計画を立て、実

＊13
本書第 4 章第 6 節 2
（3）❷参照。

＊14
全国社会福祉協議会
「日常生活自立支援事業
月次状況調査（令和 4
年度）」。

＊15
全国社会福祉協議会
「令和 4 年度日常生活自
立支援事業利用状況調
査」。

際に訪問して定期的な支援を行う生活支援員が連携してサービスを提供する。生活支援員は地域の住民が担い手となっており、サービスを通じて利用者の生活を支えるとともに地域とのつながりをつくる役割も果たしている。通常、利用料金として1回の訪問ごとに利用者負担が発生するが、生活保護受給者は国庫補助により無料となっている。また、非課税世帯等に対する独自の利用料補助制度を設けている自治体もある。

❸成年後見制度との連携

　日常生活自立支援事業の利用者の判断能力がさらに低下した場合には、成年後見制度の利用を検討することも必要になる。成年後見制度では、家庭裁判所の審判により選任された成年後見人等が本人の意思決定支援の観点に基づきながら、身上保護や財産管理を行う。申立経費や後見人等の報酬を負担する必要があることから、財産が少ない高齢者にとっては利用しづらい面がある。自治体が申し立て経費や報酬の助成を実施しているが、地域によって対象や金額、要件に差があり、予算の制約から拡大がむずかしいことが課題となっている。

（6）地域における見守りや社会参加の支援

❶高齢者を地域で支える活動

　生活困窮や社会的孤立の状態にある高齢者を地域で支えるための活動として、住民による見守り活動や「ふれあい・いきいきサロン」等の取り組みが広く行われている。

　住民による見守り活動は、直接訪問して安否確認を行うだけでなく、新聞がたまっていないか、電気がついたままになっていないかなど、普段から気にかけ合うなかで、いち早く変化に気付くことができる。住民に加えて、新聞配達や宅配業者、水道や電気・ガスの検針等、日頃から地域をまわることが多い事業者と連携して見守りのネットワークをつくっている地域も増えている。住民等が異変を感じた場合には、民生委員・児童委員や地域包括支援センター、社会福祉協議会等につなげることで早期に対応する仕組みづくりが重要である。

　一方で、特定の高齢者を一方的に「見守られる」存在にしてしまうことには注意が必要である。住民同士の支え合いが活発に行われている地域を見ると、ひとり暮らしの高齢者には、あえて町内会等の仕事を担ってもらうようにしたり、得意なことを活かしてふれあい・いきいきサロンで参加者に教える側になってもらうなど、その人が何らかの役割をも

第5章

つように意識している例に出会うことが多い。

特にふれあい・いきいきサロンは、誰もが気軽に参加でき、ボランティアと参加者を区別せずにみんなでつくり上げる交流の場となっている。普段からサロン活動に参加している人たちは、姿を見せないときにはお互いに電話で様子を確認するなど見守りにもつながっている。

❷地域住民との連携による支援

社会的孤立の状態にある人への支援は専門職だけでできるものではなく、同じ地域に暮らす住民のかかわりが重要になる。例えば社会福祉協議会のコミュニティソーシャルワーカーは、関係機関や地域の住民と連携し、こうした高齢者に対して、ごみの片付けを支援するとともに、本人を支えるネットワークを構築する。その際には、医療や福祉等の専門的なサービスにつなげるだけではなく、近隣の住民による見守りや本人が気軽に参加できる居場所として地域のふれあい・いきいきサロンや活動とつなげる等の取り組みを行っている。

❸生活支援体制整備事業を通じた地域づくり

高齢者の社会参加の促進として、介護保険制度において平成27（2015）年度からスタートした**生活支援体制整備事業**の活用も期待される。生活支援体制整備事業では、地域の実情に応じて多様な主体による生活支援サービスの拡充をめざし、各地域において住民や福祉関係機関等が参加する協議体を設置し、地域の課題把握やそれに基づいた住民主体の生活支援サービス等の開発を進めることとしている。また、こうした取り組みを支援する生活支援コーディネーターが配置されている[16]。

生活支援コーディネーターは、協議体のメンバーや地域の幅広い関係者にはたらきかけて、高齢者の生活を支えるサービスや居場所の開発等を進めているが、サービスの受け皿をつくるという発想ではなく、地域に出向いてさまざまな地域生活課題を把握し、住民とともに必要な対応策を考え、活動を創り出していくという「地域づくり」が重要である。また、新たに活動を始めるだけではなく、もともと地域にある助け合いや住民同士のつながりに着目し、それらを生かした取り組みを進めることが求められる。

［16］
本書第4章第1節参照。

事例 1

B市では、今後さらに進む高齢化に備えて、住民の助け合いを広げるため

に、生活支援体制整備事業により市内の生活圏域ごとに、「地域ささえあい推進員」を配置している。サービス実施に向けた検討を行う場として、高齢者を支える各種団体（民生委員、老人クラブ、婦人会、地域の事業所、行政機関など）のメンバーを構成員とした「地域ささえあい協議体」を設置している。

　市内のC地区では、「地域ささえあい協議体」での話し合いを重ね、住民の有志による「お助け隊」を結成し、サロンや世代間交流のイベント、会員制の生活支援サービスを立ち上げた。生活支援サービスでは、利用する人も支援する人も会員となり、買い物代行やゴミ出し、電球交換、灯油入れなどちょっとした支援を有償（300～500円）で行っている。

　なお、高齢者の就業意欲が高いことや働き続けることによって健康維持に役立つほか、社会とのつながりもできることから、令和2（2020）年より、生活支援体制整備事業において、就労的活動の場を提供できる民間企業・団体等と就労的活動の取り組みを実施したい事業者等とをマッチングし、役割がある形での高齢者の社会参加等の促進のため、就労的活動支援コーディネーターの配置が可能となった。

（7）高齢者が活躍できる場づくり

❶地域の社会活動

　内閣府が行った調査によれば、過去1年間に参加した社会活動については、「健康・スポーツ（体操、歩こう会、ゲートボール等）」が最も多く25.8%、次いで「趣味（俳句、詩吟、陶芸等）」が14.9%、「地域行事（祭りなどの地域の催しものの世話等）」が12.8%などとなっている一方、「活動または参加したものはない」という回答者が43.2%にのぼっている（**表5-2**）。

　ボランティアや市民活動への参加を促進するため、市町村社会福祉協議会のボランティア・市民活動センター等では、定年退職を機に地域に目を向けてもらおうと、定年退職した人々を対象にしたボランティア講座を開催するなど地域における仲間づくりを支援する取り組みも見られる。近年は、こうした場での出会いをきっかけに、NPOをつくり地域の課題を解決するためのコミュニティビジネスを立ち上げたりする例もあり、従来のボランティア活動の枠を越えた高齢者の活躍の場が広がっている。

*17
内閣府「高齢者の健康に関する調査」（令和4年度）。

〈表5－2〉過去1年間に参加した社会活動（複数回答）

(%)

（回答者数）	令和4年 2,414人
健康・スポーツ（体操、歩こう会、ゲートボール等）	25.8
趣味（俳句、詩吟、陶芸等）	14.9
地域行事（祭りなどの地域の催しものの世話等）	12.8
生活環境改善（環境美化、緑化推進、まちづくり等）	9.0
生産・就業（生きがいのための園芸・飼育、シルバー人材センター等）	6.6
安全管理（交通安全、防犯・防災等）	4.7
教育関連・文化啓発活動（学習会、子ども会の育成、郷土芸能の伝承等）	4.6
高齢者の支援（家事援助、移送等）	2.8
子育て支援（保育への手伝い等）	2.7
その他	6.3
活動または参加したものはない	43.2
不明・無回答	5.3

（出典）内閣府「高齢者の健康に関する調査」（令和4年度）

❷老人クラブ

　老人クラブは、歩いて集まれる身近な圏域を基盤として活動する高齢者の自主的な組織で、仲間づくりを通して、生きがいと健康づくりや地域を豊かにする社会活動に取り組んでいる。

　会員は、おおむね60歳以上を対象とし、令和4（2022）年3月末現在で、全国のクラブ数は約8万6,000、会員数は約439万人となっている。

❸生涯学習

　内閣府の「生涯学習に関する世論調査」（令和4〔2022〕年）によると、「この1年間の月1日以上の学習の状況」について、60〜69歳では75.9％、70歳以上では64.9％が何らか学習している。こうしたニーズに対応して、「老人大学」や「シルバーカレッジ」等の生涯学習のプログラムを運営している自治体もみられる。また、近年は、高齢者においてもパソコンやSNSの利用が広がっている。上記調査において、「今後学習したい内容」についてみると、60〜69歳では、「健康やスポーツに関すること」（47.8％）に次いで「インターネットの知識・技能に関すること」（41.1％）が多くあげられており、パソコンやスマートフォンを通じた新たなつながりや社会参加の拡大が期待される。

（8）高齢者の経済、就労、社会参加に対する包括的な支援

　前述のように、各種制度やボランティアによる自発的な取り組み等、高齢者の経済的な課題、就労や社会参加等の支援にかかわるさまざまなサービス・活動が行われている。高齢者が就労やボランティア、趣味活動、あるいはそれらを通じた地域住民とのつながりのなかで社会に参加し、地域で安心・安全に暮らすことができるよう、多職種・多機関と連携・協働するとともに、福祉分野以外も含めた包括的な支援が求められる。

事例 2

　藤里町社会福祉協議会（秋田県）では、福祉の立場からの地方創生事業「町民全てが生涯現役を目指せるまちづくり」に取り組んでいる。具体的な事業の一つである「プラチナバンク」は、高齢者を中心に町の人口の1割ほどにあたる約330人が登録している。

　山に入ってフキなどの山菜を採り、その皮むきをしたり、「根っこビジネス」としてクズの根っこやワラビの根っこを叩いて水にさらし、くず粉やわらび粉をつくる作業に、多くの高齢者がいきいきと参加している。山菜を使ったおかずを「FUJISATO Good Deli」として商品化も進めている。

　もう一つは、町民が講師を務める「まち自慢クラブ」の活動である。切り絵、茶道、料理など趣味的・実利的な教室から、各集落の往時の姿を伝える講話まで多彩な内容となっており、こうした取り組みを通じて支援される側・支援する側を超えて、町民すべてが活躍できる地域づくりを進めている。

第5章

参考文献
● 内閣府「令和4年度高齢社会白書」2022年

第2節　高齢者の住まいと居住支援

1　住まいと関連法制度

（1）住まいとは何か

　高齢者分野では特別養護老人ホーム（以下、特養）や認知症高齢者グループホームを「施設」、サービス付き高齢者向け住宅やシルバーハウジングを「住宅」とよんでいる。こういった経緯があったからであろう、「住宅」は住に関する包括的な言葉にはなり得なかった。それゆえ「住まい」という言葉が法律用語や行政用語として用いられている。ここで留意すべきは、住まいは物理的な側面だけでなく、社会的・文化的・心理的な側面をも帯びた言葉として、暮らしに根付いていることである。例えば、法律家は契約の視点から、経済学者は費用負担の視点から、保健・医療・福祉の専門職はサポートやケアの視点から住まいを語っている。

　住まいは愛着や安寧といった感覚を含んだ言葉でもある。移り住んだ特養が住まいになる可能性もあれば、住み慣れた自宅が住まいでなくなる可能性もある。人々は住宅（house）ではなく住まい（home）を求めて生きている。めざすべき到達点はそこだと無意識のうちに理解しているからこそ、サポートやケアをめぐって住まいという言葉が好んで使われている。住まいはあるものではなくつくるもの。そこに希望と可能性を見出し、高齢者の住まうことを支援していくことが大切である。

　以上のことを心にとめて、本節では高齢者の住まいと居住支援についての学びを深めていく。

（2）住宅の所有形態と家賃負担

　高齢者の住宅事情を住宅・土地統計調査から確認する。この調査は住宅、世帯の居住状況、世帯の保有する土地について明らかにするもので、5年ごとに実施されている。

❶持家率

　住宅の所有形態は持家と賃貸に分かれる。**図5－1**に世帯類型別の持家率を示す。世帯全体の持家率は約60％で、20年間大きく変わっていない。高齢者のいる世帯の持家率は82.2％と高い。そのなかでも高齢夫婦のみ世帯の持家率は88.0％に達している。これに対し、高齢単身世帯の

*18
本節4（2）参照。

*19
「間借り」等の世帯を除く。

〈図5－1〉 世帯類型別にみた住宅の所有形態

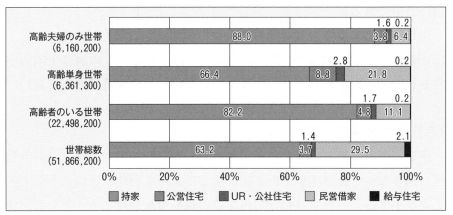

（出典）総務省「平成30年住宅・土地統計調査」をもとに筆者作成

持家率は66.4％と低い。高齢単身世帯は180万世帯（平成5〔1993〕年）から640万世帯（平成30〔2018〕年）へと急増している。年金生活に移行した際、家賃が家計の負担となることは容易に想像できる。なお、持家率は世帯類型にかかわらず東京都などの都市部で総じて低い。

❷家賃

　借家は公営住宅、ＵＲ・公社住宅[*20]、民営借家、給与住宅の4つに分かれる。高齢単身世帯で見ると公営住宅が8.8％、ＵＲ・公社住宅が2.8％、民営借家が21.8％、給与住宅が0.2％である。民営借家が大半を占めることがわかる（**図5－1**）。公営住宅は所得が一定以下の世帯向けの住

*20
UR住宅とは独立行政法人都市再生機構（UR都市機構）が管理する賃貸住宅。公社住宅とは地方公共団体が設立した住宅供給公社が管理する賃貸住宅。なお、公営住宅、UR住宅、公社住宅の3つを合わせて公的賃貸とよぶ。

〈図5－2〉 借家の家賃分布（2018）

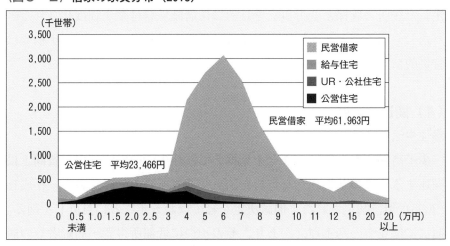

（出典）総務省「平成30年住宅・土地統計調査」をもとに筆者作成

宅であり、所得に応じて家賃が減免される。これに対し民営借家は全額自己負担である。

　図5-2に全世帯の家賃分布を示す。公営住宅の家賃が低廉であることがわかる。民営借家の家賃は平均6.2万円である。この図は全国の家賃分布であり、東京都などの大都市では民営借家の家賃はさらに高い。

（3）日本の住宅政策

　戦前、都市に暮らす人たちは借家暮らしが一般的で、持家率は20％程度に過ぎなかった。空襲や引き揚げなどによって戦後に圧倒的な住宅不足が発生すると、日本は持家取得でこの難局を乗り越えようとした。また、高度成長期には企業もさまざまな社内制度を整え、持家取得を後押しした。このようにして持家社会が形成された。

　借家に対する支援は限定的であった。まず、公営住宅は補完的な位置を占めた。民営借家には普遍的な家賃補助制度は導入されず、生活保護制度の住宅扶助にほぼ限定された。同時に、政府は民営借家の家賃を上げることを禁じた地代家賃統制令などを通じて、借主の保護を家主に強く求めた。家主は自衛策を講じることで対処した。その典型が長く住み続ける高齢者に対して住宅を貸さないことである。民営借家での入居差別はこのようなメカニズムのもとに形成された。

　バブル崩壊後、地価が大幅に下落するとともに、低成長期に入り、日本型雇用の維持は困難となる。非正規雇用が増え、高齢化が進行し、居住不安定層が拡大した。これらを背景に平成19（2007）年には住宅確保要配慮者に対する賃貸住宅の供給の促進に関する法律（住宅セーフティネット法）が制定された。このほか、生活困窮者自立支援制度では、安定した住居の確保と就労自立を目的に住居確保給付金が制度化された。ただし、働くことが困難な高齢者は対象から外れている（コロナ禍では特例的に対象としている）。

（4）関連法制度
❶住生活基本法

　少子高齢化や人口減少などを見据えて、住生活の安定確保と質向上に関連する施策の基本理念を定めた国土交通省所管の法律である。平成18（2006）年に制定された。閣議決定を経て概ね5年ごとに見直しを図る。同法には4つの基本理念があり、その一つに低額所得者・高齢者等の居住の安定確保が謳われている。

❷高齢者の居住の安定確保に関する法律（高齢者住まい法）

「高齢者の居住の安定確保に関する法律」（**高齢者住まい法**）は、良好な居住環境を備えた高齢者向け賃貸住宅の供給を通じて、高齢者の居住の安定確保を図ることを目的に、平成13（2001）年に制定された法律である。これにより、都道府県は「高齢者居住安定確保計画」を策定できることとなった。平成21（2009）年の法改正で、国土交通省所管から国土交通省と厚生労働省の共同所管となった。

平成23（2011）年の法改正では、高齢者円滑入居賃貸住宅・高齢者専用賃貸住宅・高齢者向け優良賃貸住宅などが廃止され、サービス付き高齢者向け住宅に一本化された上で、登録制度が創設された。平成30（2018）年の一部改正では、「高齢者居住安定確保計画」の策定が市町村にまで拡大された。

❸住宅確保要配慮者に対する賃貸住宅の供給の促進に関する法律（住宅セーフティネット法）

住生活基本法の基本理念に則り、住宅確保要配慮者に対する賃貸住宅の供給促進に関する基本方針を定めた国土交通省所管の法律である。平成19（2007）年に制定された。

住宅セーフティネットの根幹である公営住宅の大幅な増加が見込めないなか、空き家を含めた民営借家の住宅ストック活用を目的に、平成29（2017）年に改正された。新たな住宅セーフティネット法は、住宅確保要配慮者の入居を拒まない賃貸住宅の登録制度、登録住宅の改修や入居者への経済的な支援、住宅確保要配慮者に対する個別具体な入居支援の3本柱から成り立っている。

❹高齢者、障害者等の移動等の円滑化の促進に関する法律（バリアフリー法）

「高齢者、障害者等の移動等の円滑化の促進に関する法律」（**バリアフリー法**）は、「高齢者、身体障害者等が円滑に利用できる特定建築物の建築の促進に関する法律」（ハートビル法：平成6〔1994〕年制定）と「高齢者、身体障害者等の公共交通機関を利用した移動の円滑化の促進に関する法律」（交通バリアフリー法：平成12〔2000〕年制定）を統合して、平成18（2006）年に制定された法律である。所管は国土交通省である。

平成30（2018）年に改正され、「共生社会の実現」と「社会的障壁の

第5章

除去」が理念として示された。合わせて、バリアフリー基準への適合義務と対象施設の拡充、重点整備地区における移動等の円滑化の推進が図られることとなった。

2 住宅確保要配慮者のための居住支援

（1）住宅確保要配慮者と居住支援

　立ち退きを求められている、年金生活に移行したので手頃な費用負担の賃貸住宅へ転居したい、足腰が衰えたのでアパートの一階に移りたい、病院やスーパーへのアクセスがよいところに引っ越したい。こうしたニーズがあるにもかかわらず民営借家を借りることが困難で、住宅確保がままならない人たちがいる。彼らを住宅確保要配慮者とよぶ。

　住宅確保要配慮者の範囲は住宅セーフティネット法で、低額所得者（月収15.8万円以下）、被災者、高齢者、障害者、子育て世帯、外国人等と定められている。このほか各市区町村が地域の実情等に応じて児童養護施設退所者、LGBTなどを加えることもできる。住宅確保要配慮者の中で最もボリュームが大きいのが、高齢単身世帯をはじめとする高齢世帯である。

　民営借家の家主（大家）は彼らの入居に対して拒否感があり、入居を制限しがちである。その理由として、家賃の支払いに対する不安、居室内での死亡事故やそれに伴う残置物（家財道具など一式）の処理とその相続手続きに対する不安、保証人や緊急連絡先がないことへの不安などが指摘されている。この状況を解決するための取り組みが居住支援である。地域移行や在宅ケアの進展と相まって、近年、関心が高まっている。

（2）居住支援の仕組み

　図5－3に示すように居住支援は住宅確保と居住継続の2つのフェーズから構成される。住宅確保もままならない人々の多くは、孤立の解消や役割の獲得といった住まいの実現までの支援を必要としている。houseの確保からhomeの獲得までが、居住支援の範囲といえよう。

　住宅確保のフェーズでは、住宅確保要配慮者の入居を拒まない賃貸物件情報の収集、物件確定に向けた不動産仲介業者とのやりとり、契約に必要な書類手続きや保証人や緊急連絡先確保などの支援を行う。ここでは身元保証や賃貸借契約など不動産に関する知識が求められる。

　居住継続のフェーズでは、見守りや安否確認、生活支援など虚弱期か

〈図5-3〉居住支援の仕組み

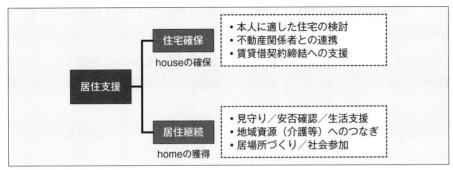

（筆者作成）

ら求められる個別支援の調整、介護保険や生活保護などの分野別サービスへのつなぎ、地域での居場所や社会参加の場づくりなどを行う。ここでは、福祉に関する知識が求められる。

事例3

アパート取り壊しに伴う居住支援

　Aさん（80代、女性）は10万円に満たない年金で暮らしている。40年勤めた会社を定年退職した後、今のアパートに引っ越した。穏やかに日々を過ごしていたが、アパートの取り壊しが決まり、地域包括支援センターに相談にやってきた。

　相談員は居住支援協議会からパンフレットを取り寄せ、支援を開始した。Aさんの希望は、家賃上限4.5万円、徒歩7分以内にスーパーがあることであった。

　日々の買い物は、友人のBさんと民生委員・児童委員が交代で同行していた。Aさんは足腰が弱く、要介護認定を受けることが必要と思われ、その調整も行うこととなった。相談員は不動産仲介業者をいくつか訪ねたものの、条件に合った物件はなかなか出てこない。物件が見つかっても、内覧したAさんは納得しない。そんな状況が2か月ほど続いた。

　親身になって物件紹介を続けていた不動産仲介業者から、「大家が、ひとり暮らしのお年寄りでもAさんのような方ならば前向きに検討してもよいと言っている物件がある」との連絡があった。風呂ナシだったがデイサービスの利用が決まっていたため、内覧したAさんも納得し、契約となった。保証人は保証会社を利用することになった。緊急連絡先はBさんが引き受けてくれた。ICTによる簡易な見守りサービスも取り付けた。引っ越した後、相談員と近所のサロンを訪れたAさんは、「ここなら仲間ができそうだわ」と笑顔であった。

事例3からわかるように、居住支援のプロセスは、①窓口でのインテーク、②住戸希望を含めた支援プランの作成、③−⑦物件確定に向けた不動産仲介業者とのやりとり、並行して、③−④契約に必要な書類手続きや保証人、緊急連絡先の確保、③−⑦介護保険などの各種サービスの調整を行い、その後、④賃貸借契約の締結、⑤安否確認や生活支援の調整、⑥引っ越し、⑦居場所や役割獲得の支援、となる。

この事例では、本人が不動産仲介業者まで出向くことが困難なため、相談員が不動産仲介業者を訪ね、本人の希望を伝える代弁機能を果たしている。物件確定に向けては、本人の内覧機会を設定し、自己決定のプロセスを大切にしている。

（3）居住支援の体制

居住支援には、社会福祉関係者と不動産関係者という業界を超えた多職種連携が必要である。入居を拒まない賃貸物件の確保、住宅を貸す家主（大家）の負担を軽減する仕組み、住宅を借りたい利用者への支援など、これらの体制を総合的に整えないと居住支援は実現できない。図5−4に体制の全体像を示す。

図中の左の枠は、物件確保、すなわちハードに関する内容をさす。入居を拒まない賃貸物件を増やすためのさまざまな施策が該当する。バリアフリー化をはじめとする住戸の改修費補助、家賃や入居時の家賃債務保証料に関する補助などである。一定の質が担保された物件は、セーフティネット住宅として登録ができる。令和5（2023）年9月現在で約88万戸が登録されている。もちろん、登録されていない住宅で賃貸借契約

〈図5−4〉居住支援の体制

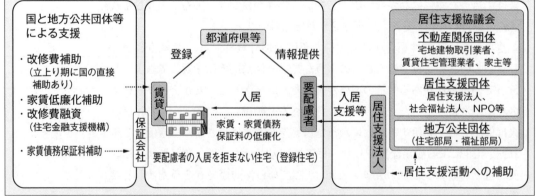

（出典）国土交通省資料

を結ぶことも可能である。

　右の枠組は、入居支援、すなわちソフトに関する内容をさす。ここで重要な役割を果たすのが**居住支援協議会**と**居住支援法人**である。[21] 居住支援協議会とは、地方公共団体、不動産関係団体、居住支援団体などが連携するためのプラットフォームで、各団体の情報交換、住宅相談会の開催、家賃債務保証や安否確認サービス等の紹介などを行う。令和5（2023）年8月末時点で47都道府県と85市区町村で設立されている。居住支援法人とは住宅確保要配慮者の居住支援に取り組む団体で、都道府県が指定する。令和5（2023）年8月末時点で731法人が指定されている。法人が住戸をサブリース契約し見守りと生活支援をセットで提供する社会福祉法人、住まいの確保と住まい方の包括支援を行う社会福祉協議会、入居や生活にかかわる費用確保の支援を行いながらホームレスの自立支援を行うNPO法人などさまざまな団体が指定を受けている。

3 自宅に住み続けるための支援

（1）福祉用具

❶福祉用具と介護保険

　福祉用具は平成5（1993）年の「福祉用具の研究開発及び普及の促進に関する法律」（以下、福祉用具法）で初めて定義された。その後、介護保険制度の開始とともに給付の対象となった。

　給付の方法には貸与と購入がある。具体的な種目を**表5-3**に示す。原則は貸与であり、13種目が定められている。支給限度基準額の範囲内で他の介護保険サービスと組み合わせて利用する。購入は衛生上、貸与に適さないものに限定され、具体的には排泄や入浴にかかわる6種目が該当する。これらは「**特定福祉用具**」とよばれ、購入に際して年間で上

〈表5-3〉 福祉用具と特定福祉用具

福祉用具		特定福祉用具
貸与　13種目		購入　6種目
・車いす	・手すり	・腰掛便座
・車いす付属品	・スロープ	・自動排泄処理装置の交換部品
・特殊寝台	・歩行器	・入浴補助用具
・特殊寝台付属品	・歩行補助つえ	・簡易浴槽
・床ずれ予防用具	・移動用リフト	・移動用リフトの吊り具の部分
・体位変換器	・自動排泄処理装置	・排泄予測支援機器
・認知症高齢者徘徊感知機器		

（筆者作成）

*21
正式名称は、それぞれ住宅確保要配慮者居住支援協議会、住宅確保要配慮者居住支援法人。

第5章

限10万円が支給される。なお、貸与と購入いずれにおいても、原則1割、所得によっては2割ないし3割の自己負担で利用できる。

昨今、電動車いす、パワースーツなどICTを活用した福祉用具が次々と開発されている。

❷支給決定プロセス

他の介護保険サービスと同様、福祉用具の利用にあたっては介護支援専門員がケアプランを作成し、具体的な品目の選定、使用後のモニタリングを行う。このときに連携する相手が**福祉用具専門相談員**である。福祉用具専門相談員は福祉用具事業所に配置が義務付けられている。利用が決まった際には、福祉用具サービス計画を作成し、具体的な品目の選定を介護支援専門員とともに行い、その後の搬入、取付と調整、使用方法の説明、メンテナンスなどを担う。福祉用具が円滑に利用できるよう、導入に際して住宅改修も視野に入れて検討を重ねていくことが欠かせない。

（2）住宅改修

❶住宅改修とは

伝統的な日本家屋には、段差が多い、尺貫法を採用しているために廊下が狭い、和式の浴槽やトイレがある、気密性が低くて室内の温度差が激しくヒートショックを起こしやすいなどの特性があり、身体機能が低下した高齢者には暮らしにくい。これらの改善を図る手段の一つが住宅改修である。介護保険の開始とともに給付の対象となった。

❷住宅改修と介護保険制度

日本では住宅は個人資産とみなされており、資産価値向上に通ずるような住宅改修は持家世帯に有利にはたらき、平等性に欠ける。そのため住宅改修の支給対象は、福祉用具導入の際に必要となるものに限定されている。具体的な項目を**表5-4**に示す。手すりの取付け、段差の解消、床材の変更、引き戸などに比較的簡易なものに限られていることがわかる。

支給限度額は20万円で、原則1割、所得によっては2割ないし3割の自己負担で利用できる。給付回数は原則1回だが、要介護度が3段階以上重くなったり、転居をした場合には再支給の対象となる。

支給方法には償還払いと受領委任払いがある。償還払いは、本人が施

〈表5-4〉給付対象となる住宅改修

・手すりの取付け

・段差の解消

・滑りの防止及び移動の円滑化等のための床または通路面の材料の変更

・引き戸等への扉の取替え

・洋式便器等への便器の取替え

・その他これらの住宅改修に付帯して必要となる住宅改修

（筆者作成）

工業者に費用の全額を支払った後、給付分が市町村から還付されるもので、この方法が広く採用されている。一時的に全額を負担することがむずかしい場合等に採用されるのが受領委任払いである。本人は自己負担分のみを支払い、給付分は市町村が施工業者に直接支払う。

❸支給決定プロセス

　福祉用具と同様に、住宅改修も介護支援専門員によるケアマネジメントの一環として実施される。実施にあたっては「住宅改修が必要な理由書」の作成が必要となる。この書類は、介護支援専門員ほか作業療法士、理学療法士、福祉住環境コーディネーター2級以上の資格をもつ者が作成する。本人の状況と住宅の状態を見極め、住宅改修アドバイザー、施工業者等と連携して実施にあたることが望ましい。

4 高齢期の特別な住まい

（1）全体像

　高齢期の住まいは多様化している。高齢者の約93％はいわゆる自宅に住んでおり、残りの7％程度が高齢者のための特別な住まい[22]に住んでいる。

　特別な住まいの全体像を整理したものを**図5-5**に示す。身体機能が自立か虚弱か軽度か中重度か、介護保険のサービスか外付けか、の視点で整理したものである。このほか、住宅部分の契約が賃貸借契約か利用契約か、費用がどれくらいかかるかなどの軸で整理することもできる。

　重度の高齢者向けの特別な住まいには介護職や看護職が配置されている。これに加えて、生活援助員、住宅スタッフ、生活相談員、コンシェルジュなど名称はさまざまだが、すべての特別な住まいで、生活相談や生活支援を担うスタッフが配置されている。これらスタッフの職務をレ

＊22
高齢者のみが居住可能な住まいをさす。具体的には特別養護老人ホームなどの介護保険施設、有料老人ホーム、認知症高齢者グループホーム、養護老人ホーム、軽費老人ホーム、サービス付き高齢者向け住宅、シルバーハウジングなどをさす。国土交通省や厚生労働省の公表資料によれば、これらの整備総数は約240万人分である。

〈図5-5〉高齢期の住まいの全体像

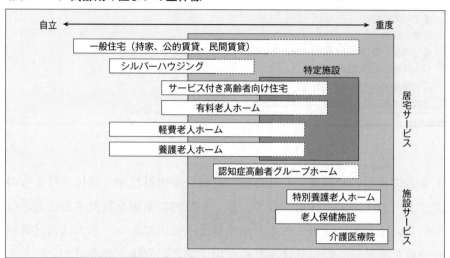

（出典）児玉桂子「高齢者の住まいと居住支援」社会福祉学習双書編集委員会 編『社会福祉学習双書2020 第3巻 老人福祉論』2020年、261頁に一部加筆修正

ジデンシャルソーシャルワークとよぶこともある。

　なお、ほとんどの場合、こういった住まいへの転居は身体機能の低下に伴って生ずる。当事者である高齢者は身体機能の低下そのものに戸惑っており、どのような住まいが自分に適しているかを自ら判断するのは容易ではない。わかりやすい説明を心がけ、本人の自己決定を支援することが大切である。

（2）住宅系サービス

❶シルバーハウジング

　生活援助員（LSA：ライフサポートアドバイザー）が配置された公的賃貸住宅。大半が公営住宅の一形態として供給され、低所得者向けである。住宅はバリアフリー仕様で、緊急通報システムが設置されている。生活援助員は安否確認、緊急対応、生活相談、関係機関の調整を行う。生活援助員の派遣は介護保険法における地域支援事業の任意事業に位置付けられている。なお、介護が必要となった場合には介護保険の居宅サービスを利用する。シルバーハウジングは財源の観点から、整備戸数が限定されている。

❷サービス付き高齢者向け住宅

　シルバーハウジングの仕組みを民間賃貸に広げたものが**サービス付き高齢者向け住宅**である。平成23（2011）年の高齢者住まい法の改正で、

既存の民間向け高齢者住宅登録制度が廃止され、サービス付き高齢者向け住宅に一本化された。令和5（2023）年9月末で28.4万戸が登録され、急速に整備数を伸ばしている。住戸は原則25㎡以上、状況把握と生活相談の提供を必須とする。住宅部分は賃貸借契約を結び、サービス部分はサービス契約を結ぶ。住宅部分の賃貸借契約に普通建物賃貸借契約と終身建物賃貸借契約の2つがある。終身建物賃貸借契約とは、死亡時に契約が終了し、契約が相続されない一代限りの契約である。

　住宅に常駐するスタッフが担う状況把握や生活相談には、日々の安否確認、近隣の医療機関や介護保険サービス、地域活動の情報提供なども含まれる。多くの住宅は訪問介護・通所介護・居宅介護支援事業所などの居宅サービスを併設している。特定施設の指定を受け、建物内に介護職員を常駐させて介護サービスを提供することも可能である。このように、多くのサービス付き高齢者向け住宅は何らかの方法で介護サービスを提供している。その結果、住宅全体の入居者の平均要介護は2.0程度となっている。

　費用は家賃、共益費、サービス費（状況把握と生活相談）から構成され、全国平均で月額10万円程度である。これに食費、介護保険と医療保険の自己負担分が加わる。

　認知症ケアを得意とする住宅、看取り体制を手厚くする住宅、店舗やレストランや活動拠点を併設して地域に広く開いた住宅など、事業者側の創意工夫でさまざまな事業展開が可能といえよう。

（3）居住系サービス

❶有料老人ホーム

　有料老人ホームは、利用契約に基づいて入居し、食事、介護、健康管理等を提供する施設であり、根拠法は老人福祉法である。介護付、住宅型、介護付（外部サービス利用型）、健康型の4タイプがある。介護付は特定施設の指定を受けたものをさし、利用者の9割以上が要介護・要支援認定を受けている。定員数は63万人を超える。

❷軽費老人ホーム

　軽費老人ホームは、虚弱な高齢者に対して生活相談や食事等を提供する施設であり、根拠法は老人福祉法である。A型、B型、ケアハウス、都市型ケアハウスの4類型があり、所得に応じた費用で利用できる点に特徴がある。特定施設の指定を受けることも可能である。定員数は9万

人を超える。

❸養護老人ホーム

養護老人ホームは、自立から虚弱な高齢者であって、環境上の理由や経済的な理由で居宅での生活が困難な者が暮らす施設である。行政による措置によって利用が決定する。根拠法は老人福祉法である。特定施設の指定を受けることも可能である。定員数は6万人を超える。

❹認知症高齢者グループホーム

認知症高齢者グループホームは5〜9人の認知症高齢者でユニットを構成し、夜間も含めて職員を常駐させ、家庭的な環境の中で支援を提供する施設であり、根拠法は介護保険法である。介護保険の地域密着型サービスに該当し、利用は要支援2以上に限定されている。定員数は22万人を超える。

（4）施設系サービス[*23]

*23
施設等については、本書第2章第1節参照。

❶特別養護老人ホーム

特別養護老人ホームは、中重度の要介護高齢者が暮らす生活施設である。4人部屋が主流であったが、平成15（2003）年に個室ユニット（小規模生活単位型特別養護老人ホーム）が制度化された。現在、ユニットケアが急速に普及している。根拠法は老人福祉法であるが、介護保険法上の名称は介護老人福祉施設である。定員数は65万床を超える。

❷介護老人保健施設

介護老人保健施設は、病状が安定期にあり入院治療が必要のない要介護高齢者に対してリハビリ等を提供し、在宅復帰をめざす施設である。特別養護老人ホームと比べて看護職の配置が手厚く、医師も常勤で配置されている。根拠法は介護保険法であり、定員数は37万床を超える。

❸介護療養型医療施設と介護医療院

介護療養型医療施設とは入院治療は必要ないものの、医療と介護の双方を必要とする重度の要介護高齢者が暮らす施設である。令和6（2024）年3月末をもって廃止が予定され、生活施設としての機能を重視する**介護医療院**へと転換される。根拠法は介護保険法であり、定員数は3万床を超える。

5 地域居住の実現

（1）居住継続と地域福祉

❶公的団地の居住実態

　公的団地には、公営住宅、UR住宅、公社住宅の3つがある。公営住宅や築年数が古いUR住宅や公社住宅には、多数の低所得高齢者が住んでいる。民間賃貸住宅と比べると、家賃は手頃である。

　このような団地においては、居住者の高齢化が著しく進んでいること、生活に余裕がない者が集住していること、これらの理由により、見守りをはじめとした住民の助け合いが機能しにくく、居住継続には課題もある。

*24
本節1（2）❷参照。

❷居住継続に向けた取り組み

　例えば、東京都内のある公営住宅は約3,000世帯が暮らすマンモス団地だが、居住者の半数以上が高齢者で、毎年のように孤独死が発生している。団地の管理主体はこのような状況に危機感を覚え、住民の自治会活動を支援するとともに、独自にさまざまな取り組みを行っている。

　まず、住宅管理と合わせて月に1回の頻度で希望する単身高齢者を訪問する取り組みや、団地内の管理事務所に専任スタッフを配置して見守りと集会所の運営を行う取り組み、コミュニティスペースを整備する取り組み、高齢者施設を誘致する取り組みなどが実施されている。地域の保健・医療・福祉機関による取り組みも始まっている。団地の一角で相談機能を備えた居場所事業を行う取り組み、団地に隣接した高齢者施設の地域交流スペースで地域食堂や体操教室を行う取り組みなどである。

　こうしたことが居住継続につながっている。

❸居住継続と地域福祉

　このような取り組みは、①見守り、安否確認、生活支援（ゴミ出しや買い物など）といった個別支援、②団地での居場所づくりといったコミュニティ形成支援の2つに整理することができる。いずれも、虚弱から要支援の段階でニーズが高いものであり、決め手となる制度がなく、互助や自助に期待される役割ともいえる。実のところ、これらは地域福祉で語られる内容とほぼ同じである。

　本節2（2）で、居住支援は住宅確保と居住継続の2つのフェーズから構成されると述べた。住宅が確保できた後の居住継続とは、地域福祉を

特定の団地や集合住宅とひもづけてとらえた概念である、と解釈するとわかりやすいだろう。

（2）住まいと地域共生社会

　地域包括ケアシステムは、住み慣れた地域で自分らしい暮らしを人生の最後まで続けることができる包括的な支援・サービス提供体制をさす。関連する言葉にエイジング・イン・プレイスがある。1992年にパリで開催されたOECD（経済協力開発機構）で初めて用いられた言葉で、住み慣れた地域でできる限り長く暮らすことをさす。地域包括ケアシステム、エイジング・イン・プレイス、どちらの言葉にも地域での暮らしの継続、すなわち地域居住の実現が強調されている。地域居住は、特定の住宅や団地の中だけで完結することをめざすものではない。地域のさまざまな社会資源が連携して実現していくものである。[25]

　公的団地、民間賃貸、分譲マンション、戸建て持家、高齢期の特別な住まい、どこに住んでいようと、人々は地域の一員として暮らすことを望んでいる。安定的な住まいが確保されない限り、人々の関心は地域には向かっていかない。共感や利他や公正を重視する地域共生社会を実現するためにも、安定的な住まいを保障することが出発点として大切である。そのことを福祉に携わる人々は忘れないでほしい。

[25] 住まいと地域共生社会の関連は、本書第4章第1節参照。

BOOK 学びの参考図書

●外山　義『自宅でない在宅　高齢者の生活空間論』医学書院、2003年。
　個室ユニットや認知症高齢者グループホームなど高齢者施設の変革をリードした理論と実践がつまった一冊。著者の高齢者に対する人間観から学ぶことも多い。

参考文献
● 稲葉　剛・小川芳範・森川すいめい 編『ハウジングファースト　住まいからはじまる支援の可能性』山吹書店、2018年
● 井上由起子「単身低所得高齢者の居住支援の現状と課題」『社会福祉研究』第136号（2019年10月号）、鉄道弘済会、39〜48頁
● 佐藤岩夫「住宅政策と不動産の賃貸借」松尾　弘・山野目章夫 編『不動産賃貸借の課題と展望』商事法務、2012年、299〜309頁
● 埼玉県社会福祉士会「実践事例集　住まいから暮らしを支え、自立を支援する」2013年
● 高齢者住宅財団「高齢者の見守り等の支援のあり方と人材育成にかかる調査研究事業報告書（令和元年度老人保健事業推進費等補助金老人保健健康増進等事業）」2020年
● 児玉桂子「高齢者の住まいと居住支援」社会福祉学習双書編集委員会 編『社会福祉学習双書2020 第3巻 老人福祉論』全国社会福祉協議会、2020年

第3節　高齢者虐待防止の取り組み

1 高齢者虐待防止の法制度、関係機関等

（1）法整備までの経緯

　高齢者虐待問題は、欧米ではエイジズム（agism：高齢者差別）[26]と関連して1970年頃から研究が始められていた。日本においては昭和62（1987）年に金子善彦が『老人虐待』を著したのが出版物としては最初であり、調査研究としては平成5（1993）年に高齢者処遇研究会が最初の実態調査を行い[27]、平成7（1995）年ころから福祉・保健・看護分野で「老人虐待」「不適切処遇」等をテーマとする研究論文が散見されるようになった。平成12（2000）年には厚生労働省が介護保険制度創設に合わせて身体拘束ゼロ作戦推進協議会を設置し、介護保険施設における身体拘束禁止を推し進めた。

　平成15（2003）年には家庭内の高齢者虐待に関する初の全国調査が行われたが[28]、これにより従来は嫁姑問題とイメージされていた高齢者虐待が、実は息子（32.1%）によって行われている例が多いことが明らかになるなど、高齢者虐待の実態が注目されるようになった。また同年には日本高齢者虐待防止学会が発足している。

　そして、平成17（2005）年に「高齢者虐待の防止、高齢者の養護者に対する支援等に関する法律」（**高齢者虐待防止法**）が議員立法で成立した（施行は平成18〔2006〕年）。これにより、市町村が高齢者虐待対応を第一義的に行い、地域包括支援センターと連携して高齢者虐待事例に対応する体制が構築された。

（2）法の目的と定義

　高齢者虐待防止法は、その目的を高齢者虐待の防止と養護者に対する支援に置き（第1条）、高齢者（65歳以上の者）に対する虐待を虐待者別に「養介護施設従事者等による虐待」（以下、従事者虐待）、「養護者による虐待」（以下、養護者虐待）の2種類（**表5-5**）としている（第2条第2・3項）。

　虐待の種類は、身体的虐待、介護・世話の放棄・放任、心理的虐待、性的虐待、経済的虐待の5つ（**表5-6**）と定義している（第2条第4・5項）。これらに加えて、緊急やむを得ない場合以外の身体拘束も

*26
バトラー（Butler, R. N.）が1969年に提唱した概念で、「歳をとっている理由で高齢者を一つの型にはめ差別すること」（引用文献1）としている。また、世界保健機関（WHO）は2021年にGrobal report on ageismを発表し、エイジズムを「年齢に基づいて他者や自分自身に向けられる固定概念、偏見、差別」と定義している。（WHO,〔2021〕'Grobal report on ageism', p 2 .）

*27
高齢者処遇研究会「高齢者の福祉施設における人間関係の調整に関わる総合的研究」1994年。

*28
厚生労働省調査検討委員会『家庭内における高齢者虐待に関する調査』医療経済研究機構、2004年。

第5章

〈表５−５〉養介護施設従事者等と養護者

		養介護施設	養介護事業
養介護施設従事者等	老人福祉法による規定	・老人福祉施設 ・有料老人ホーム	・老人居宅生活支援事業
	介護保険法による規定	・介護老人福祉施設 ・介護老人保健施設 ・介護医療院 ・地域密着型介護老人福祉施設 ・地域包括支援センター	・居宅サービス事業 ・地域密着型サービス事業 ・居宅介護支援事業 ・介護予防サービス事業 ・地域密着型介護予防サービス事業 ・介護予防支援事業
養護者		高齢者を現に養護する者であって養介護施設従事者等以外の者（家族、親族、同居人等）	

（出典）高齢者虐待防止法をもとに筆者作成

〈表５−６〉高齢者虐待の種類

身体的虐待	高齢者の身体に外傷が生じ、または生じるおそれのある暴行を加えること。
介護・世話の放棄・放任	高齢者を衰弱させるような著しい減食、長時間の放置、養護者以外の同居人による虐待行為の放置など、養護を著しく怠ること。
心理的虐待	高齢者に対する著しい暴言、または著しく拒絶的な対応その他の高齢者に著しい心理的外傷を与える言動を行うこと。
性的虐待	高齢者にわいせつな行為をすること、または高齢者をしてわいせつな行為をさせること。
経済的虐待	養護者または高齢者の親族が当該高齢者の財産を不当に処分すること、その他当該高齢者から不当に財産上の利益を得ること。

（出典）高齢者虐待防止法をもとに筆者作成

高齢者虐待と考えられる。また、高齢者虐待防止法には盛り込まれなかったが、セルフネグレクト（自己放任）[*29]も深刻な問題である。

（３）国及び地方公共団体、国民の責務

　高齢者虐待防止法は、国及び地方公共団体に、関係省庁相互間その他関係機関及び民間団体の間の連携の強化、民間団体の支援その他必要な体制の整備、専門的な人材の確保及び資質の向上を図るための研修等、制度等の広報・啓発を行う責務を課している（第３条）。

　また、市町村は養護者による虐待対応の第一義責任を負うものとし、専門的に従事する職員の確保（第15条）、地域包括支援センターその他関係機関、民間団体等との連携協力体制の整備（第16条）を求めている。

　国民には、高齢者虐待防止、養護者に対する支援等のための施策への協力（第４条）を求めている。

[*29] 岸らは、さまざまな研究を整理し、セルフネグレクトを「健康、生命および社会生活の維持に必要な、個人衛生、住環境の衛生もしくは整備又は健康行動を放棄していること」と定義している（岸　恵美子　編著『セルフ・ネグレクトのアセスメントとケアーツールを活用したゴミ屋敷・支援拒否・8050問題への対応』中央法規出版、2021年、4頁）。

（4）早期発見と通報義務

　高齢者虐待防止法は、職務上高齢者虐待を発見しやすい立場にいる者（養介護施設、病院、保健所等の従事者、医師、保健師、弁護士等）に高齢者虐待の早期発見等に努めること（第5条）を求めている。

　そして、高齢者虐待を受けたと思われる高齢者を発見した者は、高齢者の生命または身体に重大な危険が生じている場合は、速やかに市町村に通報しなければならないこと（通報義務）、さらに重大な危険が生じているかどうかは判断できないとしても高齢者虐待を受けたと思われる高齢者を発見した場合は、速やかに通報するよう努めなければならないこと（努力義務）と定めている（第7条）。

　市町村には、この通報窓口の周知（第18条）を求めており、この通報先は、市町村あるいは対応協力機関となる地域包括支援センターである。また、この通報は刑法の秘密漏示罪[*30]にはあてはまらない（第7条第3項）としている。

（5）高齢者の保護と養護者の支援

　市町村は、通報や届け出（以下、通報等）を受けた場合は、通報・届出者を特定させる情報を漏らさないこと（第8条）とし、速やかに、高齢者の安全の確認と、通報等に係る事実確認を行い、高齢者虐待対応協力者（地域包括支援センター等）と対応を協議する（第9条第1項）。そして、被虐待高齢者と養護者に対して相談、指導、助言を行っていく（第6条）。

　高齢者が生命または身体に重大な危険が生じているおそれがある場合、市町村長には地域包括支援センターの職員等に立ち入り調査をさせる権限（第11条）、及び必要時には警察署長に対して援助要請を行う権限（第12条第1項）が認められている。

　さらに、老人福祉法によるやむを得ない事由による措置（職権による措置）として、居宅サービス利用や施設入所、後見開始審判の請求を行うことができる（第9条第2項）。また、入所のための居室確保の措置を講じること（第10条）、入所措置をとった場合に高齢者の保護の観点から養護者との面会制限ができること（第13条）も定められている。

（6）養介護施設従事者による高齢者虐待の防止等

　施設には、高齢者や家族からの苦情に対応する体制の整備（第20条）が求められており、養護者虐待と同様に、通報義務、通報努力義務が課

＊30
医師、薬剤師、医薬品販売業者、助産師、弁護士、公証人またはこれらの職にあった者が、正当な理由がないのに、その業務上取り扱ったことについて知り得た人の秘密を漏らしたときは、6か月以下の懲役又は10万円以下の罰金に処する（刑法134条）。

第5章

245

せられている（第21条第 1 項～第 3 項）。さらに、この通報を行った職員が、そのことを理由として解雇その他不利益な取扱いを受けない（第21条第 7 項）と定めている。

　また、都道府県知事は、毎年度、養介護施設従事者等による高齢者虐待の状況と、その場合にとった措置などを公表すること（第25条）も定めている。

（7）都道府県の援助等

　都道府県は、市町村相互間の連絡調整、市町村に対する情報の提供その他必要な援助を行うとともに、市町村が行う措置の適切な実施を確保するために必要があると認めるときは、市町村に対し、必要な助言を行うことができると定めている（第19条）。

（8）調査研究と成年後見制度の利用促進

　国は、高齢者虐待の事例の分析、対応方法、高齢者虐待の防止、高齢者虐待を受けた高齢者の保護及び養護者に対する支援について調査及び研究を行う（第26条）。

　また、国及び地方公共団体は、高齢者虐待の防止、高齢者虐待を受けた高齢者の保護、財産上の不当取引による高齢者の被害の防止及び救済を図るため、成年後見制度の周知と、その利用に係る経済的負担の軽減のための措置等を講じること（第28条）を定めている。

2 高齢者虐待の実態

（1）発生状況

　ここでは、高齢者虐待の（1）発生状況から（6）対応状況までを、令和 3 （2021）年度実態調査[*31]をもとに見ていく。

　虐待通報件数は、養護者虐待は 3 万6,378件（うち認定 1 万6,426件）、従事者虐待は2,390件（うち認定739件[*32]）であり、それぞれ増加傾向にある（**図 5 - 6**）。しかし、認定率を見ると、従事者虐待は通報件数は減少しているが認定率は横ばいであり、養護者虐待では認定率は減少傾向にある。このことは、関係者間で高齢者虐待に関する認識の周知が一定進んできており、虐待以前の状態、あるいは虐待発生が危惧される状態でも通報や相談がなされているのではないかと考えられる。

　起こっている虐待の種類は、養護者虐待・従事者虐待ともに身体的虐

〈図5−6〉通報件数と認定件数、認定率

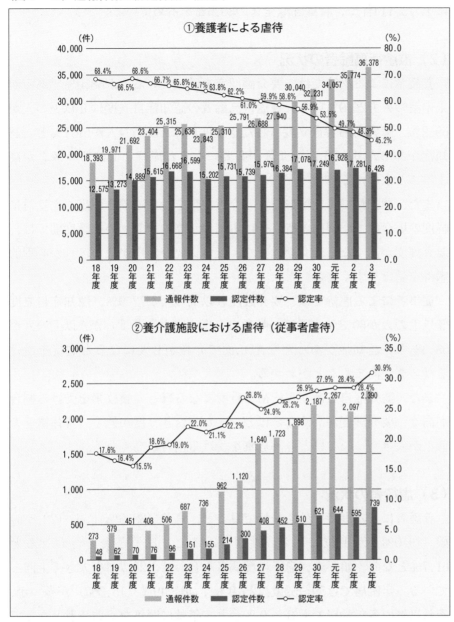

(出典) 虐待件数等は厚生労働省の各年度の『高齢者虐待の防止、高齢者の養護者に対する支援等に関する法律に基づく対応状況等に関する調査結果』を用いて筆者作成

待（67.3%、51.5%）が最も多く、次いで心理的虐待、介護・世話の放棄・放任と続いている。これは、暴力等の身体的虐待はあざやけがの痕が残るため発見されやすいことによると思われる。また令和3（2021）年度には、介護殺人、虐待による致死等で37人の高齢者が亡くなっている。

　これ以外にも高齢者を狙った特殊詐欺[*33]による金銭搾取等も視野に入れ

[*33] 電話等で親族や公共機関をかたり、金品をだまし取る犯罪。その手口はオレオレ詐欺、預貯金搾取、架空料金請求詐欺、還付金詐欺、融資保証詐欺、ギャンブル詐欺、交際あっせん詐欺、その他の特殊詐欺、キャッシュカード詐欺盗（窃盗）に分類される。

＊34
警察庁「令和４年にお
ける特殊詐欺認知・検
挙状況等について（確
定値版）」広報資料。

ておく必要がある。令和４（2022）年度の65歳以上の特殊詐欺被害件数
は１万5,114件で、特殊詐欺全体の86.6％を占めている。[*34]

（2）被虐待高齢者の状況

　養護者による虐待では、要介護認定を受けている人が68.0％であるが、
未申請の人も26.9％いる。被虐待高齢者の認知症自立度はⅡ以上の人が
69.2％、障害高齢者自立度（寝たきり度）はA以上の人が69.7％と、認
知症があったりADL面で介護が必要になると虐待を受けるリスクが高
まることがわかる。

　また、認知症では重度になると介護放棄を受ける割合が高く、反対に
軽度の場合ほど心理的虐待を受ける割合が高くなる。要介護度別では、
要介護度が高くなると介護放棄を、反対に要介護度が低いほうが心理的
虐待を受けやすくなる。

　従事者による虐待では、要介護度３以上の人が72.9％、認知症自立度
Ⅱ以上の人が60.3％、障害高齢者自立度（寝たきり度）がA以上の人が
55.3％と、認知症があったりADL面で介護が必要になると虐待を受け
るリスクが高まることがわかる。

　また、認知症自立度がⅣ・Mと重度になるほど介護放棄を受ける割合
が高く、要介護度が高くなるほど、また寝たきり度が低く（身体機能の
低下が大きく）なるほど介護放棄を受ける割合が高くなる。

（3）虐待者の状況

　養護者による虐待では、続柄で見ると、息子（38.9％）、夫（22.8％）、
娘（19.0％）が上位である。性別でみると、息子と夫を合わせると
61.7％となり、娘、妻、息子の配偶者を合わせた28.7％を大きく上回っ
ている。年齢層では50〜59歳（25.9％）、40〜49歳（15.3％）が多いが、
それ以外の各年齢層でも６〜９％台と、年齢に関係なく虐待者となって
しまうリスクがあることがうかがえる。

　同居・別居の状況では、「虐待者のみと同居」52.6％、「虐待者及び他
家族と同居」34.9％で、両者を合わせると87.5％となる。家族形態では、
「未婚の子と同居」が34.0％と最も多く、次いで「夫婦のみ世帯」
23.3％となっている。

　従事者による虐待では、性別では男性が52.2％と多く、介護従事者全
体の性別では男性が20.2％（令和４年度介護労働実態調査）であること
を考えると、男性従事者の虐待発生の割合は非常に高いことがわかる。

年齢別ではすべての年齢階層で11〜16％台となっており、ここからはすべての年齢層で従事者が虐待者となってしまうリスクにさらされていることがわかる。また、介護従事者全体の年齢構成と比較すると、男女とも30歳未満の虐待者の割合が高くなっている。職種としては、介護職が81.3％を占めるが、そもそも介護職が大多数を占める職場であることを考えると、これは母集団の傾向の現れと見ることができる。ただし、その内訳に国家資格である介護福祉士が27.9％いることは深刻な問題である。

（4）虐待の発生要因

　高齢者虐待は、さまざまな危険要因が複雑に関連し合って起こると考えられる。例えば、ボニー（Bonnie, R. J.）らは、①居住形態、②社会的孤立、③認知症、④虐待者の個人内の特性（精神疾患、敵愾心、アルコールの濫用）、⑤虐待者の依存性といった要因が高齢者虐待と関係するとしている。また、ビッグス（Biggs, S.）らは、虐待の危険要因として、①虐待者の精神病理、②依存と負担の関係、③社会的な孤立をあげている。これらから、支援においては被虐待高齢者と養護者、両者を取り巻くさまざまな環境要因を視野に入れてかかわることが求められるといえる（**図5−7**）。

　養護者による虐待では、その発生要因（複数回答）の上位5位を見ると「認知症の症状（55.0％）」「介護疲れ・介護ストレス（52.4％）」「精

〈図5−7〉 **高齢者虐待の背景**

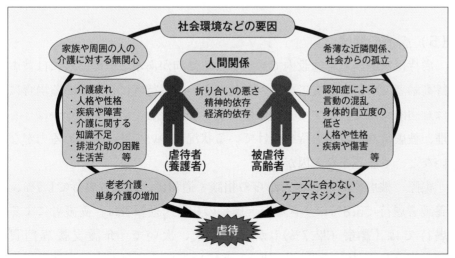

（出典）「高齢者虐待防止に向けた体制構築のために−東京都高齢者虐待対応マニュアル」東京都福祉保健局、2006年、11頁をもとに一部改変

神状態が安定していない（48.7%）」「理解力の不足や低下（46.3%）」
「知識や情報の不足（45.1%）」等となっており、認知症等による介護の
難しさが見て取れる。ただし、要因の統計項目は33あり、養護者虐待一
件あたりの要因数は8.6と、さまざまな要因が関連し合って起こってい
ることがうかがえる。

　また、81.6%が介護保険サービスを受けていたが、それでも虐待は起
こっている。ここからは、サービス利用は発見につながりやすいものの、
それだけで虐待リスクを抑制できるわけではないこと、あるいは適切な
虐待リスクに対応する支援が提供できていないことが推察される。

　従事者による虐待では、職員を取り巻く職場環境側の要因（「教育・
知識・介護技術等に関する問題〔56.2%〕」「虐待を助長する組織風土や
職員間の関係の悪さ、管理体制等〔21.5%〕」「人員不足や人員配置の問
題及び関連する多忙さ〔9.6%〕」）の総回答数は全回答数の65.7%にな
る。職員側の要因（「職員のストレスや感情コントロールの問題
〔22.9%〕」「倫理観や理念の欠如〔12.7%〕」「虐待を行った職員の性格
や資質の問題〔7.4%〕」）の総回答数は32.4%であった。

　虐待の背景には、①組織運営（理念とその共有、組織体制、運営姿
勢）、②チームアプローチ（役割や仕事の範囲、職員間の連携）、③ケア
の質（認知症ケア、アセスメントと個別ケア、ケアの質を高める教育）、
④倫理観とコンプライアンス（法令遵守）（"非"利用者本位、意識不足、
虐待・身体拘束に関する意識・知識）、⑤負担・ストレスと組織風土と
いった背景があることが指摘されているが[4]、このデータからもこうした
職員を取り巻く環境面の問題が大きいことがうかがえる。

（5）虐待の発見

　虐待は家庭内でも施設内でも隠される傾向がある[5]。その背景には被虐
待高齢者、虐待者ともに虐待の自覚がない、虐待者に自覚がある場合に
は意図的に隠そうとする、被虐待高齢者が虐待者である家族をかばう心
理、被虐待高齢者が虐待を受けている状況について助けを求める力がな
いなど、さまざまな要因がある。

　実際、被虐待高齢者本人からの相談・通報は、従事者虐待で1.7%、
養護者虐待で5.8%にすぎない。虐待の相談・通報者は、養護者による
虐待では「警察（32.7%）」が最も多く、次いで「介護支援専門員
（24.9%）」「家族・親族（8.0%）」と続いている。介護支援専門員、介
護保険事業所職員、医療機関従事者、市町村行政職員等、介護・医療の

専門職を合わせると39.9%となる。従事者による虐待では「当該施設職員（29.8%）」「当該施設管理者等（16.3%）」「当該施設元職員（9.0%）」を合わせると55.1%となる。ここから、虐待ケースの発見においては専門職、関係者への周知・広報が重要であることがわかる。

（6）対応状況

　養護者による虐待では、被虐待高齢者と養護者を「分離していない事例」は51.6%あり、「分離を行った事例」は20.7%と、分離せずに支援を続ける例が多い。分離していない事例の対応（複数回答）では、「養護者に対する助言・指導（56.6%）」「既に介護保険サービスを受けているが、ケアプランを見直す（27.4%）」が多い。また、成年後見制度の利用を「開始済み（722人）」「利用手続き中（638人）」で合わせて1,551人であり、このうち66.8%が市町村長申し立てによる審判開始となっている。

　従事者による虐待では、市町村・都道府県が行った対応の内訳は、「施設等に対する指導（40.1%）」「改善計画提出依頼（39.7%）」「従事者等への注意・指導（20.2%）」となっている。また、改善命令に従わない場合には、「改善命令（10件）」「指定の効力停止（8件）」「指定取り消し（3件)」を行っている。

3　高齢者虐待防止のための取り組み

　社会福祉士の重要な機能の一つが利用者の権利擁護である。高齢者虐待事例では利用者の権利が大きく侵害されており、市町村や地域包括支援センターの社会福祉士、あるいはサービス事業者に所属する社会福祉士が果たす役割は大きい。もちろん虐待対応は、社会福祉士個人で動くものではなく、虐待対応チームが機能することを意識して行動することが重要である。

（1）高齢者虐待の予防の考え方

　高齢者虐待の防止には、予防が重要である。柴尾慶次は、顕在化した虐待の前段階には不十分なケア、非意図的虐待や緊急やむを得ない場合以外の身体拘束などのグレーゾーンがあると指摘している。[6] [*35] ここからは、施設ケアであれ、家族介護であれ、介護が始まった時点からニーズをていねいにアセスメントし、その解決のためのケアプラン作成とサービス

*35
令和5（2023）年3月に厚生労働省は「市町村・都道府県における高齢者虐待への対応と養護者支援について」の改訂を行った。その中で、「裸になった入所者の姿を携帯電話で撮影し、他の職員に見せる」等の、従来「極めて不適切な行為」としつつ高齢者虐待の判断をしなかった例についても虐待に該当するとの注意喚起がなされている。

〈図5－8〉 グレーゾーンで食い止めることが重要

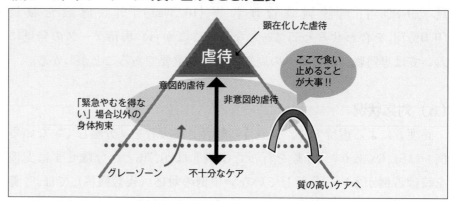

（出典）柴尾慶次「施設内における高齢者虐待の実態と対応」『老年精神医学雑誌』第19巻第12号（2008年）、1,325頁
　　　をもとに一部改変

　提供を行うこと、さらにこのグレーゾーンの段階で発見し、従事者・養護者それぞれの負担の原因を分析し、その軽減策を講じるとともに、提供されるケアの質を高めていくことが何よりの予防になると考えられる（**図5－8**）。

（2）高齢者虐待防止ネットワークの構築

　高齢者虐待への対応のため、発見から対応、専門的な介入までを円滑に行うために、市町村内に3つのネットワークを構築しておくことが重要とされる（**図5－9**）。

①早期発見・見守りネットワーク

　高齢者虐待は、専門機関だけでは発見することがむずかしい。虐待は地域で起こっているため、その発見は地域住民によることが多い。地域のさまざまなマンパワーを借りることが早期発見につながる。同様に、虐待が発見され、支援が開始された後も、地域のマンパワーによって見守りが継続されることは、虐待の再発防止や深刻化の抑制にもつながる。

②保健医療福祉サービス介入ネットワーク

　虐待ケースの支援は、保健・医療・福祉のさまざまな機関がチームアプローチで行うことが必要である。また、高齢者が何らかのサービスを利用している場合、高齢者や養護者、その他の家族と接する機会が多いこれらの専門職が虐待を発見することもあり得る。これらの関係機関がサービス担当者会議、地域ケア会議や日常の情報交換、連携を行い、支援を行っていく。

〈図5-9〉高齢者虐待防止ネットワーク構築例

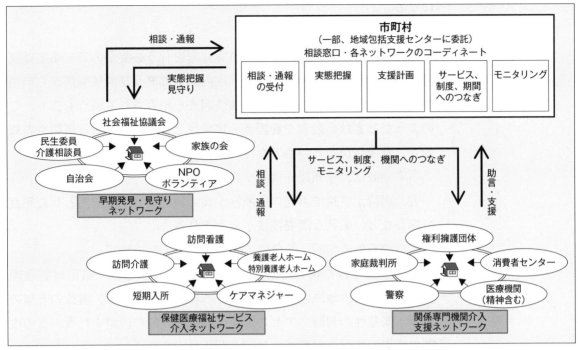

（出典）厚生労働省「市町村・都道府県における高齢者虐待への対応と養護者支援について」2018年、16頁

③関係専門機関介入支援ネットワーク

　保健・医療・福祉機関だけでは対応が困難な場合、より専門的な機関の介入が必要となる。必要に応じて警察、弁護士、保健所、精神科等を含む医療機関、権利擁護団体、消防、消費者センター、精神保健福祉センターのほか、生活困窮者自立支援事業の相談窓口、認知症初期集中支援チーム等もネットワークに参加してもらえる体制をつくっていく。

（3）養護者による高齢者虐待対応の段階

❶初動期段階

①相談・通報等への対応

　高齢者虐待ケースは、発見されて対応窓口への通報等によって、支援が始まる。対応窓口の職員は、相談受付票を用いて相談等の内容から客観的な情報を的確に把握することが求められる。その際に、通報者等に安心感を与えられるように留意するとともに、通報者等に関する守秘義務に十分留意する。なお、虐待か否かの判断はこの段階で通報等を受けた職員が行うのではなく、組織的に判断することが重要で

ある。その判断材料として、受付段階での客観的な情報の把握が重要になる。

②事実確認

　通報等に対しては、速やかに事実確認を行う必要がある。事実確認は高齢者や養護者への訪問調査、庁内関係部署及び関係機関からの情報収集によって行う。しかし、訪問調査を拒否される場合もあり、このようなときは高齢者や養護者・家族等とかかわりのある機関や親族、知人、近隣住民などの協力を得ながら安否の確認を行う。

　事実確認は、信頼関係構築を念頭に置きつつ、受容的な態度で行う一方、虐待が重篤で再発の危険性が高い場合などでは毅然とした態度で臨むなど、柔軟な調査技法が求められる。

③虐待の有無の判断、緊急性の判断、対応方針の決定

　事実確認で得た情報をもとに、コアメンバー会議（市町村管理職員・担当職員、地域包括支援センター職員）を招集し、虐待の有無の判断、緊急性の判断、アセスメント、対応方針の決定を行う。この段階で措置が必要と判断されれば、即時対応を行う。

④行政権限の行使等

　高齢者の生命または身体に重大な危険が生じているおそれがあるが調査や介入が困難な場合は、立入調査の実施を検討する。また、高齢者の生命や身体にかかわる危険性が高いことが予測される場合には保護・分離を行う。

⑤初動期段階の評価会議

　この初動期の段階で評価会議を開催し、コアメンバー会議で決定した対応方針の実施状況、高齢者の安全確保がなされたかどうかを評価する。

❷対応段階

①情報収集と虐待発生要因・課題の整理

　ここでは、対応段階において収集した情報を整理し、虐待発生要因を分析するとともに、高齢者が安心して生活を送るための環境整備に向けた課題やニーズを明確化する。その上で、虐待対応方針や支援計画を立案する。その計画には、継続した見守りと予防的な支援、サービスの活用（ケアプランの見直し）、介護技術等の情報提供、専門的な支援等が含まれる。

②対応段階の評価会議

　支援が開始された後には、支援方針どおりの取り組みや、課題の解消ができたかを判断する評価会議を開催する。そして必要があれば、対応方針や支援計画を修正し、支援を継続していく。

❸終結段階

　支援計画の実施によって虐待が解消されたかを判断する評価会議を開催する。ここで注意すべきは、虐待対応の終結を判断したとしても、継続してさまざまな支援が必要である状況が続くケースが多いことである。そのため、終結後も権利擁護支援、包括的継続的ケアマネジメント支援に移行できるように、適切に引き継ぎを行っていく。

❹高齢者虐待ケース対応の留意事項

　こうした虐待ケース支援において、援助者は、①高齢者本人や養護者の虐待に対する自覚は問わず、客観的状況で判断する、②高齢者の安全確保を優先する、③常に迅速な対応を意識する、④必ず組織的に対応する、⑤関係機関と連携して援助する、⑥適切に権限を行使する、⑦記録を残す、といった点に留意しつつ取り組むことが重要である。

事例4

認知症の症状にストレスを抱える養護者への支援

　地域包括支援センターに介護支援専門員から「担当している利用者が家族から暴力をふるわれている」と通報があった。センターの社会福祉士は、この情報を市介護保険課と共有の上、介護支援専門員に面接し状況把握を行った。その上で、被虐待高齢者Aさんとデイサービス利用時に面接し、顔にあざがあり、「息子からたたかれた」という言葉を確認した。そこで社会福祉士は、息子に面接を申し入れた。最初は渋っていた息子だったが、社会福祉士が受容的な態度で接していくと面接を承諾してくれた。面接にて息子から、「認知症の母が何度も同じことを言うのでイライラして、つい手が出てしまった」という言葉が聞かれた。

　社会福祉士は事実確認を行った情報をコアメンバー会議に報告し、身体的虐待と判断された。そこで、認知症の症状にうまく対応できない息子のストレスの軽減を図るために、介護支援専門員とともにケアプランの修正を検討した。また、息子が認知症への理解を深められるように情報提供を行うとともに、家族会への参加を勧めた。そして、社会福祉士は息子への支援、介護支援専門員はAさんの支援と、役割分担を行い、双方への支援を進めていった。

　こうした対応によって、身体的虐待はみられなくなった。半年後の評価会議で虐待対応としては終結し、その後は介護力が弱いケースと理解して、ケアプランに位置付けられた支援機関で息子の支援も視野に入れつつ、サービスを提供するチームケアを続けることになった。

（4）養介護施設従事者による高齢者虐待対応の段階

　市町村が施設における虐待の通報を受けた場合、①施設の任意の協力による調査、②実地指導、③監査のいずれかの方法で事実確認を行う。その結果として調査報告書を作成し、虐待対応ケース会議を開催する。会議においては、虐待の有無の判断、緊急性の判断、再発防止に向けた指導内容等を検討し、施設に対して調査結果の報告と、改善が必要と考えられる事項及び指導内容を通知し、改善計画書の提出を求める。

　提出された改善計画については、実効性が伴わない内容であれば修正を求め、また期限を設けて進捗の確認を行う。その後は改善の取り組みを評価し、虐待対応の終結判断を行う。

4 高齢者虐待対応の課題

　養護者虐待・従事者虐待ともに、その状況に介入していくことは非常にむずかしく、また支援を行う社会福祉士や支援チームのメンバーも大きなストレスを感じるものである。社会福祉士は、以下の諸点を念頭に置き、チームアプローチで支援が展開できるように留意するとともに、自身のバーンアウトにも気を付ける必要がある。

（1）何が虐待にあたるのかを知ることが予防、発見につながる

　5つの虐待や身体拘束、あるいはセルフネグレクトの具体的な形を知ることによって「これは虐待になるのか？」と違和感をもつことができる。それは、「この状況を変えなければいけない」「そのために何らかの行動を起こす必要がある」と考えることにつながっていく。具体的にどういったことが虐待なのかを周知・広報・教育することは、従事者虐待、養護者虐待ともに対応の第一歩となる。

（2）養護者による虐待への対応
❶発見、通報の抵抗感を減らす
　地域住民や関係専門職が虐待と思われる状況に遭遇していても、それ

を虐待と認識しないという現象が起きる場合がある。その背景には、「家族がこんなに頑張って介護しているのに、それを虐待と言ったらかわいそう」「わざとやっているわけではない」といった養護者への過度の感情移入、あるいは公的機関の介入や自分が通報者であると養護者に知られてしまうことで、今まで何とか維持してきた養護者との関係が壊れることを危惧する心理、さらに自分が虐待だと決めつけてしまうことへの心理的な抵抗感などが考えられる。こうしたことから「客観的な状況を判断して通報し、その後の対応につなげる」という高齢者虐待防止法が想定する支援が展開できないことが起こってくる。

　しかし、高齢者虐待防止法では虐待か否かを判断するのは通報者ではなくコアメンバー会議が合議で行い、またその判断は原因のいかんではなく客観的な状態によって行われるものである。通報の抵抗感を減らし、通報によって早い段階から支援を始めるためには、高齢者虐待防止法の趣旨と、通報後にどのような支援が展開されるか、それが被虐待高齢者と養護者にとってどのように利益になるのかといった知識や情報を周知することが必要になる。

❷高いアセスメント力によって虐待発生のメカニズムを解明する

　虐待者が虐待行為に至る道筋は個々の事例によってさまざまである。しかし、虐待者が大きなストレスを感じ、それに適切に対応できない状況が虐待発生の背景に隠れている。まずは、養護者と信頼関係を構築し、強いストレスを感じる状況がなぜつくられているのかを養護者とともに読み解いていく。そして、それを何とかしたいという養護者の動機づけを高めながら、適切な支援へとつないでいく。

　支援においては、このように高いアセスメント力と介入力が不可欠になる。しかし、虐待ケースの発生率は低いため、援助者がたくさんの虐待ケース支援を経験し、そこから支援力を高めていくことは期待しにくい。そのため、虐待ケース支援の展開とその留意点を共有するとともに、より専門的な助言やスーパービジョン[*36]を受けられる体制を構築していくことが必要になる。

*36
本双書第10巻第4章第2節参照。

❸コンサルテーションの必要性

　虐待事例の中には、養護者の精神疾患、人格障害、発達障害などが背景になっているものがある。また、経済的虐待のように意図的に行われているものもある。しかし、福祉・介護の専門職は、こうした疾患や心

＊37
本双書第10巻第4章第
3節参照。

理の理解と対応方法について十分な教育・訓練を受けていない。そのため、虐待対応の支援チームに精神科医や臨床心理士等の専門職を加えたり、これらの専門職からコンサルテーション[＊37]が受けられる体制をつくることが必要になる。

　同様に、暴力や金銭搾取が起こっている場合では何らかの法的な措置を検討する必要がある場合もある。このような場合、弁護士等からの法律面でのコンサルテーションが受けられる体制をつくることも必要になる。

❹リスクアセスメントの必要性

　高齢になればなるほど日常生活や健康維持に必要なケアが提供されないと、生命の危険にかかわるリスクは高くなる。そのため、虐待対応においては常に、高齢者の生命の危険性を視野に入れてアセスメント、介入を行う必要がある。

　特に、経済的虐待事例は、高齢者の財産を意図的に搾取しようとするものであり、その根底には高齢者を利己的目的で利用しようとする虐待者の心理があると考えられる。それゆえ、心理的虐待や身体的虐待、介護放棄等のほかの種類の虐待を伴いやすく、経済的搾取の抑制と同時に、高齢者の生命の危険性を常に念頭に置くことが求められる。

❺ケースの抱え込みを防ぎ、チームアプローチで対応する

　高齢者虐待においては実際にケース発見に至るまで、そのケースにかかわる介護支援専門員やヘルパー等の専門職が一人で悩んでいる状況が散見される。その背景には、援助関係が構築しづらい養護者との間で、細い糸を渡るように支援を続けてきている状況がある。このような状況は援助者のバーンアウトを誘発する危険性がある。こうした孤立する援助者を後方支援し、一緒に考え動くチームを形成をしていくことが大切である。これは虐待対応における基本中の基本である。

❻アセスメント情報の蓄積によるケース理解の重要性

　高齢者虐待防止法では、虐待対応は客観的な状態で判断することが求められているが、実際に支援計画を実施しても、虐待は簡単にはなくならないことが多く、ケースの状況が膠着してしまうことも少なくない。その場合、「様子を見ましょう（見守りの継続）」という、結局は何もしない対応がなされてしまう危険性がある。大塚理加らは情報の蓄積の重

要性を指摘している。ケース支援がなかなか動かないときこそ関係者が意識的に情報収集を試み続け、アセスメント情報を蓄積していくことがケース理解を深めることになる。そして、次に状況が動くとすればそれはどういう状況か予測を立て、その際にはそれぞれの機関がどのように対応するかシナリオを考え、それを共有しつつ時期を逃さぬ対応をしていくことが求められる。

（3）養介護施設従事者による虐待への対応

❶職員教育とケアの質の向上の重要性

　施設において、虐待や利用者の権利擁護に関する知識を職員教育プログラムに含めることは重要である。何が虐待にあたるのか、それを回避するためにどのような取り組みをするのか等について職員教育を行うことや、対応マニュアルを作成し予防に努めること、さらには個別ケアや対応の困難さを感じた場合の職場内での相談・サポート体制の構築といった取り組みを行うことが、ケアワーク技術の破綻としての施設内虐待の予防の第一歩である。[*38]

❷職員のストレスへの対応

　施設入所者は年々重度化し、ケアのむずかしさも高まっている。それゆえ、現在の人員配置ではきめ細かいケア、個別ケアがむずかしい状況が生まれている。その中で職員が受けるストレスの高まりは、虐待の危険要因となり得る。ケア現場では、職員のストレス軽減のためにさまざまな対策を取ることが、虐待予防の重要な手立てとなる。

❸職場環境の改善

　職員の感じるストレスは、利用者の重度化やBPSD（行動・心理症状）だけから生じるのではない。職務範囲の曖昧さや、応援や協力が得にくい職場環境は、職員のストレスを高めてしまう。さらに、ケア力を高めるための教育・研修が不足していれば、職員のケア場面でのストレスを発生させる要因になってしまう。

　教育・研修や日常のケア場面での協力が得られやすい職場環境の構築は、虐待予防に重要な要素といえる。

❹カスタマーハラスメント

　介護現場で職員が利用者や家族からハラスメント（身体的暴力、精神

*38
令和3（2021）年の介護報酬改定で、全介護サービス事業者に虐待防止のための取り組み（委員会の設置、指針の整備、定期的な研修の実施、担当者の設置）が義務付けられた。経過措置は3年間で、令和6（2024）年度から実施となる。

第5章

的暴力及びセクシュアルハラスメント）を受けることがある。[39]この問題について、職員の安全を確保し、安心して働ける環境を築くための観点から事業者として対応する必要がある。そのためには、ハラスメントのリスク要因を分析し、一人で抱え込まず、組織的・総合的に対応できる体制を整える必要がある。対応の基本方針やマニュアルの策定、相談窓口の設置を行い、困難な事案には事業所だけで対応しないことが重要である。また対応は、介護サービスの質の向上に向けて行われることも大切な視点である。

BOOK　学びの参考図書

●日本社会福祉士会　編『高齢者虐待対応ソーシャルワークモデル実践ガイド』中央法規出版、2010年。

　　地域包括支援センターの社会福祉士が用いるべき実践モデルとして、エンパワメント、社会資源利用の促進、関係者間の調整、ネットワーク構築等を図る高齢者虐待ソーシャルワークモデルを提唱し、支援にあたってもつべき知識、技術、そして支援プロセスの各段階で何をどのように行うかを説明している。

●池田惠利子・川端伸子・髙橋智子　編著『事例で学ぶ「高齢者虐待」実践対応ガイド』中央法規出版、2013年。

　　基礎編と実践編という構成で、特に実践編では2つの事例を使って、実践の具体的なポイントやヒントが示されている。虐待対応にかかわる援助者が抱く疑問に答える形で、考え方や対応方法がわかりやすく解説されている。

引用文献

1) R. N. バトラー『老後はなぜ悲劇なのか』メヂカルフレンド社、1991年、15頁
2) R. J. ボニー・R. B. ウォレス　編、多々良紀夫　監訳『高齢者虐待の研究』明石書店、2008年、143〜162頁
3) S. ビッグス・C. フィリップソン・P. キングストン著、鈴木眞理子　監訳『老人虐待論』筒井書房、2001年、86〜90頁
4) 認知症介護研究・研修仙台センター『介護現場のための高齢者虐待防止教育システム』2008年、63頁
5) S. ビッグス・C. フィリプソン　編著、京都社会福祉士会学術研究委員会　訳『高齢者虐待対応マニュアル－ケアに携わるひとのための演習ソースブック』ミネルヴァ書房、2005年、14頁
6) 柴尾慶次「施設内における高齢者虐待の実態と対応」『老年精神医学雑誌』第19巻第12号（2008年）、ワールドプランニング、1325頁
7) 坂本　勉「高齢者の財産管理と経済的虐待に関する研究」『社会福祉学部論集』創刊号（2005年）、佛教大学社会福祉学部、106頁

参考文献

● 金子善彦『老人虐待』星和書店、1987年
● 岸恵美子　編集代表『セルフ・ネグレクトの人への支援』中央法規出版、2015年
● S. ビッグス・C. フィリプソン　編著、京都社会福祉士会学術研究委員会訳『高齢者虐待対応マニュアル：ケアに携わるひとのための演習ソースブック』ミネルヴァ書房、2005年
● 厚生労働省「市町村・都道府県における高齢者虐待への対応と養護者支援について」2018年
● 大塚理加・菊地和則・野中久美子・高橋龍太郎「介護支援専門員の高齢者虐待事例への対応プロセスとその促進・阻害要因に関する研究」『社会福祉学』第51巻第4号（2011年）、日本社会福祉学会
● 三菱総合研究所『介護現場におけるハラスメント対策マニュアル』、2022年

第5章

第4節 高齢者をケアする家族等への包括的な支援

　介護保険が介護の社会化を理念とし、家族介護者の負担の軽減をめざして制度化されてから20年以上が経過した。介護サービス利用者が増え、サービス量も増大したが、家族介護者の負担は軽減されたとは言い難い。ひとり暮らし高齢者や後期高齢者の増加、就労女性の増加など、人口構造や家族の規模・機能が変容する中で、高齢者をケアする家族等を対象とした包括的な支援が求められている。

1 高齢者をケアする家族等の動向

（1）「人生100年時代」のケア

❶家族等による無償のケア

　介護やケアは、直接的な身体介助や支援を思い浮かべる場合が多いが、見守りや声かけ、心理面の支え、気にかけること、情報収集なども含めて、より広範な意味合いでの生活上の支援ととらえられる。英国などの海外では、障害、疾病、虚弱などによりケアが必要な人を無償で身近にケアする家族、友人・知人、近所の人などをケアラー（Carer）と称している[*40]。家族介護者に限定せず、友人・知人・近所の人など身近な人を含めている点や、高齢者介護だけでなく多様な対象の介護者を含んだ「ケアラー」という概念は、有償と無償のケアの担い手の関連に気付き、誰がどのようなケアを担っているのかを考えるよい機会となる。

　「人生100年時代」の長寿社会となり、介護が必要になっても地域で暮らす高齢者も多くなってきた。誰もが身近な人の介護者となり得る長い人生の中で、介護や看取りを何回も体験する人や、同時に複数の人のケアを担う人もいる。高齢者介護は、家族、特にジェンダー役割の中で妻、息子の配偶者、娘などの女性が多く担ってきたが、介護・ケアの長期化・重度化、家族機能の変容などにより、家族等によるケアのあり方も変容してきた。家族介護の負担が高まり、高齢者虐待や介護殺人、介護心中などの悲劇も繰り返され、「介護放棄」「介護難民」など必要なケアが得られないような状況も生じてきた。

*40
ケアラーは、無償でケアをしている人を表現することが多いが、無償のケアラー（unpaid carer）、家族ケアラー（family carer）と表現されることもある。アメリカではケアギバー（caregiver）と称している。

❷家族などが行うケアの価値を認識し、評価する必要性

　家族がケアをするということは、義務という側面だけではない。家族の長年の関係の中で当たり前なこと、かけがえのないことという思いから介護する人もいる。介護者それぞれの人生の中でのケアの意味付けを理解しながら支援することが大事である。どのような場合に介護が負担となり、支えが必要となるのか。思いがあっても長時間の介護で疲弊する場合もある。介護者の生活の中の他の有償・無償の活動や働きとの関連の中でケアをとらえ、介護者の生活や時間を包括的に理解しなければならない。

　介護保険サービスや制度外の有償サービスなど介護従事者による有償のケア、家族等による無償のケア、ケアが必要な本人自身のセルフケアは、相互に関連しながらケアを織りなしている。複数の介護従事者と家族介護者はケアを一緒に織りなすパートナーととらえることもできる。ケアのありようは人それぞれで、時間の経過の中で変わっていく。家族介護者によるケアがない人の割合が増える可能性がある。家族等によるケアを、ケアの中で相対的に位置付けることが大事だろう。

　家族介護を当然視せず、望まぬ介護を強制しないで、介護崩壊を避けるにはどうしたらよいのか。対人援助者は、自分自身の家族観、家族介護観、扶養義務観などの価値観に自覚的である必要がある。その上で、無償の働きとして家族などが行っているケアの価値を認識し、評価していくことが求められる。

（2）高齢者をケアする家族等の動向

　高齢者をケアする家族等の動向を調査データで確認する。

❶介護者の3人に1人は男性、2人に1人は就労介護者

　総務省「令和4（2022）年就業構造基本調査」[*41]によると、15歳以上人口（令和4〔2022〕年約1.1億人）の約5.7%の約629万人が介護をしている者である。

　介護者のうち3人に1人は男性（男性介護者：約234万人、女性介護者：約395万人）で、58.0%が就労している（有業介護者：約365万人、無業介護者：約264万人）。介護者の男女別の有業率は、男性67.0%、女性52.7%であり、特に40代・50代の有業介護者が多く、50代の有業介護者は150万人以上いる。65歳以上の介護者は199万人で、介護者の約3割は高齢者である。この調査では、高齢者を介護する人に限定されていな

*41
この調査では、「ふだん家族の介護をしているかどうか」を尋ね、日常生活における入浴・着替え・トイレ・移動・食事などの際に何らかの手助けをすることを「介護している」ととらえている。介護保険制度上の要介護未認定者や、自宅外にいる家族の介護も含まれるが、病気などでの一時的な介護は含まない。

〈図５－10〉年代別・就労有無別の介護者数

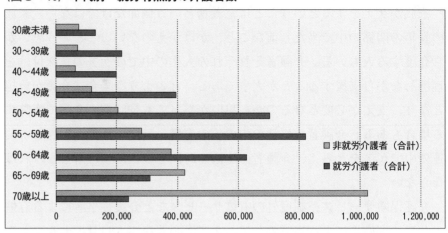

（出典）総務省「令和４年就業構造基本調査結果の概要」をもとに筆者作成

いことに留意が必要だが、多くの介護者がおり、その大半が就労介護者であることがわかる（**図５－10**）。

❷年間約10万人の介護離職者

非就業者のうち介護・看護を理由とした離職者の推移を見ると、令和４（2022）年は年間10.6万人が離職、４人に３人が女性で、離職者数は平成29（2017）年の調査時の9.9万人から微増している。要介護３以上の特養自宅待機者は約11万人（令和４〔2022〕年４月）である。施設不足による介護離職の場合もあるだろう。

総務省「仕事と介護の両立に関する家族介護者等の認識に関する調査」（平成29〔2017〕年）の結果では、①現在仕事をしている家族介護者であっても、離職することになるのではないかと懸念している者も多数存在すること、②離職を懸念する家族介護者には、介護を支援する制度等の、仕事と介護の両立に必要となる基礎的な情報を知らない者が多数存在すること、③離職をした場合、再就職が難しく、就職できても正規の職員となることは困難な状況が見られたこと、が示されている。

❸子育てと介護を同時に担うダブルケア

子育てと介護を同時に担う**ダブルケア**[42]を行う者の人口は、約25万人（女性約17万人、男性約８万人）で、15歳以上人口の0.2％、介護を行う者全体の4.8％であった[43]。晩婚化や晩産化などにより子育てと介護の両方を担う人が増え、働いている場合もあり、複数の役割で困難を抱えて

＊42
ここでの「ダブルケア」は、ふだん、育児をしており、かつ、介護をしている人として推定している。「育児」は未就学の子の育児を対象としている。ダブルケアは未就学児に限定せず子育てと介護の場合や、親と配偶者などの場合もある。なお、多重介護、多重ケア、トリプルケアなど２人以上を含めてとらえることもある。

＊43
内閣府男女共同参画局『平成27年度育児と介護のダブルケアの実態に関する調査報告書』2016年。

いる場合は少なくない。

❹同居介護の約３割が75歳以上同士の老老介護

「令和４（2022）年国民生活基礎調査」によると、主な介護者は、家族が約７割（要介護者等と同居は45.9％、別居の家族等は11.8％）、事業者が15.7％であった。同居の主介護者の要介護者等との続柄を見ると、配偶者が22.9％、子が16.2％、子の配偶者が5.4％であった。

要介護者等と同居の主な介護者の年齢組み合わせ別の割合の年次推移を見ると（**図５−11**）、令和４（2022）年には介護者も要介護者も65歳

〈図５−11〉 **要介護者等と同居の主な介護者の年齢組み合わせ別の割合の年次推移**

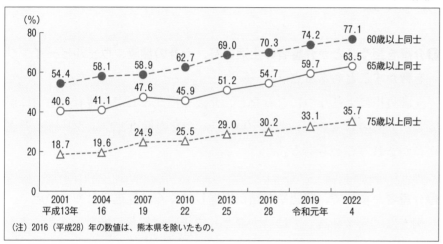

（注）2016（平成28）年の数値は、熊本県を除いたもの。

（出典）厚生労働省「令和４（2022）年国民生活基礎調査」

〈図５−12〉 **要介護度別の介護状況**

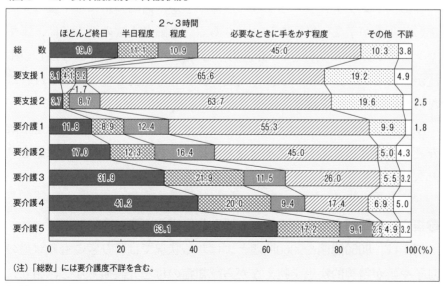

（注）「総数」には要介護度不詳を含む。

（出典）厚生労働省「令和４（2022）年国民生活基礎調査」

以上同士が全体の約6割で、75歳以上同士が約3割強を占め、20年間で「**老老介護**」の割合が高まったことがわかる。同居の場合に限ったものであるが、夫婦間介護などの老老介護の実情がうかがえる。

次に、どの程度介護しているのか、要介護度別で見てみると（**図5-12**）、「ほとんど終日介護」の回答が全体では約2割であったが、介護度が上がるにつれその割合が高まり、要介護5の場合は約6割強が「ほとんど終日」介護していることがわかる。

（3）高齢者をケアする家族等を支援する上での留意点

高齢者をケアする家族等を支援する上での留意点として、次の6点があげられる。

❶介護を担うことが介護者の生活の質、心身の健康、ウェルビーイングを脅かすこともある点

介護負担によりうつになるなど、介護を担うことが介護者の生活に影響し、介護者自身の生活の質（QOL）、心身の健康、ウェルビーイングが脅かされることもある。

❷介護者が多様で、課題や問題が把握しにくく、見逃されやすい点

例えば「老老介護」では、夫婦ともに後期高齢者の場合もあり、また70代の娘が90代の母を介護するなど親子間の老老介護の場合もある。高齢な親が障害のある子をケアし、親亡き後を心配する場合もある。

また、**ヤングケアラー**[*44]とよばれる孫や子が、高齢の祖父母や親の介護をし、介護が学業に影響することもある[*45]。高齢者支援の担当者は、まずヤングケアラーに気付き、「介護力」とみるのではなく子どもらしい生活が送れるよう、学校や子育て支援の関係者と連携して支援しなければならない。

多重介護（一人の介護者が複数の人を同時に介護すること）、遠距離介護、独身者によるシングル介護も増えつつあり、それぞれの課題をアセスメントして適切な支援を行う必要がある。

❸複合的な問題を抱え、支援がむずかしい場合が多い点

例えば、**8050問題**や9060問題とよばれる状況では、ひきこもり状態の息子や娘が精神的疾患を抱えながら認知症の母を介護するなど、相互にケアしあう関係もあり、共依存関係が懸念される場合もある。

*44
ヤングケアラーの定義は多様だが、親、きょうだい、祖父母などのケアをしている18歳未満の子どもや若者をさすことが多い。25歳未満の若者でケアしている人をヤングアダルトケアラーと称することもある。

*45
全国ヤングケアラー調査では、世話をしている家族が「いる」と回答したのは、中学2年生が5.7%、全日制高校2年生は4.1%であった。家族への世話を「ほぼ毎日」している中高生は5割弱、一日平均7時間以上世話をしている中高生が約1割であった。三菱UFJリサーチ＆コンサルティング「ヤングケアラーの実態に関する調査研究 報告書」（令和2年度 子ども・子育て支援推進調査研究事業）、2021年。

❹働く介護者は仕事と介護の両立に困難を抱えている点

　働く介護者は仕事と介護の両立に負担を感じ、健康を害することもある。毎年多くの介護離職者がおり、再就職がむずかしく経済的な困窮に陥りやすい。

❺ケア規範、扶養意識、ジェンダー規範の変容・揺らぎがある点

　男性介護者の増加の一方で嫁による介護の減少はあるが、依然として伝統的な性別役割分担や、扶養義務規範で否応なく介護せざるを得ない状況で悩む介護者もいる。ケア規範、扶養意識、ジェンダー規範の変容・揺らぎを理解する必要がある。

❻介護殺人・介護心中、高齢者虐待のリスクがある点

　介護殺人・介護心中や高齢者虐待などの懸念を早期に発見し、悲惨な状態になる前に対処が必要である。要介護者を守るための支援にとどまらず、介護者の声なき声を聞き、介護者自身を支援する視点が求められる。

2 高齢者をケアする家族等への支援に関する法制度

（1）介護保険制度における家族介護者支援

　介護保険制度における家族介護者支援は、現状では以下の家族介護者支援事業、総合相談支援業務における取り組み、ケアマネジャーによる家族支援などが実施されている。第9期介護保険事業計画（令和6〔2024〕～8〔2026〕年度）の基本方針において、認知症高齢者の家族、ヤングケアラーなど家族介護者支援に取り組むことが重要であると明記されたため、今後、さらに多様な取り組みがなされる可能性がある。

　このため、地域包括支援センターによる、①介護支援専門員個人だけでなく、地域住民やサービス事業所等に対して介護予防や自立支援に関する理解を促し、地域で適切なケアマネジメントが行われる環境をつくること、②地域ケア会議を開催することを通じて、市町村が、多様な職種や機関との連携・協働による地域包括支援ネットワークの構築を進めることが重要である。加えて、認知症高齢者の家族、ヤングケアラーなど家族介護者支援に取り組むことが重要である。

〈表5－7〉家族介護継続支援事業

1）健康相談・疾病予防等事業	要介護被保険者を現に介護する者に対するヘルスチェックや健康相談の実施による疾病予防、病気の早期発見等を行うための事業
2）介護者交流会の開催	介護から一時的に解放するための介護者相互の交流会等を開催するための事業
3）介護自立支援事業	介護サービスを受けていない中重度の要介護者を現に介護している家族を慰労するための事業

（出典）厚生労働省「地域支援事業実施要綱」をもとに筆者作成

❶家族介護者支援事業（地域支援事業の任意事業）

　介護保険制度の地域支援事業の任意事業である家族介護者支援事業は、介護方法の指導その他の要介護被保険者を介護する者の支援のために必要な事業として実施されている。具体的には、①介護教室の開催[*46]、②認知症高齢者見守り事業[*47]、③家族介護継続支援事業がある。家族介護継続支援事業は、家族の身体的・精神的・経済的負担の軽減を目的とし、3事業がある（**表5－7**）。

　厚生労働省の介護離職防止のための地域モデルをふまえた支援手法の整備についての研究事業の実施した調査によると、家族介護者支援全般についての市町村の取り組み状況は、「介護教室」46.3%、「認知症高齢者見守り事業」78.5%、「家族介護継続支援事業」86.5%であった[1)]。多くの市町村がこれらの家族介護者支援事業に取り組んでいるが、家族介護の継続を目的としている場合が多く、介護者本人を対象とした包括的な介護者支援とは言い難い状況である。

❷総合相談支援業務（地域支援事業）における取り組み

　介護離職の問題や育児と介護のダブルケアなど複合的な問題も多いことから、地域支援事業の総合相談支援業務における家族介護者支援の位置付けが示されるようになった[*48]。

　平成29（2017）年に改定された「地域支援事業実施要綱」では、総合相談支援業務における「家族を介護する者に対する相談支援の留意点」が新たに加えられ、介護を行う家族に対する支援の重要性が示された。また、相談援助・支援、介護に関する情報や知識・技術の提供、家族介護者同士の支え合いの場の確保、家族介護者に関する周囲の理解の促進などを、家族を介護する者が求めている支援として具体的に提示し、地域包括支援センターで家族介護者への相談支援を実施する場合には、任意事業である家族介護支援事業と連携して支援を行うこととして、任意

---

*46
介護教室は、要介護被保険者の状態の維持・改善を目的とし、適切な介護知識・技術の習得や、外部サービスの適切な利用方法の習得等を内容として開催される。

*47
地域における認知症高齢者の見守り体制の構築を目的とし、認知症に関する広報・啓発活動、徘徊高齢者を早期発見できる仕組みの構築・運用、認知症高齢者に関する知識のあるボランティア等による見守りのための訪問等を行う。

*48
地域支援事業については、本書第3章第2節5及び第4章第1節2参照。

事業との関連も明記された。

❸介護支援専門員による家族支援

　平成28（2016）年度より、介護支援専門員（ケアマネジャー）の受講する研修（新規・更新時等）において、家族の負担感や介護意欲等のモニタリング手法等を家族支援が必要な事例をもとに講義・演習することがカリキュラムに含まれた。介護離職防止のための仕事と介護の両立に関する研修も実施されるようになった。介護支援専門員が高齢者本人の支援だけでなく、家族支援という視点からも対応する重要性が確認された。

　また、「適切なケアマネジメント手法」の手引き[*49]の中の基本ケアの基本方針の一つに「家族等への支援」を掲げ、家族等への支援とケアに参画する人への支援を大項目として示した。

（2）就労介護者に対する法制度

❶介護休業制度等の働く介護者への法制度

　就労介護者に対する法制度としては、「育児休業、介護休業等育児又は家族介護を行う労働者の福祉に関する法律」（**育児・介護休業法**）がある。仕事を辞めることなく、働きながら要介護状態の家族の介護等をするために、①介護休業制度[*50]、②介護休暇制度[*51]、③所定外労働の制限（残業免除）、④時間外労働の制限[*52]、⑤深夜業の制限、⑥所定労働時間の短縮等の措置[*53]、⑦不利益取扱いの禁止、⑧介護休業等に関するハラスメント防止措置、⑨介護休業給付金などの、育児・介護休業法に基づく制度が利用でき、勤務先に制度がない場合でも、法に基づいて制度が利用できる（所定労働時間短縮等の措置を除く）。

　介護休業制度は、要介護状態にある対象家族1人につき通算93日まで[*54]、3回を上限として分割して休業を取得することができる制度である。雇用保険の被保険者が、要介護状態にある家族を介護するために介護休業を取得した場合、一定要件を満たせば、介護休業期間中に休業開始時賃金月額の67％（平成28〔2016〕年に40％から引き上げ）の介護休業給付金が支給される。

❷介護離職ゼロの施策

　「ニッポン一億総活躍プラン」[*55]において、「**介護離職ゼロ**」という目標が掲げられ、一億総活躍社会を実現するため、必要な介護サービスの確

*49
日本総合研究所『「適切なケアマネジメント手法」の手引き』（令和2年度・老人保健健康増進等事業）、2020年。

*50
介護休業制度は、有期契約労働者も要件を満たせば取得可能。家族とは、配偶者（事実婚を含む）、父母、子、配偶者の父母、祖父母、兄弟姉妹及び孫のことをいう。

*51
介護休暇制度は、通院の付き添い、介護サービスに必要な手続きなどを行うために、介護休暇を取得することができる制度である。介護休暇は年5日（対象家族が2人以上の場合は年10日）まで、1日、半日単位、時間単位（令和3〔2021〕年1月1日から）で取得可能。

*52
介護が終了するまで、1か月24時間、1年150時間を超える時間外労働を制限することができる。

*53
所定労働時間の短縮等の措置として、事業主は、利用開始の日から3年以上の期間で、2回以上利用可能な措置（短時間勤務制度、フレックスタイム制度、時差出勤の制度、介護費用の助成措置）のいずれかの措置を講じなければならない。労働者は、措置された制度を利用することができる。

*54
この要介護状態とは、介護保険制度の要介護状態区分が要介護2以上である場合のほか、介護保険制度の要介

保を図るとともに、働く環境の改善や家族への支援を行うことで、2020年代初頭までに介護離職者をなくすことをめざした取り組みが行われている。介護サービス、家族、高齢者に関する具体策の中で、「家族を支える環境づくり」として「介護する家族の不安や悩みに答える相談機能の強化・支援体制の充実」を掲げ、「介護と仕事の両立」に向けて、介護に取り組む家族が介護休業・介護休暇を取得しやすい職場環境の整備や働き方改革の推進を掲げた（**表5-8**）。

　施策の概要としては、職場や地域包括支援センター等さまざまな場所で介護の情報を入手し、相談できる体制の構築や、認知症の介護を行う家族等への支援の実施が示された。具体的には、①地域包括支援センターの強化、②認知症サポーターの養成、③認知症初期集中支援チームの設置、④成年後見制度の利用促進、⑤家族支援の普及、が掲げられた。

　また、介護離職ゼロの取り組みの一つとして、厚生労働省のホームページに介護離職ゼロのポータルサイトがあり、介護保険制度や介護サービスの利用方法、介護と仕事を両立していくために活用できる制度の関連情報が得られる。事業主向けには、「仕事と介護の両立支援対応モデル」[*56]が示された。仕事と介護の両立支援に取り組む企業を支援するため、「両立支援等助成金（介護離職防止支援コース）」が平成28（2016）年度補正予算で創設された。また、「介護支援プラン」の策定支援の対応[*57]もなされている。

　経済産業省は、ビジネスケアラー発生による経済損失額が令和12（2030）年時点で約9兆円と推計し、企業におけるビジネスケアラーへ[*58]の支援充実化や、介護者の負担軽減に資する介護保険外のサービスの振興を掲げた「未来の健康づくりに向けた『アクションプラン2023』」をまとめた。また、介護領域の機運醸成のために、介護を「個人の課題」

〈表5-8〉介護離職ゼロに向けた対応策

①高齢者の利用ニーズに対応した介護サービス基盤の確保
②求められる介護サービスを提供するための多様な人材の確保、生産性の向上
③介護する家族の不安や悩みに答える相談機能の強化・支援体制の充実
④介護に取り組む家族が介護休業・介護休暇を取得しやすい職場環境の整備
⑤働き方改革の推進
⑥元気で豊かな老後を送れる健康寿命の延伸に向けた取り組み
⑦高齢者への多様な就労機会の確保
⑧障害者、難病患者、がん患者等の活躍支援
⑨地域共生社会の実現

（出典）「ニッポン一億総活躍プラン（概要）」をもとに筆者作成

認定を受けていない場合であっても2週間以上、常時介護が必要な状態のときには対象となる。

*55
「ニッポン一億総活躍プラン」は平成28（2016）年6月に閣議決定された。「介護離職ゼロ」（安心につながる社会保障）は、「GDP600兆円」（希望を生み出す強い経済）、「希望出生率1.8」（夢をつむぐ子育て支援）とともに新3本の矢の一つであり、働き方改革によりこの3目標の実現がめざされている。

*56
①従業員の仕事と介護の両立に関する実態把握、②制度設計・見直し、③介護に直面する前の従業員への支援、④介護に直面した従業員への支援、⑤働き方改革の5つの取り組みが示された。

*57
「『介護支援プラン』策定マニュアル」（厚生労働省）は、介護に直面した従業員の両立支援を行う際に事業主が利用できるマニュアルで、平成29（2017）年10月に作成された。介護支援プランナーによる介護支援プランの策定支援がなされている。平成30（2018）年には「仕事と介護の両立支援ガイド（企業向け）」がまとめられた。

*58
経済産業省は就業構造基本調査における有業者のうち「仕事が主な者」をビジネスケアラーと定義している。海外では働くケアラー（working carer）の表現が一般的である。

から「みんなの話題」に転換することをめざすOPEN CARE PROJECT
を実施している。

（3）認知症の人の介護者の負担軽減の推進

　認知症高齢者の増加に対応して、認知症高齢者に対する地域ケアの推
進が進められている。認知症の人の家族への支援は、認知症施策推進
総合戦略（新オレンジプラン）（平成27〔2015〕年11月策定、平成29
〔2017〕年9月改定）では柱の一つに位置付けられ、令和元（2019）年
6月に策定された「**認知症施策推進大綱**」では「医療・ケア・介護サー
ビス・介護者への支援」の中で明記されている。「認知症の人の介護者
の負担軽減の推進」のために、認知症初期集中支援チームによる家族支
援、介護離職ゼロに向けた職場環境の整備、家族教室や家族同士のピア
活動の取り組みの促進などが具体策として掲げられている。

　また、共生社会の実現を推進するための認知症基本法[59]が令和5
（2023）年6月に成立した。認知症の人のみならず家族等に対する支援
により、認知症の人及び家族等が地域において安心して日常生活を営む
ことができることが7つの基本理念の1つに示された。

（4）ケアラー支援条例に基づくケアラー支援の推進

　令和2（2020）年3月に、全国初の埼玉県ケアラー支援条例が施行さ
れた。それ以降、多くの県や市でケアラー支援条例が施行され、各地で[60]
ケアラー支援条例に基づくケアラー支援が推進されつつある。

＊60
北海道栗山町、三重県
名張市、岡山県総社市、
茨城県、北海道浦河町、
岡山県備前市、北海道、
栃木県那須町などでケ
アラーを支援する条例
が制定されている（令
和5〔2023〕年9月現
在）。

3 介護者本人の人生の支援の実践方法

（1）今後の家族介護者支援施策が掲げるべき目標

　介護離職ゼロに向けた対応の中で、平成30（2018）年3月に「市町
村・地域包括支援センターによる家族介護者支援マニュアル～介護者本
人の人生の支援～」（以下、「家族介護者支援マニュアル」）が作成され、
7月に全国の市町村や地域包括支援センターへ同マニュアルの周知がな
された。介護保険体制の中で地域包括支援センターが軸となり、地域で
家族介護者支援を実施する方向性が示されたといえる。

　その中で、今後の家族介護者支援施策が掲げるべき目標は、「家族介
護と仕事や社会参加、自分の生活を両立すること」と、「心身の健康維
持と生活の質の維持・充実（ひいては人生の質の維持・充実）」の両輪

がともに円滑に回りながら、要介護者の介護の質・生活・人生の質もまた同時に確保される「家族介護者支援」を推進することである、と明記された[2]。また、地域包括支援センターは、家族介護者を「要介護者の家族介護力」として支援するだけでなく、「家族介護者の生活・人生」の質の向上に対しても支援する視点をもち、要介護者とともに家族介護者も同等に相談事業の対象とし、ともに自分らしい人生や安心した生活を送れるよう、市町村や、多機関専門職等と連携を図って、家族介護者にまで視野を広げ、相談支援活動に取り組むことが求められていることも示された[2]。地域包括支援センターが軸となり、地域で家族介護者支援を実施する方向性が示されたといえる。

（2）家族介護者支援の展開方法

「家族介護者支援マニュアル」には、家族介護者支援の総合的展開の

〈図5－13〉家族介護者支援の総合的展開の4つの考え方

介護者本人の人生の支援
家族介護者の総合的な支援の展開

（1）市区町村が進める取り組み
（2）地域包括支援センターが進める取り組み
（3）市区町村と地域包括支援センターの協働により進める取り組み
※市区町村と地域包括支援センターが4つの手法を用いて一体的に総合的な家族介護者の支援を展開する

考え方 1
介護者アセスメントの導入
一介護者本人のクライエントとしての支援

① 個別相談・支援
・市町村や地域包括支援センター、介護支援専門員等の専門職による介護者アセスメントと相談機能の強化

①-1 家族介護者に対するアセスメントや自己チェックの実施
①-2 早期発見のための地域の相談場所の開発
①-3 家族介護者自身の取り組みの支援
①-4 子育て、障害関係部署等、関係各課間によるチームアプローチの構築

考え方 2
多様な専門職の支援ネットワークの形成
要介護者本人と介護者本人へのチームアプローチ

② 多機関・職種間ネットワーク
・支援が必要な介護者の早期発見ネットワーク構築
・地域包括支援センターによる地域を基盤とした本人・介護者を支える支援チーム結成

②-1 介護支援専門員の早期発見力の向上支援、発見後の継続した支援
②-2 介護サービス事業所等の介護専門職の早期発見力の向上支援、発見後の継続した支援
②-3 仕事と介護の両立を支援する地域のネットワーク体制づくり

考え方 3
地域づくり・まちづくりの視点
一介護者本人を地域から孤立させない包摂支援

③ 地域づくり
・生活支援コーディネーター等による介護者支援の地域づくり
・ケアラーズ・カフェの取り組み

③-1 民生委員や生活支援コーディネーター、一般住民等向け情報提供「早期気づきのためのポイント」作成配布
③-2 地域住民、企業・事業所を対象とした「家族介護と仕事との両立・準備」に関する情報提供、啓発
③-3 家族介護者の相談機会づくり
③-4 見守り・生活支援活動を通した家族介護者支援の向上

考え方 4
介護離職防止への接近
一介護者本人の仕事の継続支援

④ 施策の企画立案協議
・家族介護者の社会参加（仕事 その他）継続に向けた協議の場づくり

④-1 施策の企画立案協議のための資料作成、会議テーマの検討
④-2 内外関係部署・機関・専門職による施策企画会議の開催
④-3 施策会議の検討結果の実行

（出典）厚生労働省「市町村・地域包括支援センターによる家族介護者支援マニュアル」2018年、11頁をもとに筆者作成

〈図5－14〉地域包括支援センターにおける相談・支援のフロー

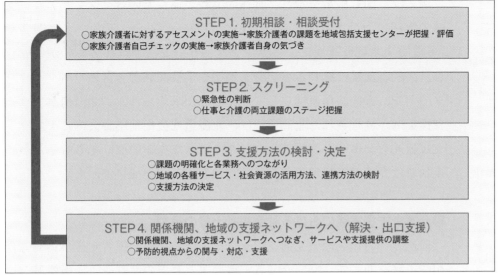

STEP 1. 初期相談・相談受付
○家族介護者に対するアセスメントの実施→家族介護者の課題を地域包括支援センターが把握・評価
○家族介護者自己チェックの実施→家族介護者自身の気づき

STEP 2. スクリーニング
○緊急性の判断
○仕事と介護の両立課題のステージ把握

STEP 3. 支援方法の検討・決定
○課題の明確化と各業務へのつながり
○地域の各種サービス・社会資源の活用方法、連携方法の検討
○支援方法の決定

STEP 4. 関係機関、地域の支援ネットワークへ（解決・出口支援）
○関係機関、地域の支援ネットワークへつなぎ、サービスや支援提供の調整
○予防的視点からの関与・対応・支援

（出典）厚生労働省「市町村・地域包括支援センターによる家族介護者支援マニュアル」2018年、13頁をもとに一部改変

4つの考え方（①介護者アセスメントの導入、②多様な専門職の支援ネットワークの形成、③地域づくり・まちづくりの視点、④介護離職防止への接近）が提示された（**図5－13**）。

　地域包括支援センターにおける相談・支援のフローの4ステップとして、①初期相談・相談受付、②スクリーニング、③支援方法の検討・決定、④関係機関、地域の支援ネットワークへ（解決・出口支援）のプロセスが示された（**図5－14**）。

4 高齢者をケアする家族等への支援の実践

（1）地域における介護者支援実践と社会福祉士等の役割

❶地域における介護者支援実践

　介護保険サービスが中心の高齢者自身への支援とは異なり、介護者自身への公的サービスは現状では限定的である。そのため、高齢者をケアする家族等への支援は、NPOやボランティア組織による介護者サロン、ケアラーズカフェ、家族会などの制度外の支援が大事な役割を担う。

　また、働く介護者が勤め先の支援や制度を活用する場合や、介護者が別の地域に居住している場合などがあり、地域における介護者実践は、行政や対人援助職が公的サービスを提供するだけでは不十分で、地域の枠を超えて、多様な人・団体・組織が連携して重層的にかかわることが

望ましい。

　例えば、国も施策を示し、具体的実践が進んでいるヤングケアラー支援の実践においては、早期発見のためのアセスメントシートの開発や「多機関・多職種連携によるヤングケアラー支援マニュアル[*62]」が作成され、高齢者支援に携わる専門職も地域や学校関係者も含めたネットワークの中で、有機的な連携をしていくことが求められる。北海道ケアラー支援条例が施行された北海道では、北海道社会福祉協議会内にケアラー支援推進センターが開設された[*63]。このような先駆的取り組みもあるが、現状では介護者支援実践が乏しい地域もあり、地域格差がある。

❷介護者支援実践における社会福祉士等の役割

　前述のとおり、地域包括支援センターは、家族介護者支援事業や総合相談業務を通じて、家族介護者支援の要としての役割や、介護離職ゼロの施策の推進での中心的役割が期待されるようになった。そしてそこにおいて社会福祉士等は、従来から介護予防、高齢者虐待防止、権利擁護の実践の中で家族や介護者への支援を担ってきた。家族支援のソーシャルワーク実践の中で介護者支援も行うことが求められる。

　地域包括支援センターには、介護支援専門員へのスーパービジョンや支援、地域での介護者支援のネットワークづくりや情報共有などの体制整備などの役割もある。また、介護支援専門員もケアマネジメント実践の中で多くの介護者に接することから、要介護高齢者への支援とあわせて介護者支援、家族支援を行っていくことが重要となってきた。

　このほか、小地域ごとの介護者サロンをサポートするコミュニティソーシャルワーカー、NPOで働く社会福祉士、働く介護者を支える産業ソーシャルワーカー[*64]など、徐々に多様な形でのソーシャルワーク実践としての介護者支援が行われるようになってきた。

❸介護者支援の地域実践事例

　介護者支援の地域実践事例として、ケアラー支援条例が全国で初めて制定された埼玉県の取り組みをまとめた。このように、都道府県や市町村において、どのような介護者支援実践がなされているかをふまえた上で、地域それぞれでの介護者支援の実態把握が大事であろう。

*61
三菱UFJリサーチ＆コンサルティング『ヤングケアラーへの早期対応に関する研究報告書』（令和元年度・子育て支援推進調査研究事業）、2020年。

*62
有限責任監査法人トーマツ『多機関・多職種連携によるヤングケアラー支援マニュアル～ケアを担う子どもを地域で支えるために～』（令和3年度・子育て支援推進調査研究事業）、2020年。

*63
北海道社会福祉協議会・ケアラー支援推進センターは、ケアラー支援の普及・啓発、ケアラー支援に携わる人材育成、ケアラー支援の土台となる地域づくりをとおし、北海道におけるケアラー支援の推進を図る目的で令和4（2022）年6月に開設された（出典：北海道社会福祉協議会ホームページ）。

*64
一般社団法人産業ソーシャルワーカー協会（JISWA）によれば、産業ソーシャルワーカーとは、「働く個人が抱える問題に向き合い、さまざまな関係者と連携しながら、解決のための行動の第1歩を踏み出すまで伴走する相談の専門家」のことをいう。

事 例 5

埼玉県の介護者支援実践（ケアラーの支援）

○地域特性：全国1のスピードで増加の見込みの後期高齢者人口

　埼玉県は、人口約734万人、高齢化率27.0％（令和2〔2020〕年10月時点）。後期高齢者人口が全国1のスピードで増加すると見込まれている。

○政策：全国初のケアラー支援条例（令和2年3月31日施行）

　「埼玉県ケアラー支援条例[*65]」に、①ケアラーの支援は、すべてのケアラーが個人として尊重され、健康で文化的な生活を営むことができるように行われること、②多様な主体が相互に連携を図りながら、ケアラーが孤立することのないよう社会全体で支えるように行われること、③ヤングケアラーへの適切な教育の機会の確保と、心身の健やかな成長・発達・自立のためのヤングケアラー支援が行われること、が明記された。

○計画：

　埼玉県ケアラー支援条例に規定されている「ケアラーの支援に関する推進計画」が令和3（2021）年度〜令和5（2023）年度までの3年間で策定された。「全てのケアラーが個人として尊重され、健康で文化的な生活を営むことができる社会の実現」を基本理念とし、5つの基本目標[*66]のもと具体的な施策が示された。「第8期埼玉県高齢者支援計画（令和3年度〜令和5年度）」においても、地域共生社会の実現に向けた地域包括ケアシステムの推進の中でケアラー支援が含まれた。

○実践：家族介護者などの支援の取り組み

　埼玉県では各地域で介護者サロン活動が実践されてきたが、県の施策においても介護者支援を地域包括ケアシステムの構築の中で位置付けている。情報検索のための「地域ケアシステム応援サイト」では、各市の介護者サロンや介護教室などの取り組みがわかる。

○普及：工夫して広報・啓発

　令和2（2020）年3月には地域包括ケアシステムについて理解を深めるため、「地域包括ケア漫画〜みんないつかは年をとる〜」[*67]（全11巻）をホームページで公開した。この他、ケアラー月間や「ケアラー支援埼玉県宣言[*68]」など、多様な方法で工夫しながら広報・啓発を行い、ケアラー支援の輪が広がるための実践がなされている。

（出典）埼玉県ホームページの「ケアラー（介護者等）支援」をもとに筆者作成

[*65] 条例では、ケアラーを「高齢、身体上又は精神上の障害又は疾病等により援助を必要とする親族、友人その他の身近な人に対して、無償で介護、看護、日常生活上の世話その他の援助を提供する者」、ヤングケアラーを「ケアラーのうち、18歳未満の者」と定めた。

[*66] 基本目標は、①ケアラーを支えるための広報啓発の推進、②行政におけるケアラー支援体制の構築、③地域におけるケアラー支援体制の構築、④ケアラーを支える人材の育成、⑤ヤングケアラー支援体制の構築・強化の5つである。

[*67] 「認知症対応編」「親の介護編」「介護者支援編」「ヤングケアラー編」の4編は、介護者支援に関連するもので、介護者への情報提供や介護者支援の普及に努めている。

[*68] 「ケアラー支援埼玉県宣言」には、ケアラー支援への理解を深めるとともに、互いに協力してケアラーを支える輪を広げることで、ケアラーが孤立することのない社会の実現をめざすことが示されている。埼玉県ホームページにはケアラー支援宣言賛同事業者・団体等一覧に90以上の組織が掲載されている。

（2）高齢者をケアする家族等への支援の課題と今後の方向性

❶高齢者をケアする家族等への包括的な支援体制構築の必要性

　介護殺人や介護者による高齢者虐待を防ぎ、追いつめられた介護者を

救うには、どのような支援が必要なのか。高齢者をケアする家族等への包括的な支援体制の構築が課題となる。現状の家族介護者支援事業は介護保険法上の任意事業であり、人的にも財源的にも不十分な状況といえる。今後、介護者支援を本格的・体系的に推進するにはケアラー支援法の制定や人的・金銭的基盤のある施策化による支援の推進が課題となる。

　では介護者支援は、海外ではどのように法制化されているのだろうか。イギリスの2014年ケア法では、ケアラーがアセスメントを受ける権利を定め、自治体がアセスメントに応じて支援を提供することを義務付けた。イギリスやオーストラリアにはケアラー国家戦略があり、イギリス、ドイツ、オーストラリア、フランスなどでは介護者への現金給付がある。フランスの2015年高齢化社会適応法では、家族・親族に限定されていない「近しい介護者」を定義し、そのレスパイトの権利を認めた。[*69]

　国際比較する際には、各国の高齢化や社会状況、介護サービスの状況など多角的に見る必要があるが、他国のケアラーの定義、法律、戦略、施策を参考に、今後、日本の実情にあった介護者支援体制の整備が必要だろう。

❷重層的・複眼的な視点での包括的な支援の実践

　なぜ、介護者本人を支援する必要があるのか。高齢者をケアする家族等をどのように認識するかにより、介護者支援の意味付けが異なってくる。サービス従事者がケアラーをどのように位置付けているかについて、①資源としてのケアラー、②協働者としてのケアラー、③もう一人のクライエントとしてのケアラー、④（ケアラーの）規定を越えた「ケアラー」、の4つのモデルがある。[*70][3]

　わが国でも介護者本人の人生の支援の必要性が明確化されたが、介護者を「もう一人のクライエント」ととらえた支援が適切にできるかが問われている。一方で、介護保険の財政的制約、要介護者の増加に伴い、「介護の脱家族化」（介護の社会化）の推進がむずかしく、家族が自宅で介護する「介護の再家族化」が進みつつあると指摘されている。[*71]家族を資源や協働者としてのみとらえると、家族介護が当然の前提となり、家族に無理な介護を押し付けてしまう懸念もある。

　介護者本人を支援する際には、ケアラーアセスメントを実施し、介護者等の状況を把握した上でケアラー支援計画を作成して取り組んでいくことが大切である。介護者自身の心身の健康、生活の質・ウェルビーイングという点からの支援が求められる。そして、終末期の支援、グリー[*72]

*69
三菱UFJリサーチ＆コンサルティング「家族介護者支援に関する諸外国の施策と社会全体で要介護者とその家族を支える方策に関する研究事業報告書（令和元年度老人保健事業推進費等補助金 老人保健健康増進等事業）」2020年。

*70
トゥイッグとアトキン（Twigg & Atkin）によるモデル。4つのモデルがあるが、1人のケアラーに対しても、状況に応じてとらえ方が変わる。モデル4つめの「（ケアラーの）規定を越えた『ケアラー』（Superseded carer）」とは、例えば、介護負担の増大によりケア役割を終了しているとき、ケアラーとしてとらえるのではなく、単に「家族」などと一個人として表現したほうがいい場合が該当する。

*71
労働政策研究・研修機構「労働政策研究報告書No.204 再家族化する介護と仕事の両立－2016年改正育児・介護休業法とその先の課題－」2020年。

*72
グリーフケアは、本書第5章第5節参照。

フケア、元ケアラーへの支援、就労支援なども介護者本人の人生への支援として大切な点である。ソーシャルワーク実践としてのケアラーへの包括的な支援、アセスメントに基づく人権尊重と自立支援、伴走型の支援が必要となる。

しかし、高齢者と介護者双方の思いを代弁し、両方の生活の関係性に配慮しながら高齢者と介護者を支援することには、ジレンマやコンフリクトが生じる場合もあり、支援者には複雑性への理解が求められる。[73]これらのジレンマや複雑性を自覚しつつ、重層的・複眼的な視点で包括的な支援をどう実践するかが課題となる。

8050問題やダブルケアなど複合的なニーズをもった家族に対する総合支援が特に社会福祉士等の支援者に求められているといえる。令和2（2020）年6月に成立した「地域共生社会の実現のための社会福祉法等の一部を改正する法律」により、地域住民の複雑化・複合化した支援ニーズに対応する市町村の包括的な支援体制の構築がいっそう推進されることになった。[74]

今後、包括的な支援体制のもと、8050問題やヤングケアラーなどの、横断的な支援が必要な介護者への支援体制が構築されることが期待される。要介護者やその家族を孤立させないためのソーシャルワーク実践を展開していくことが課題である。

❸地域と職場で連携して介護者を支える必要性

人生100年時代の多様なケアラーを地域だけでなく、職場でも支えていくことが求められている。介護をしながら就労できる職場環境の改善、経済面の保障、介護離職後の再就労支援など、雇用主や就労先へのはたらきかけや、ボランティア団体やNPOなどの地域のさまざまな支援者との連携をどう促進するかが課題となる。介護と仕事の両立には、制度面の整備だけでなく、情報提供や相談体制などの開発の必要性も論じられている。[75]地域と職場が一人のケアラーを支える仕組みが欠かせない。

市町村、地域包括支援センターにおける家族介護者の就労継続支援の重要性が指摘され、取り組みのポイントも示された。[75]地域と職場の対人援助の専門職が連携し、ソーシャルワーク実践の幅を広げながら介護者を支える必要がある。

❹介護者支援におけるテクノロジーの有効活用

家族介護者、ケアが必要な高齢者、介護従事者が介護ロボットや、介

*73
Gant, V. (2018) *Working with Family Carers*. St Albans, Critical Publishing.

*74
本書第4章第1節3参照。

*75
三菱UFJリサーチ＆コンサルティング「市町村、地域包括支援センターにおける家族介護者の就労継続支援に関わる取組ポイント（令和元年度老人保健事業推進費等補助金 老人保健健康増進等事業「介護離職防止のための地域包括支援センターと労働施策等との連携に関する調査研究事業」）」2020年。

＊76
高齢領域でのテクノロジーの活用については、本書第4章第7節参照。

護情報入手、見守りなどにテクノロジーを活用することにより、ケアの方法や分担の仕方が変容し、介護者の負担軽減などの効果が期待できる[*76]。活用する際は高齢者や介護者のプライバシーなどが守られるよう、体制づくりが課題となる。

❺介護者支援に携わる支援者のコンピテンス向上のための研修や教育の充実

介護者支援に携わる支援者は、以下のような多様なコンピテンス[4]が求められる（**表5−9**）。コンピテンス向上には体系的な研修や学びの場が必要であり、介護者支援に関する研修や教育の充実が課題である。

〈表5−9〉 介護者支援に携わる支援者に必要なコンピテンス

①ケアラーに適切な眼差しで寄り添うこと
②ケアラーに必要な支援を自ら工夫して開発すること
③ケアラーを適切にアセスメントし、アセスメントに基づく必要な支援計画をたて、支援を実践すること
④多様な関係者と連携して支援をすること
⑤ケアラーの孤立を防ぎ、尊厳と権利を守ること
⑥社会や地域・関係者・ケアラーに介護者支援の必要性をわかりやすく伝え、理解を促すこと

（筆者作成）

引用文献

1）厚生労働省「市町村・地域包括支援センターによる家族介護者支援手法の展開マニュアル（介護離職防止のための地域モデルを踏まえた支援手法の整備事業報告書）」2018年、9頁

2）厚生労働省「市町村・地域包括支援センターによる家族介護者支援マニュアル－介護者本人の人生の支援－」2018年、8～13頁

3）Twigg, J. & Atkin, K. (1994) *Carers Perceived: Policy and Practice in informal care.* Berkshire, Open University Press, p.11-15.

4）山口麻衣「介護者アセスメントを活用した実践：介護者本人の人生の支援のために」『地域包括支援センターが介護する人のよきサポーターになるために。』認定NPO法人さいたまNPOセンター、2019年、46～63頁

参考文献

● 厚生労働省雇用環境・均等局「介護に直面した従業員への支援～『介護支援プラン』策定マニュアル（平成29年度 仕事と介護の両立支援事業）」三菱UFJリサーチ＆コンサルティング、2017年

● 内閣官房一億総活躍推進室・働き方改革実現推進室「ニッポン一億総活躍プラン・働き方改革実行計画 フォローアップ」2019年

● 総務省行政評価局「介護施策に関する行政評価・監視－高齢者を介護する家族介護者の負担軽減対策を中心として－」2018年

● Phillips, J. (2007) *Care,* Cambridge, Polity Press.

● Cavaye, J. (2006) *Hidden Carers,* Edinburgh, Dunedin Academic Press.

第5節 終末期ケアと家族等のグリーフケア

1 終末期ケアの基本的考えと実際

（1）終末期ケアにおける人間観と倫理

❶わが国における高齢社会の現状

　総務省統計局「人口推計」によると、令和5（2023）年9月15日現在の65歳以上の高齢者の推計人口（概算値）は、前年比約1万人減の3,623万人となり、昭和25（1950）年以降初めての減少となった。しかし、総人口に占める割合は前年比0.1ポイント増の29.1%となり、それまでの最高を更新した。このように、いまやわが国は明らかに超高齢社会といえ、ごく一般的な高齢者施設においてでも100歳以上の高齢者がかなりの数、見られるようになった。一方、在宅での孤独死、あるいは施設や病院での身寄りのない死、家族が面会に来ない死はまだまだある。

　私たちはいつか死を迎えるのだが、単なる長生きではなく豊かで悔いのない死を迎えたいものである。では、豊かで悔いのない死とはどのようなものであろうか。また、終末期のケア現場で援助者はその実現のために、どのような援助をしていけばよいのであろうか。

❷終末期とはいつか

　死が訪れる時期はさまざまである。若くして突然のように死に見舞われることもある。高齢期のように、それほど遠くない将来、死が訪れることが予測される場合もある。しかもその場合、それは自然の摂理でもある。高齢者における終末期とは、死が迎えに来て、それに従わざるを得ない時期ともいえる。

　広い視野で考えれば、高齢期そのものが終末期の始まりであるともいえる。ただ、現在の医学の定義としては、終末期とは、考え得る最新、最善の手立てをもってしても、救命がいかんともし難くなった時期をいう。具体的な時期は、死が避けられないと判断されてから6か月以内であるとか、すぐそこまで死が迫っている1週間以内であるとか、細かな定義はさまざまである。終末期ケア[*77]はこのように人生最後のステージにおけるケアの一部であり、最終かつ最大のケアでもある。

*77
ターミナルケア、エンドオブライフケアともいう。

❸終末期において高齢者が望むもの

「死が恐しいのは、死そのもののためでなく、むしろ死の条件によってである」[1]*78 ‒ 三木　清『人生論ノート』より。

高齢者が終末期に願う「望みたい死の条件」は次の4つに集約できると思われる。

①痛み、苦しみが少ない死 ‒ 身体的苦痛からの解放

②平安に満たされた安らかな死 ‒ 精神的苦痛からの解放

③親戚・縁者、友人、地域に迷惑をかけない死 ‒ 社会的苦痛からの解放

④後悔の少ない納得できる死 ‒ 霊的苦痛からの解放

多くの高齢者ケアに携わっている人々によれば、高齢者は、若者、成人など働き盛りの世代が思っているほどには死を恐れてはいず、死は、いずれ訪れる避けられない自然の出来事として受け入れられているという。彼らが恐れているものは、前述の昭和の思想家三木がいうように、死そのものではなく、死に伴う痛み、苦しみである。高齢者に死の話をすることはタブーではない。むしろ、死をめぐったさまざまな事柄について率直に語るほうが、新たな実り多い人間関係が望めるものと思われる。

その際、注意が必要である。彼らの死の受け入れ方は、「お迎えはいつでもいい。しかし、次の食事にはおいしいものが食べたい」というものである。これは「いつ死んでもいいが、もう少し生きたい」という、高齢者特有の死への両価的（アンビバレント）な態度といえよう。**キューブラー・ロス**（Kübler-Ross, E.）は、「死を迎える老人患者の多くは、『受容』の段階にいるのではなく（略）あきらめの段階にいるのかもしれない」[2]と述べている。これは、「死は怖くはないが、今すぐといわれれば困る」という、高齢者独特の死に対する態度に通じるものである。

高齢者は喜んで死を受け入れているわけではない。その点を考慮し、慎重な会話をする必要がある。そして、死という避けられない出来事へ敬意を払い、残された生をともに尊重していく必要がある。

❹終末期において家族が望むもの

家族が終末期にある身内の高齢者に望むことはただ一つである。「長い間ご苦労さまでした。安らかにお旅立ちください」である。したがって、「安らかに逝ってほしい」「痛み苦しみはできるだけ取ってあげたい」「過剰な延命は希望しない」という思いは一般的なものであろう。

*78
兵庫県生まれ。太平洋戦争前の日本を代表する哲学者の一人。代表作に『パスカルにおける人間の研究』『唯物史観と現代の意識』など難解なものが多い。一方『哲学入門』『人生論ノート』など、一般市民とりわけ若者たちに話しかけるような平易な名著もある。反戦思想家として獄中で死亡した。

*79
スイス生まれの女性精神科医（アメリカで取得）、1926〜2004年。長年、死と死ぬことについて研究し啓発を続け、著書も多い。代表作に不朽の名著『死ぬ瞬間』がある。その中で彼女は、死の受容プロセスとよばれているキューブラー・ロスモデルを提唱している。それは、死を前にして多くの人々（例外もある）が以下のプロセスをたどっていくというものである。否認→怒り→取引→抑うつ→受容という経過である。

終末期にある高齢者に対して、長い間、ともに生きてきた家族は、喜び・悲しみ、あるいは怒り・憎しみ、さまざまな感情を抱いている。しかし、今旅立とうとしている人に対しては、すべての感情は静まり、ただねぎらいの感情のみが湧き起こっているのである。家族が援助者側に希望する願いも、基本的には終末期の高齢者と同じく、前述❸のとおりの4つの条件を満足してください、という思いに違いない。

このように家族は、まさに自分のこととして高齢者の終末期を深く悩むのである。しかし一方、その真剣さゆえに、精神的負担は大きく、グリーフ（悲嘆）という心身にわたる現象で、援助者の私たちの前に現れ、終末期ケアにおいては、高齢者本人だけでなく、家族の**グリーフケア**もまた重要な領域となるのである。

❺終末期ケアにおいて援助者がなすべきこと

現代の高齢者ケアの理念においては、終末期にある高齢者は、安らかで尊厳ある死を受け取る権利を有していると考えられている。援助者は、その実現と享受を見守っていく必要がある。

終末期ケアの援助者は、本人、及び家族の気持ちを十分に理解して、ケアにあたることが重要である。柏木哲夫[*80]が述べているように、死はすべて本人のものであり、家族のものであり、決してケアする側のものではない。

このことを肝に銘じて出発しよう。終末期ケアにおいては、あくまでも利用者本位の視点で行動し、援助者側の主義主張は押し付けず、常に援助者側の将来計画を納得してもらいながら進める、というプロセスを遵守することが重要である。

①援助者の基本的立場

終末期にある高齢者をケアする援助者は人生最後の舞台の幕引き役を務める人間でもあり、人生完成のときの付き添い人でもある。あくまで主役の補佐に徹しなければならない。

②援助の基本的内容

終末期にある高齢者本人の気持ちを尊重し、家族の気持ちも尊重する。残された人生の生命の質、生活の質（QOL）を高めるため、豊かで、輝かしい、尊厳に満ちた時間となるよう援助しなければならない。差し迫る死の中での痛みと苦しみは、可能な限り取り除く必要があり、医療との連携は不可欠である。

＊80
精神科医。淀川キリスト教病院（大阪市）で長年実践したホスピスの経験をふまえ、ターミナルケアの啓発を全国的に展開している。代表作に『死にゆく人々のケア』『ホスピスをめざして』『死を学ぶ』などがある。柏木の説くターミナルケアの中心は、徹底的に痛みを取ることと、明るさ（ユーモアをふんだんに）をケアにもち込むことである。

③忘れてはいけないいくつかのこと

　食べる、眠る、排泄するという基本的欲求もおろそかにしてはいけない。死を迎えての身辺の整容、清潔を大事にし、尊厳が保たれる身の回りにする。おそらく不安、孤独、寂しさも渦巻いているであろう。そっと寄り添う、あるいはそっと手を握る。死の直前では身体を「さする」ことも大変有効な対処－タクティール・ケア－である[*81]、と多くの経験者が語っている。

❻死生観と死

　自分はどのような死を望むのか、またどのような死に向かおうとするのか。そもそも死とは何か。これらの疑問への態度を死生観という。我われは一人ひとり皆、死生観をもっている。どのように死にたいかということは、どのように生きたいかということである。日野原重明（ひ の はらしげあき）は、それを「死ぬことは生きること[3]」と述べている。別の視点からいえば、死生観は人生観の一部といえる。豊かな死生観をもつには豊かな人生観が必要となってくる。

❼豊かな死とはどういうものか

　終末期の中で迎える豊かな死とは何か。自らの人生を振り返って、これでよかったんだといえる人生とはいかなるものであろうか。

　身体面から豊かさを考えれば、一時は病魔に冒されていたとしても、今は健康を取り戻し、痛みあるいはさまざまな苦悶（くもん）がいっさいないことであり、それらに負けずに乗り越えてきた満足感をもつことであろう。心理面から豊かさを考えれば、不安、抑うつ、悲哀、疑惑、嫉妬、怒り、孤独感、場合によってはせん妄、幻覚・妄想など、精神的な不健康が今はいっさいないことであろう。

　社会的な豊かさとは、家族、親戚、友人、近隣、その他自分を取り巻いてくれている人々との豊かな交流の存在であり、癒し、励ましの存在である。同時に、社会人の一人として責任を全うしたという満足感でもある。霊的（スピリチュアル）な領域の豊かさとしては、与えられた才能が花開き、義務、責任はすべて果たした。多くの友情、感謝、評価も得られた。また多くの人の手助けもした。心から満足のいく一生だった、という感慨である。

　これらすべてというわけにはいかないだろうが、多くの部分が実現されているならば、その人生は豊かであったといえるだろう。

[*81]
タクティール・ケア（Taktil Care）とは、皮膚をさすっての、あるいは触覚に対してのケアである。体験的にも、やさしくさすられると、あるいはマッサージを受けると、気分が穏やかになり、痛みがやわらぎ、攻撃的な気分もおさまることがわかっている。科学的研究では、ストレス反応をやわらげるホルモンの関与や、痛覚の伝達を減らす作用の発現も推定されている。発祥地はスウェーデンであり、スウェーデン福祉研究所が中心的に研究を続けている。わが国の介護施設でも、介護ケアの一つとして取り入れているところがある。日本スウェーデン福祉研究所には多くの実例が蓄積されている。

*82
岩手県生まれ。日本を
代表する詩人、童話作
家の一人。同時に、農
業指導者、教育者でも
あった。代表作として、
詩集に『春と修羅』『疾
中』などがあり、童話
に『銀河鉄道の夜』『風
の又三郎』『注文の多い
料理店』などがある。
生涯独身を通したが、
妹の死を悼んだ詩「永
訣の朝」、また自らの闘
病中に作成した「雨ニ
モマケズ」がとりわけ
有名である。本文中の
詩は、詩集『疾中』の
中の一編である。

　約90年前の宮沢賢治の詩作（昭和7〔1932〕年作、『疾中』の一部抜粋）に＊82みやざわけんじ、しっちゅう、4)
次のような作品がある。

　－あなたの方からみたらずゐぶんさんたんたるけしきでせうが

　　わたくしから見えるのは

　　やっぱりきれいな青ぞらと

　　すきとほった風ばかりです。－

　これは、賢治が大出血を起こして、死を覚悟したときに作った詩である。
死を前にした爽やかな覚悟というものが、時を超えて感じられる。死の直前
の豊かな気持ちの実例の一つといってよいだろう。豊かな死とは、必ずしも
最先端の医療によって担保されているわけではないことが示唆される。

2 ACP（アドバンス・ケア・プランニング）の基本的考え方と実際

（1）ACPの基本的考え方

　前項で述べてきたことは、いわば終末期ケアにおける総論的記述であ
る。総論の先にある具体的な各論については、これまでは各施設、各援
助者によって多種多様であった。それぞれに、工夫がこらされており、
優れたものも多かったが、一方、経験に頼った我流の終末期ケアも見ら
れた。このような、混沌とした現状に鑑み、欧米ではすでにACPが終
末期ケアに取り入れられ始めた。平成30（2018）年には、わが国でも
（主として厚生労働省を中心に）、公にACPが提唱され始めたが、その
1年前の平成29（2017）年には、日本医師会も、高齢期に限らず、すべ
ての年齢における終末期でのACPの重要性に強く言及している。

❶ACPとは何か

　ACPとはAdvance Care Planningの略語であり、わが国でも、そのま
ま、**アドバンス・ケア・プランニング**とよばれている。ACPについて
話し合う場を「人生会議」とよぶこともある。本来ACPの対象者は、
年齢とは関係なく、何らかの理由で、もはや死は避けられない状況（例
えば進行がん、ある種の難病の末期など）にある人々なのであるが、本
項では、論じる対象者を、高齢ゆえにあるいは高齢期の認知症ゆえに、
死に向かう人々とする。

　ACPとは、高齢ゆえの終末期という避けられない自然の流れの中での死について、本人の意思を中心に据えて、本人が望む死の形をできるだけ実現できるように、福祉、介護、医療の援助者が、家族等とも十分に連携をとりながら進めていく具体的手順のことである。これは法律で義務付けられているものではなく、それゆえに自発的なプロセス（手順）といえる。

❷ACPが生まれた背景

　終末期にある高齢者への望ましい対応については、すでにさまざまな、哲学的ともいえる総論がある。しかし、介護の現場においては、具体的なプロセスを提示しあい、話し合いを通して、最も適切な道筋を選択していかなければならない。このように、現代という時代が、高齢者の終末期ケアにおける、新しい全国共通のプロセスを必要とし、そのプロセスの一つとしてこのACPが生まれたものといえる。

❸高齢者への影響

　自らの終末期ケアにACPが取り入れられた高齢者は、次のような恩恵を被るはずである。

①自らがこの先の死への道程で、望むこと望まないことを、はっきりと主張できる。

②他者の多様な意見を聞くことにより、自らが望む死の形を改めて客観的に見直すことができる。それは、その後、一度決めた希望や拒否を変更することにつながる。

③自らの終末期ケアを巡って、家族等や、福祉、介護、医療の援助者たちが日夜コミュニケーションを交わすことになる。それは、周囲の人々が、自分の一生を、客観的に見つめてくれるという大変恵まれた場面ともいえる。精神医学的言葉を借りれば、実存的満足を得られる意義深い時でもある。

❹高齢者の家族への影響

　ACPにより、終末期ケアを受ける高齢者の家族はこう変わる。

　肉親である高齢者本人からの死を巡る心の叫びを聞くことにより、思わぬ発見がある。そして、高齢者をより深く理解することになる。深い理解は、その後、家族を襲うであろう家族グリーフの質を高め、立ち直りをも早くするものと考えられている。

　　できるだけ早期に、高齢者から、自らの死を巡る希望や拒否を聞いて
おくことは、彼らが自らの思いを伝えられなくなったとき、家族にとっ
てはもちろん、ACPチームにとっても大変意義深いことである。

❺介護現場への影響

　　ACPにより、介護現場はこう変わる。

　　死を受け入れて、死へと旅立つ高齢者の、さまざまな希望を、ACP
という多職種のチームが聞いていくことにより、すべてが実行可能でな
いとしても、その後の終末期ケアにおいては、大変重要な道標となる。

　　しかし、高齢者の心身にわたる状況は毎日のように変化していき、高
齢者自身の希望も変化していく。ACPの理念においては、高齢者の希
望が日々変わっていくことは当然のことと考えられている。それを恐れ
ることなく、また、面倒なことと感ぜず、それこそがACPが抱える基
本的な状況であると受け入れ、終末期にある高齢者の思いの変化を、話
し合いの中心に据えて進むべきである。

❻ACPの具体的プロセス

①終末期にある高齢者の意思の確認

　㋐高齢者本人はどのような死を願っているのか

　　高齢者本人の意思をできるだけ具体的に確かめる必要がある。

　　例えば、

　（a）いよいよ口から食べられなくなったとき、経管栄養あるい
　　　　は胃ろう[*83]を望むのか、あるいは、拒否するのか。

　（b）その場合、点滴は受け入れるのか、拒否するのか。

　（c）酸素吸入は受け入れるのか、拒否するのか。

　（d）痛み止めの使用、睡眠薬の使用は受け入れるのか、

　　　　などである。

　　しかし、すべて漏れなく自分の意思を伝えることはむずかしい。
そのときの希望代理人とでもいうべき他者を、誰かに頼まねばなら
ない。一般的には、最も頼りになるのは家族であろうが、家族でな
くてもかまわない。これらの人々を「代理意思決定者」という。

　　部分的にでも、自らの希望を伝えることができるケースでは、本
人と代理意思決定者と、ケア側とのいわば多職種チームである
ACPの話し合いで、詰めていくことになる。

　㋑高齢者の気持ちは、固定されている訳ではなく、揺れ動く

＊83
経口摂取ができない場
合に行う栄養補給法の
一つ。カテーテルを腹
壁を通し胃内に留置し
て栄養物（流動物）を
直接胃内に送り込む。
最近では内視鏡で胃内
から観察しながらカテ
ーテルを挿入する方法
がある（PEG法）。がん
の末期や老衰あるいは
認知症の末期で経口摂
取ができないときの、
有効な栄養注入手段で
ある。

ACPの会議を何度か繰り返し、高齢者自身がいったん納得した
希望であっても、時間とともに、変わることが往々にしてある。そ
の理由には、身体的病状の変化、あるいは、感情面の変化などがあ
ろう。その際も、高齢者を責めることなく、できるだけ気持ちの変
化に寄り添って、ACPにおいても変更を冷静に行うべきである。

㋒高齢者がもはや自らの希望を述べることができない場合

この場合の、多職種チームは、家族または代理意思決定者らのい
わば2者での話し合いになる。その際チームは、終末期にある当事
者の気持ちを、今までの交流や、過去の出来事の中から正しく推測
し、高齢者の気持ちを代弁していかねばならない。

②ACPスタート時の説明

まず、家族に接触をする。接触は、非侵襲的（心に傷をつけない）
な会話で、ACPの意義とプロセスを説明する。そして、ACPのチー
ムメンバーに入ってもらう。

次いで、高齢者本人に、感情（驚きや怒りなど）面に十分に気を配
りながらACPの意義と役割を説明する。抵抗を示したり、驚きが強
い場合は、いったん打ち切るのがよい。

③ACPの終了宣言

ACPに則って無事に高齢者を送り出すことができたとする。その
後に待つものは、残された家族が悲しみに沈むグリーフ（悲嘆）への
対応、すなわちグリーフケアである。

こう考えると、次項で考察する「残された家族へのグリーフケア」
も、また、このACPにつなげて考えるべきケアであることが理解で
きる。すなわち、家族のグリーフがすべて収まって、はじめてそのケ
ースのACPは終了したといえる。

❼ACPで確認すべきいくつかの具体的事項

いったんACPが発足すれば、常に、高齢者本人、家族（または代理
意思決定者）とともに、話し合いを続け、その決定を共有する必要があ
る。

ACPにおいては、高齢者本人にとって、嫌なことと好ましいことを
確認しながら、また、家族側の、疑問・不安に対してていねいに向き合
いながら、進める必要がある。

ACPに深くかかわってくれる家族がいれば問題ないが、関係の薄い
家族しかいない場合、代理意思決定者を決めておくことが望ましい。

　代理意思決定者の選定においては、可能であれば、高齢者本人に、
「いざとなった場合、任せられる人はどなたですか？」と聞いておくの
がよいとされている。

　在宅の場合でも、施設入所の場合でも、病院とは違い、はっきりとし
た主治医がいない場合もある。複数科にわたって診療を受けていること
も多い。あえていえば、介護認定作業における、「主治医の意見書」を
書いている医師あるいは、かかりつけ医にも、ケア側の援助者の一員と
してACPに参加してもらうことが望ましい。

（2）地域実践事例で見る終末期ケアの実際

事例 6

　　Aさん、80代後半の女性。認知症には至っておらず、軽度認知障害（MCI）
　とされた。
　　Aさんは、ACPチームが助言する身体的状況（大腸の進行がん）に見合っ
　た望ましい施設への移転を拒否し続け、いわば、自分でケアの場所を強く指
　定しながらケアを受け、最終的には特養へ移転したが、その3日後に施設で
　死を迎えた。

●事例の経過とACPチームの取り組み
　①ACPチームの発足

　本人及び家族等（夫はすでに死亡し、子どももいなかった）、そし
て、福祉、介護、医療の援助者が、定期的に話し合いをもった。家族
等の代表は甥であり、キーパーソンでもあり、いわゆる代理意思決定
者でもあった。

　②ACPチームの課題

　　㋐入所中の介護付き有料老人ホームにおいて、Aさんに深刻な身体
　　的問題が発生した。下腹部の鈍痛が続くため、近隣の総合病院を
　　受診したところ、全身への転移を伴った進行性の大腸がんと診断
　　された。

　　本人は告知された後、すべての治療（外科的、内科的、放射線科
　　的）を拒否した。「高齢となった今、これ以上新たな苦しみを味
　　わいたくない」というのがその理由であった。家族を含め、
　　ACPチームとしても、情況は理解できると考え、Aさんの決断を
　　支持した。

病院側の医師は、下血やイレウス（腸閉塞）による突然の致命的な事態に注意し、十分な見守りをするように助言をくれた。

⑦ACPチームはAさんに、より医療的ケアへの連携機能が強い特養への移転を勧めたが、Aさんは頑として移転を拒否した。

Aさんは「私はこの施設が気にいっている、死ぬときはどこでも同じだ。だから、ここでいい」と動こうとしない。

何度か話し合いをもったが、ACPチームは最終的にAさんの意思を認めて、医療面は手薄であるが、介護付き有料老人ホームでのケアを決めた。Aさんの人生はAさんのものであるからである。

⑦そのような薄氷を踏む状態で、3か月が過ぎていった。Aさんの衰弱はさらに激しく、いつ救急車をよんでもおかしくない日が続いた。それでも、Aさんはこのままでいいと頑なであった。

㋓しかし、いよいよとなったある日、ACPチームの主治医がAさんに、「これ以上、ここであなたを見守ることはもう無理です。ケアの能力も限界を超えています。特養に移って、病状をより正確に把握できるケアを受けてください」と懇願した。Aさんも「先生がそこまで言うのなら、仕方ないわね」と移転をしぶしぶ承知し、ストレッチャーに乗って特養に移ったのであった。

特養への移転の時点で、経口摂取はほとんどできなく、無尿状態にあり、酸素の吸入量は1分間3リットルであった。そして、移転3日後、Aさんは眠るように亡くなられたのであった。強い痛み苦しみも訴えることはなかった。

③事例を振り返ってみて

Aさんがなぜここまで頑なに特養への移転を拒否されたのかは今も謎である。特養が嫌というよりも、最初の施設がよかったという可能性が高かった。施設がよほど気にいっていたのであろう。施設の介護のすべてが気に入っていたことになる。

あるいは、いったん決まったことには、テコでも動こうとしない生来の性格傾向が影響していたのかもしれない。とにもかくにも、Aさんは自分の生きたいように生き、死にたいように死んだのであった。

❷事例をACPの視点で総括する

Aさんは、終始、自分の居場所にこだわった。そのこだわりは深刻な身体的状況においても変わらなかった。それは必ずしも合理的な判断ではなく、Aさんの性格傾向や、周りがあずかり知らない長い人生の歴史

にも関係していたかもしれない。ACPチームは、Aさんのこだわりを大切にし、支援していき、幸いにも安らかに死を迎えることができた。Aさん自身が描いた道筋の中で、死を迎えられるように支援したことは、正しい判断であったと思う。

3 家族等へのグリーフケアの基本的考え方と実際

（1）グリーフケアの基本的考え

❶家族等という意味

　終末期にある高齢者を親身になってケアする人々は、単に法律的な肉親だけではない。例えば、何かにつけて助けあった地域近隣の人々、あるいは長年付き合ってきた親しい友人などは、家族と並んで重要な存在である。終末期ケアに深くかかわる人々を、あえて家族等と対象を広げて記しているのには、上記のような意味がある。

❷家族等のグリーフ

　一般的にグリーフとは、その人にとって大変大切な物、人、あるいは社会的事象（地位、序列、名誉、金銭収入、発言力）を喪失した後に起こる、さまざまな身体的反応及び情動的反応をいう。グリーフ（grief）は日本語では「悲嘆」と訳される。

　家族の中の高齢者の死が近づくと、家族はそれを悲しみ、亡くなった後はその喪失に沈む。死の前、死の瞬間、そして死後と、家族のグリーフ（悲嘆）は続く。それは人間らしい尊い感情の一つともいえる。

　家族等の悲しみを深めて大きくするものに、死別という明確に屹立した出来事以外に、①死別後の複雑な行事や家族内のトラブル、②親戚あるいは近隣とのトラブル、③さらには、ひとり暮らしになった孤独や不自由さ、空虚感などがある。これらは、グリーフをより複雑にする周辺の出来事といえるだろう。このような複雑な周辺事情を体験する家族等の半数に近い事例に、身体症状や精神症状がより多く出やすいという研究もある。

　これらのグリーフをケアする手段として、福祉、介護、医療の援助者だけでなく、家族会のような自助グループの存在も大いに助けになる。認知症カフェなどもここに含まれるものと思われる。

①グリーフに見られる心身の変化

グリーフが出現する前に以下のような漠然とした不安が訪れる。

㋐終末期にある高齢者は、苦しくはないのか？　苦しみを感じているとすれば、どのようなものなのか？　彼らは、きちんと訴えることができているのか？

㋑食べなくなった高齢者は、本当は食べたいのではないのか？　飲まなくなった高齢者は、本当は飲みたいのではないのか？

㋒できれば、もう一度元気になってほしいという、無理を承知の思いなどである。

②グリーフに見られる典型的な諸症状

身体面では、動悸、息切れ、めまい、立ちくらみ、頭痛、食欲低下、消化器症状などであり、その多くは自律神経失調症状である。

精神面では、不安、パニック、抑うつ、困惑、混乱、錯乱、集中力の低下などである。必ずしも、うつ状態だけではない。

社会生活においては、人前に出ることに苦痛を感じ、人との接触を避ける。ひどくなると、まとまりのない会話や行動があらわれる。そして、円満な社会行動ができなくなることがある。

❸残された家族等へのグリーフケア

グリーフケアを必要とする家族等の人々は、つい先ほどまで終末期にあった高齢者を、ACPというプロセスの中で、ともにチームの一員としてケアしてきた人々である。ACPチームとしては、長きにわたった高齢者の終末期ケアを通して、家族等の人々の気心はおおむね知ってきたはずである。そして、家族等の人々の心身における苦悩を軽重はあるものの、ある程度は理解できているかもしれない。このようなチーム内の事前の情報は、グリーフケアにおいては有用と思われる。残された家族へのケアは、終末期ケアの大きな部分である。グリーフケアの大きな目的は、チーム員でもある家族等の生活の質（QOL）を守ることにほかならない。

①グリーフケアにおける基本的態度

基本は徹底して傾聴することである。グリーフを傾聴し、寄り添い、受容し、理解することである。援助側からの指示や意見を強調することは極力避ける。こちらの価値観は押し付けない。

グリーフにある家族等の物語を大切にする。逝った人の物語を傾聴し、逝った人と家族等の間にある物語を傾聴する。その中で、グリー

フから彼らが立ち直り、日常へと戻ることを最後まで見届ける。

②グリーフケアを３つの時期から考える

㋐死が間もないことを告げられたとき

この時期のグリーフは予期的グリーフ（悲嘆）ともいわれており、死が宣告された後に襲ってくるグリーフへの無意識の予行的な反応とも考えられている。したがって、この時期におけるグリーフは、後述する異常なグリーフでない限り、過剰な介入は望ましくない。ささいなことも、真摯に傾聴する態度が重要である。可能な限り座って傾聴することが重要である。

この時期、家族は、どのようにすれば、高齢者が満足のいく死を迎えてくれるのかに心を砕いており、グリーフに浸っている余裕はないというのが実情であろう。彼らには、いよいよ時が来たと、ある種の覚悟が生じているわけであるが、明確なグリーフはまだ表面化していない。

ケアする家族は、終末期にある高齢者にできるだけ頻繁に寄り添い、これから選択しなければならない事柄、例えば、胃ろうをどうするか、酸素吸入をどうするか、点滴を続けるか、などである。その際、家族にも葛藤や苦悶が起こり、その際は家族等へのケアも同時に必要となってくる。

㋑今、まさに死を告げられたとき

医師からご臨終ですと告げられた瞬間である。あらためて生から死へ移行した厳然たる瞬間を、家族は身をもって感じるのである。死者の長い闘病へのねぎらいとともに、終末期ケアによる疲れが押し寄せてくる瞬間でもある。多くの研究によれば、この瞬間は、むしろ十分に深く大きく悲しむことが、家族等のその後の立ち直りに寄与するといわれている。したがって、過剰な慰めは控えるべきである。

ただ、この瞬間には、精神面の問題もさることながら、身体的疲労が極限になっている。その点を十分に理解した援助が重要となってくる。

㋒葬儀などの儀式が終了してからの時

ここからが、いよいよ真の意味でのグリーフである。家族は、かけがえのない親、伴侶、または肉親と同じように大切であった友を失くした悲しみが始まる。グリーフは、喪失した人への悲嘆である。悲嘆の中身はさまざまに個別的であり、グリーフケアも

また個別ケアなのである。

③グリーフケアを２種類のグリーフから考える

　㋐通常のグリーフ

　　通常のグリーフは、程度の差こそあれ、残された家族のほとんどの人に起こるものである。ただ、そのグリーフは、専門的な医療の助けを借りるまでには至らず、最終的には自ら立ち上がることができるものである。したがって、通常のグリーフにおいては、ACPチームの援助者は、グリーフにある家族等が自ら立ち上がるところを側面から援助することが、正しいケアとなる。

　㋑異常なグリーフ

　　異常なグリーフとは、グリーフの程度が通常を遥かに超えていたり、あるいは、通常では見られない、錯乱や自殺企図など、放置できないものが含まれているケースをいう。異常なグリーフには専門的な医療が必要となる。すなわち、正確な診断と適切な治療が必要になる。治療が終わるまで、ACPチームはケア側として、寄り添う必要があり、治療が終了したときにも、専門医の助言を真摯に聞かねばならない。

（２）地域実践事例で見るグリーフケアの実際

事例7

　Bさん一家の４人に起こったグリーフの一例である。Bさん一家には、主人でもあったBさんの突然ともいえる死により、残された４人に、それぞれ特徴的かつ個別的なグリーフが起こった。一つのグループは通常のグリーフを呈し、もう一つのグループは専門的な医療を必要とする異常なグリーフを呈した。

　Bさんは80歳前半の男性。従来高血圧があったが、血圧が良好にはコントロールされておらず、突然脳出血に見舞われた。開頭術を受けて一命はとりとめたが、運動性失語と、右の上下肢不全麻痺が残った。Bさんには、まだ基礎体力が残されていたこともあり、懸命にリハビリに取り組んだ。しかし、脳出血の後遺症は重く、リハビリの効果は限定的であった。

　脳出血発症１年後より誤嚥を頻発し、誤嚥性肺炎を繰り返した。医師から、胃ろうの造設も考えましょうといわれていた矢先、最後の肺炎が思いのほか重症化し、帰らぬ人となった。

❶グリーフケアの取り組み

①グリーフの発生状況と経過

Bさんの死は、かなり突然であったため、残された家族には、十分な心の準備ができておらず、グリーフは、その形から、2つのグループに分けることができた。

⑦通常のグリーフを呈した3人

　　長男は、父親であるBさんとは良好な関係にあり、父親の突然の死に、平常ではおられず、医療側にかなり強い不満をもち、落ち度はなかったのかとせめ立てた。しばらくの怒りの後、今度は、多忙な自分自身の就労ゆえに、父親と十分に交流ができなかったという罪責感にさいなまれた。そして、死後数か月間、軽い抑うつ状態にあった。長男の妻は、家族の一員の役割を果たそうと懸命であった。彼女は、義母にも認められ、かわいがられていたのである。したがって、彼女にとっても、義父の突然の死は大変残念な事件であり、グリーフも大きかったようである。しばらくは、夫婦間の会話も少なかったと聞いた。

　　実妹も、兄であるBさんとの関係は大変良好で、単身生活を送っていたことも手伝い、義姉らとともに、毎日のように療養中の兄を訪れて励ましていた。しかし、彼女にとっても兄の死は突然であり、受け入れの準備は十分とはいえず、しばらくは抑うつ状態にあった。

⑦異常なグリーフを呈したBさんの妻

　　夫婦の仲は大変良好であり、Bさんの療養中は、欠かすことなく毎日のように見舞いに訪れ、一日も早い回復を願っていたのであった。夫は高齢とはいうものの、突然の死である。妻の嘆き悲しみは大変重く深く、残された家族等の中では、そのグリーフは最も深刻なものであった。不眠、抑うつ、社会的交流の激減、笑顔の消失、寡黙と、典型的なグリーフにあった。

　　ところで、妻には、夫の死以前より、軽い認知症が疑われていたのだが、夫の死後、それは一気に重くなっていったようである。グリーフなどの激しい感情的動揺は、認知症の進行に与えるダメージは大きい。

　　夫の死後、およそ半年たったころから、妻は「夫が夫の妹の家で生活している」と言い出した。妹宅に行ったところ奥の部屋で死んだはずの夫が、何やら書類の整理をしていたというのである。

　そして、妹に電話をし、「夫をよろしく頼む」と言い出したのである。生きているのを確認したから安心だと、何やら明るい表情になったのである。

⑦２グループへのグリーフケア

　通常のグリーフを呈した３人は、ACPチームが、真摯に彼らのグリーフを傾聴し寄り添うことにより、改善は早まり、間もなく通常の日常生活に戻れた。ただ、Bさんの妹だけは、Bさんの妻の異常なグリーフに巻き込まれ、改善は少し遅れたようであった。義姉の異常行動の心理的背景を主治医から説明されたのではあったが。

　このBさんの妻のグリーフは病的なものであり、専門的医療と、早急な抗精神病薬の投与が必要であった。その後は約半年で、幻覚妄想はなくなり、グリーフもほぼ消失した。ただ、妻においては、認知症の進行という新たな課題が出現し、その後、認知症の治療とケアを続けて受けることとなった。

❷事例の考察

　１人の死を巡って、２つの家族等のグリーフがあった。それぞれ、情況から考えれば、十分理解できるものであった。前記⑦の３人については、通常のグリーフであり、通常の経過で落ち着いた。ただ、⑦の妻の場合は、「夫はまだ生きている」という、夫の死を否定する悲しい幻覚妄想は、グリーフを超えた異常なものであり、専門的治療が必要であった。治療は適切に行われ、間もなく元の生活に戻れたが、このような異常な形でグリーフが出現することもまれにある。この異常なグリーフを考察すると、通常のグリーフを耐えるだけの力がもう彼女の精神にはなく、「夫はまだ生きている」という妄想の世界に入ることで、少しでもそのグリーフは減じられたとも考えられる。

第5章

📖BOOK 学びの参考図書

●角田ますみ 編著『患者・家族に寄り添う　アドバンス・ケア・プランニング』メヂカルフレンド社、2019年。
　　ACPの実際について詳細に紹介している。現場での終末期介護のノウハウについての解説もあり、手引書として活用できる。

●箕岡真子『エンド・オブ・ライフケアの臨床倫理』日総研出版、2020年。
　　高齢者の終末期だけではなく、難病の終末期なども取り上げられており、ACPの豊富な具体例が大変参考になる。

●橋本　篤『詩集どこでも小径－認知症回診日録』編集工房ノア、2016年。
　　認知症の人々は死をどう感じているのか。多くの認知症ケアの実践から受けた感想から、著者は詩を通して代弁している。認知症の終末期を理解したい人々の心に呼びかけてくれる一冊である。

引用文献
1）三木　清『人生論ノート』新潮社、1978年、64頁
2）E. キューブラー・ロス、鈴木　晶 訳『「死ぬ瞬間」をめぐる質疑応答』中央公論新社、2005年、231頁
3）日野原重明「よく生きることは、よく死ぬこと」アエラ編集部 編『AERA MOOK「死生学がわかる。」』朝日新聞社、2000年、4〜5頁
4）宮沢賢治「眼にて云う」詩群「疾中」より、天沢退二郎ほか 編『日本名詩集成』学燈社、1996年、185頁

さくいん

担当編集委員

増田　雅暢（東京通信大学教授／増田社会保障研究所代表）
ますだ　まさのぶ

山口　麻衣（ルーテル学院大学教授）
やまぐち　まい

福富　昌城（花園大学教授）
ふくとみ　まさき

執筆者 （執筆順）

小島　克久（国立社会保障・人口問題研究所情報調査分析部長）
こじま　かつひさ

第1章

内藤佳津雄（日本大学教授）
ないとうかつお

第2章

増田　雅暢（東京通信大学教授／増田社会保障研究所代表）
ますだ　まさのぶ

第3章

和田　敏明（ルーテル学院大学名誉教授）
わだ　としあき

第4章 第1節

福富　昌城（花園大学教授）
ふくとみ　まさき

第4章 第2節
第5章 第3節

春名　苗（龍谷大学教授）
はるな　みつ

第4章 第3節・第4節

小原眞知子（日本社会事業大学教授）
おはらまちこ

第4章 第5節

加知　輝彦（社会福祉法人仁至会理事長）
かち　てるひこ

第4章 第6節1

倉田　康路（西南学院大学教授）
くらた　やすみち

第4章 第6節2

山口　麻衣（ルーテル学院大学教授）
やまぐち　まい

第4章 第7節
第5章 第4節

水谷　詩帆（全国社会福祉協議会地域福祉部副部長）
みずたに　しほ

第5章 第1節

井上由起子（日本社会事業大学専門職大学院教授）
いのうえゆきこ

第5章 第2節

橋本　篤孝（社会福祉法人聖徳会 クリニックいわた院長）
はしもと　あつたか

第5章 第5節

※執筆者の所属・肩書は、令和5年11月30日現在のものです。

社会福祉学習双書2024
第 3 巻

高齢者福祉

発 行	2021 年 2 月 5 日　初版第 1 刷
	2022 年 2 月16日　改訂第 1 版第 1 刷
	2023 年 2 月22日　改訂第 2 版第 1 刷
	2024 年 2 月22日　改訂第 3 版第 1 刷

編　集	『社会福祉学習双書』編集委員会
発行者	笹尾　勝
発行所	社会福祉法人　全国社会福祉協議会
	〒100-8980 東京都千代田区霞が関3-3-2 新霞が関ビル
	電話 03-3581-9511　　振替 00160-5-38440
定　価	2,860円（本体2,600円＋税10％）
印刷所	共同印刷株式会社　　　　　　　　　　　　禁複製

ISBN978-4-7935-1444-9 C0336 ¥2600E